秘録・在日コリアンヒストリー

戦後の民族組織結成から
芸能・タカラヅカまで

兵庫朝鮮関係研究会 編

明石書店

まえがき

一九八三年一一月一三日、二〇二二年に亡くなられた洪祥進氏の尼崎市内の自宅で兵庫朝鮮関係研究会（兵朝研）の第一回例会が行われた。それから四〇年、例会は四〇〇回を数え、出版した本も七冊を上梓した。今回の出版で、兵朝研は計八冊の書籍を世に出したことになる。

アマチュアの会員が仕事をしながら研究活動を続けてこられたのは、ひとえに創成期からのメンバーで現代表の徐根植氏の会運営に対する真摯な取り組みと研究への飽くなき情熱によるものだと考える。徐根植氏の人柄が、そのまま兵朝研の人格となって四〇年の研究活動を支えてきた。兵朝研のモットーは、メンバーが自主的に研究し、資料をお互い提供し合い、自由活発に議論する作風である。会員の研究テーマを例会で共有することで、知られざる在日コリアンヒストリーを発掘してきた。私自身、兵朝研に参加して三〇年近くなるが、研究活動に携われてきたのも、これまで培われてきた兵朝研の人格と作風に他ならない。

八冊目の本書籍は、会の趣旨に沿った「各自の自由研究」に基づく成果の集大成である。第１部は徐根植氏と金勇秀氏による、戦後直後の在日コリアン民族組織結成とそれにかかわった人々に関する知られざる秘話である。戦後の混乱期、差別や貧困に直面した在日コリアンがいかに日本社会で生きていくのかを、当時の人々の視線から見つめた生のドキュメントとなっている。第２部は高龍弘氏と高祐二による日本を舞台にしたコリアン芸能人の成功と悲哀を描いたヒストリアである。在日コリアンは「差別と貧困」という範疇で語られることが多いが、それだけでなく日本の芸能界で一時代を築いたスター達を輩出した存在でもある。今の韓国ドラマやK－POPの興隆につながる在日コリアン芸能史を通じて、日本と朝鮮半島の歴史を捉えなおす意欲作となっている。

昨今の韓流ブームに乗って、メディアやSNSを媒体にしたK－カルチャーが巷に溢れ、人々はそれを思い思いに楽しんでいる。しかし、それがどうやって誕生し、今に至るのかを本書を通じて在日コリアンの歴史から俯瞰してもらえるならば、兵朝研会員一同の望外の喜びである。

兵庫朝鮮関係研究会会員　**高祐二**

秘録・在日コリアンヒストリー◎目次

第1部

在日本朝鮮人連盟兵庫県本部の結成と活動

徐根植

兵庫県では解放直後在住朝鮮人たちが民族団体を結成し故国への帰国や終戦で仕事を無くした同胞の生活のため活動した。また急速に広がった闇市での商売を正常な商業活動にするため苦心しながら活動を精力的に行った。

朝連兵庫の結成と活動については二〇〇二年四月に在日本朝鮮人社会科学者協会兵庫支部が出版した権寿根氏編著の『兵庫県朝鮮人運動沿革史（朝連編）』（「朝鮮人運動」とする）がある。私は兵庫朝鮮関係研究会創立呼びかけ人である金慶海先生が神戸新聞の朝鮮人関係記事をスクラップしたファイル（以下、「新聞」とする）を中心に先行研究論文を比較しながらまとめてみた。

在日本兵庫県朝鮮人連盟（朝連兵庫）の結成

兵庫県では終戦後すぐに民族団体の結成が始まっている。まず「在日本兵庫県朝鮮人協会」が結成されその後、この朝鮮人協会が「在日本兵庫県朝鮮人連盟」になった。一〇月一五日、東京で在日本朝鮮人連盟中央本部が結成されてその傘下に入り「在日本朝鮮人連盟兵庫県本部」になる。では朝鮮人協会はいつ結成されたのか。在日本兵庫県朝鮮人連盟はいつ発足したのか。

まず当時の「新聞」を元にたどってみる。当時の様子がわかるので長いが全文を引用した。最初の記事が一九四五年九月六日である。

「朝鮮人委員会　神戸で近く発会式

兵庫県在住朝鮮人はほゞ二万名、これに半島訓練工が一万五千人を数えるが、在来からの在住者は戦争終了後も将来日本に踏みとどまりたいとねがうものが大半であり、これらの指導その他日鮮間の意思疎通のため神戸在住二十数年の全海建氏が委員長となり、目下兵庫県朝鮮人委員会の設立が進められている、近く発会式を行うが事務所は生田区北野町四ノ二〇にをかれる」

「朝鮮人委員会」の存在が記された。近くとあるので結成は九月六日時点でされていない。次に一九四五年一〇月六日の新聞広告をみると

「謹告　全海健氏の帰国斡旋は単なる個人経営にて本会とは何等関係無き事を謹告仕候　昭和二十年十月六日　神戸市長田区浜添通一丁目七番地　在日本兵庫県朝鮮人協会」

となっている。在日本兵庫県朝鮮人協会が出てきた。この朝鮮人協会は前述した朝鮮人委員会と同じ組織かどうかわからない。朝鮮人委員会と住所も違う。

一九四五年一〇月七日の「新聞」に次のような広告が載った。

「英語通訳募集　資格　英語会話に堪能なる男子又は女子　募集人員　数名（朝鮮人□歓迎）　面談場所　神戸市長田区浜添通一丁目七　給与其他　詳細は面談の上決定す　在日本兵庫県朝鮮人協会」

その次に四五年一〇月二一日の広告に

「兵庫県朝鮮青年大会　左記ニ依リ右兵庫県朝鮮青年大会を開催スルニ當リ、奮ツテ男女青年諸君ノ御参加ヲ乞フ　日時　十月二十三日（火）午前十時　場所　神戸海員会館　在日本兵庫県朝鮮人協会青年部」

とある。一〇月二一日時点でも兵庫県朝鮮人協会はまだあったのか。在日本朝鮮人連盟の研究書『ドキュメント　在日本朝鮮人連盟1945-1949』（以下、「連盟」とする）には一九四五年一一月朝連が作成した「報告書」に「九月六日、神戸で兵庫県朝鮮人協会、京都で朝鮮人連盟が組織された」とあり、また一九四六年一〇月朝連三全大会「総務部経過報告」に「九、兵庫県朝鮮人協会・誕生日一九四五年九月六日・場所兵庫県神戸市・目標　当面の朝鮮人の諸問題解決」とある。兵庫県朝鮮人委員会のことが報道された日は「連盟」では在日本兵庫県朝鮮人協会が結成された日になっている。ちなみに「朝鮮人運動」では「兵庫県の李民善を中心とする指導者たちは一九四五年九月六日神戸で「兵庫県朝鮮人協議会」を結成し大阪、京都と緊密な連携の下朝連結成に奔走した」とあり「協会」でなく「協議会」となっている。

『民団兵庫五五年の歩み』（以下、「歩み」とする）から在日本兵庫県朝鮮人協会の結成について見たい。一九四五年八月下旬のある夜、金英俊氏が経営する自宅を兼ねた旅館で「……帰国を希望する同胞たちにあらゆる便宜を提供して奉仕する方策が話し合われた。同時に事情により帰国を見合わせ、日本に残留する同胞たちの生活権を保護するためには、県下の全同胞を結集する強力な統一団体が緊要であるとの衆論が一致し、その夜のうちに『兵庫県朝鮮人協会』の設立が決定した」とある。またこの会合では、「委員長に全海建氏が満場一致で推戴され、副委員長には李民善氏が就任することになった。そして、若い青年層を多数参加させる必要があることから青年部の設置も決定され、青年部長に文東建氏が選任された……」「歩み」では八月末に決定したと言うが結成日ではない。直後の九月六日に結成されていてもおかしくない。よくわからないが兵庫県朝鮮人協会は九月六日またはそのすぐ後に結成されたようだ。

では在日本兵庫県朝鮮人連盟の発足はいつか。一九四五年一二月六日の「新聞」の記事で結成が書かれている。記事の見出しは「お互いに助け合う　中国、朝鮮人との理解も深まる　過去の一切を水に流し」で記事の内容は朝鮮人と中国人に分かれて書かれているが朝鮮人の部分の記事の中に、

「連盟は終戦後九月十四日に全海建氏らを発起人総代として設立されたが機構も六部十八課に細分され四十人の職員を擁している」

とある。この報道では兵庫朝鮮人連盟は四五年九月一四日に結成されている。ただ兵庫県朝鮮人協会が兵庫県朝鮮人連盟になるので九月一四日時点で兵庫県朝鮮人協会であっても記者がそう書いたとも思える。また在日本兵庫県朝鮮人連盟の委員長は結成時李民善である。そうなると九月一四日は在日本兵庫県朝鮮人協会の結成日をさかのぼって在日本兵庫県朝鮮人連盟の結成日としたかもしれない。一九四五年一〇月三一日「新聞」見出し「解放運動犠牲者救援会を結成」この中の記事に「なお同会では在日本朝鮮人連盟県本部と共催で……」とある。一〇月三一日時点では在日本朝鮮人連盟兵庫県本部である。

次に四五年一二月一日の記事

「朝鮮人連盟東神戸支部結成　在日本朝鮮人連盟では今般東神戸支部を葺合町二宮町に設けることになり、二日午前□時より二宮国民学校で結成大会を開く……、」

とあり、この時点で在日本朝鮮人連盟兵庫本部であり支部結成段階に入っている。

九月に結成された兵庫県朝鮮人連盟が一二月の報道で「在日本朝鮮人連盟兵庫県本部」になってい

る。一〇月一五日に東京で結成された「在日本朝鮮人連盟」の傘下に入った事がわかる。
兵庫朝鮮人連盟の結成についてもう一つの日がある。「朝鮮人運動」がそれである。ここでは連盟中央総本部の結成に先立って各府県本部が結成されたとしている。

「① 朝連兵庫県本部の結成 ・結成年月日―一九四五年九月二六日 ・大会会場―双葉小学校（神戸市六軒道町）・参加者数―（不明）下記写真参照」とある。次頁に大会写真がある。朝連兵庫県本部の結成」としているが一〇月一五日の在日本朝鮮人連盟総本部が結成以前であるから「兵庫県朝鮮人連盟」の名称が正確ではないか。「歩み」には「結成を終えた兵庫県朝鮮人協会が組織づくりを進めていた一九四五年一〇月初旬、異常事態が発生した。全海建委員長が所用で数日間東京へ出張している間、突如、李民善副委員長が役員会を招集して、団体名を『兵庫県朝鮮人協会』から『兵庫県朝鮮人連盟』へと改称してしまったのである」と書かれている。全海建氏は憤慨し委員長を辞任し李民善氏が委員長に就任したとある。「李民善はかねてより東京の朝連結成メンバーたちと事前協議を重ねていた。したがって全委員長の留守を利用して団体名をいち早く『朝鮮人連盟』と改称したのではなかったかと推測される。その後まもなく朝連が正式に結成されると、李民善委員長は直ちに『兵庫県朝鮮人連盟』を改編して『在日本朝鮮人連盟兵庫県地方本部』（朝連兵庫）とし、自らはその初代委員長となった」としている。

また「朝鮮人運動」では「九月六日『朝鮮人連盟関西準備委員会』が大阪で発足し大阪の金民化、金達寛と京都の林尊康、兵庫の李民善らが一堂に集い各府県単位で朝連を結成し、関西に総本部を置くことを決定した」。また「一九四五年一〇月六日大阪で結成された『在日本朝鮮人連盟関西総本部』

には近畿、関西中国地方、大阪、兵庫、京都、岐阜、愛知、滋賀、奈良、三重、和歌山、福井、鳥取、岡山、島根、広島から約六〇余名の指導者が集い東京に呼応した。これらの府県では一〇月一五日の連盟中央総本部の結成に先立って各府県本部を結成した」とある。朝鮮人連盟の結成は九月六日にはすでに結成の準備委員会が作られ一〇月六日には兵庫でも朝鮮人連盟が結成されていたことになる。

「歩み」では一九四五年一〇月初旬とある。このとき結成されたのは「兵庫県朝鮮人連盟」でその後在日本朝鮮人連盟兵庫県本部に一〇月一五日以降になったのであろう。各資料で見ると「新聞」では九月一四日、「朝鮮人運動」では九月二六日で「歩み」では一〇月初旬である。民団兵庫のように自団体の出版物による記録がないので何日がその日か確定できない。在日本兵庫県朝鮮人連盟はいつ在日本兵庫県朝鮮人協会から変わったのか。一九四五年九月に結成されたとするのが妥当か。確定する資料があればよいが。

ちなみに、民族団体として一九四五年一二月一五日、在日本朝鮮人連盟兵庫県本部を脱退した人たちで朝鮮建国促進青年同盟兵庫県本部が結成されている。

神戸新聞に見る朝連兵庫の活動

朝連兵庫は同胞の帰国のため活動したが「新聞」報道でそのいくつかを見たい。

一九四五年一二月六日記事に

「神戸長田区浜添通の連盟本部には、家も家財も売って帰鮮のため乗船しようとして出てきたが船がなくて事務所の冷たい板の上でむなしく船をもって宿泊するものが時には二百名、三百名に達することもある、目下輸送は月四百五十名といふわずかなもので連盟では当局とも交渉し、独自の対策に苦慮しているが、それでも終戦直後自力の配線で約五万人が帰鮮、また二万人数えた応徴工は余すところ二百人に減じた……」

とあり　また一二月四日の「新聞」に

「帰鮮者には県で証明書
最近、帰鮮のため下関に集結する朝鮮人が続々増えて混乱状態を呈し、山口県でもこれが処置に困却、計画輸送以外の者は全部出発地に送還させているが、兵庫県では帰鮮に際しては在日本朝鮮人連盟県本部の□定によって知事の証明書を発行、証明書を持参せぬ者は乗船出来ぬから個人的な帰鮮は絶対せぬよう要望している」。

一九四六年二月九日「新聞」

「現金、国債を保管　朝鮮人連盟県支部で
在日本朝鮮人連盟兵庫県本部では今回経済管理課を設け、帰鮮者の財産管理を行うことになった帰鮮者は現金千円以内しか携帯を許されていないのでその便をはかり現金、預金、国債などの管理保管に万全を期して本人の希望によってでは証券の売却や後日の換送などの諸事務も取扱う」と伝えた。

一九四六年六月一四日「新聞」の広告に

「朝鮮へ帰還を希望される皆様へ

一時釜山に『コレラ』が発生しまして輸送を中止して居ましたが、この度帰還出来る事になりましたから帰還を希望される方は至急所属の在日朝鮮人連盟支部へお申込下さい、兵庫県教育民生部厚生課　在日本朝鮮人連盟兵庫県本部」

というのがある。朝連兵庫の帰国事業での活動の一端がうかがえる。

朝連兵庫の定期大会

「新聞」に報道された朝連兵庫の定期大会　表1

開催年月日	大会名	回
報道なし一九四五年九月二六日	在日本朝鮮人連盟兵庫県本部結成大会「朝鮮人運動」	1回
一九四六年二月二三日～二四日	在日本朝鮮人連盟兵庫県本部臨時大会	2回
一九四六年九月一四日～一五日	在日本朝鮮人連盟兵庫県本部第三回定期総会	3回

4回	一九四七年三月二日（報道日）	在日本朝鮮人連盟兵庫県本部臨時大会
5回	一九四七年九月一三日～一四日	朝連兵庫県本部第五回定期大会

朝連兵庫は結成大会を除いて四回の全体大会を開催している。前述した「運動」にある結成大会の報道はない。「新聞」は二回目になる臨時大会から報じている。

一九四六年二月一七日「新聞」

「朝鮮人連盟県本部総会

在日本朝鮮人連盟兵庫県本部では二十三、四日の両日終戦後、初の臨時大会を開催することになった。第一日は午前十時から聚楽館、第二日は海員会館において建国の熱意に燃ゆる声として最近の朝鮮本国の事情、帰国問題、役員の改選など二十類項目にわたる綱領をかかげ終戦後六ヶ月の実情にかんがみ充実感の缺ける点などを指摘し今後の行き方を判然とさせ

三月一日には朝鮮本国で総選挙が実施されるので決議文と代表者を送り兵庫県か在住朝鮮人の態度を□明し将来への締結を図るなど広範にわたって論議される。なほ廿日には東京都日比谷公会堂で全国朝鮮人青年大会を開催県本部から五十名の代表者が出席する予定であるが、右代表者は十九日本部に集合、青年大会を開きその足で上京するはずである」

一九四六年二月二二日「新聞」に次のような広告が出た。

「朝鮮同胞よ！集ひ来れ！　我等の総意を結集せる　兵庫県本部の臨時大会へ建国の熱意に燃ゆる　我等の声！　生活問題・帰国の問題・本国の状勢　其他凡ゆる問題を臨時大会の声に聞け！在日本朝鮮人連盟　兵庫県本部臨時大会

第一日　日時　一九四六年二月廿三日午前十時より

場所　聚　楽　館　（湊川新開地）

第二日　日時　一九四六年二月廿四日午前十時より

場所　海員会館（楠公園前下□）

在日本朝鮮人連盟兵庫県本部

神戸市長田区浜添通一丁目七電話湊川５〇三七六」

一九四六年二月二五日「新聞」に「朝鮮人連盟県本部臨時大会　在日本朝鮮人連盟のより活発な運動を展開しようと在日本朝鮮人連盟兵庫県本部主催の臨時大会第一日は神戸聚楽館で約三千人の縣下各代表参集のもとに正午より開催」とある。

一九四六年二月二八日報道の臨時大会について次のように書いている。

「朝鮮人連盟県本部の新陣容

在日朝鮮人連盟兵庫県本部では二十三、四日両日県下八万朝鮮人の総意を結集する臨時大会を開催したが席上より一層活発な活動を期して委員長以下全役員の総辞職を決行、選考の結果……」とし、表2のような役員名簿が書かれている。

表2

臨時大会一九四六年二月二三日～二四日（神戸新聞）

役職	名前	役職	名前
委員長	李民善	財政部長	金浩仁
副委員長	朴健永	経済管理部	徐三竜
々	玄孝燮	文化部長	李南錫
々		社会部長	朴永済
委員長秘書	張殷植	情報部長	金慶煥
総務部長	金英俊	地方部長	宋洙賛
商工部長	金正竜	婦女部長	李鍾□
外務部長	裴済潤	監査役	金正権
労働部長	李命八	組織部長	
		学院学監	

一九四六年九月一四日「新聞」

「朝連の定期総会
在日朝鮮人連盟兵庫県本部では十四日、五の両日神戸長田区の市立第一□械工業で定期総会を開き、縣下二十一支部三百五十名代議員出席のもとに新年度予算審議、組織体の強化、全役員の改選など行う」

また第三回大会での役員名は表3のようになる。

表3

第三回定期大会一九四六年九月一四日～一五日（神戸新聞）

役職	**名前**	**役職**	**名前**
委員長	李民善	財務部長	金□
副委員長	朴健永	経済部長	金英俊
々	康甲性	文化部長	金慶煥
書記長	李命八	社会部長	金正龍
総務部長	張殷植	青年部長	洪淳範
組織部長	宗洙□	婦女部長	金鎮生
外務部長	金鏞昊	学生部長	尹成国

「新聞」一九四七年三月二日に三・一運動人民大会の記事が出たがその後に書かれていたのが次のようなものである。「朝連本部の新人事　朝連兵庫県本部では状勢の変化に応じ、陣容を強化するためこのほど臨時大会を開き次のごとく新人事を決めた（表4の役員名簿がある）なほ総務部以下七部の人事も改心された」としている。臨時大会とあるが月日は書いていない。

表4

臨時大会一九四七年三月二日　報道「新聞」

役職	**名前**
顧問	李民善
顧問	朴健永
委員長	康甲性
副委員長	権重直
書記局	金英俊
	金慶煥
	鄭南宙

一九四七年九月一二日「新聞」に次のような「広告」が出た。

「在日朝鮮人の統一戦線！　朝連本部の定期大会は左記により開催されることになった　各位の積極的参加を乞う　朝連本部定期大会
日時　一九四七年九月一三日、一四日　場所　旧松野実業学校（大橋五丁目山側へ二丁）一九四七年九月一一日　在日本朝鮮人連盟兵庫県本部」

「新聞」一九四七年九月一八日

「朝連県本部　新役員決定
朝連兵庫県本部ではこのほど第五回定期大会を開き、役員改選の結果左のごとく決定した」

とある。役員名も一部出ている（表5）。

表5

第五回定期大会一九四七年九月一三日～一四日

役職	名前	役職	名前
委員長	朴主範		
副委員長	権重直		
々	金兼□	文教部長	金□□

々			
書記長	李炳雨		
組織部長	黄菊秀		

次に「新聞」一九四五年一二月五日の記事は帰国事業のところで一部引用したが当時の朝連兵庫の様子がわかるので重複する箇所もあるが記事の全文を紹介したい。

「外人関係団体中今一番活発に、またまとまって動いているのは朝鮮で、その代表機関は在日本朝鮮人連盟兵庫県本部である。

戦争中本県には十三万の朝鮮人を数えたが、ざっと三万人が戦災者と化し、同時に終戦とともに在住者の大半が失業者と化した、永年住み馴れて帰鮮希望者の多いのは故国独立を祝福するばかりでなくこの失業と二合一勺の配給に耐えられぬからである、

神戸長田区浜添通の連盟本部には、家も家財も売って帰鮮のため乗船しようとして出てきたが船がなくて事務所の冷たい板の上でむなしく船をまって宿泊するものが時には二百名、三百名に達することもある、目下輸送は月四百五十名といふわずかなもので連盟では当局とも交渉し、独自の対策に苦慮しているが、それでも終戦直後自力の配船で約五万人が帰鮮、また二万人数えた応徴工は余すところ二百人に減じた、連盟では秋田県の如き五合配給しているところもあり、何とか三合は

貰いたいと主食増配を関係方面と交渉中だが埒がついていない、朝鮮は独立が永年の望みだっただけにその動きは最も組織的同時に統一的である、

連盟は終戦後九月十四日に全海建氏らを発起人として設立されたが機構も六部十八課に細分され四十人の職員を擁している、中でも最も注目されるのは青年部で二十歳前後の血の気の多い青年で自衛隊を組織、朝鮮の名誉保持のため自国人の闇取締や、またMPと協力して朝鮮人在住者の多い地区で街の不良狩りを行ったり、連盟の尖兵的役割を活発に果たしている、

この自衛隊中には独立運動の嫌疑で□□の生活を送り終戦で解放された情熱漢なども交ざっているが大半が学生だけに知的水準が高く三十六年にわたる圧政は憎むが、日本人個人はわれわれの友だと丁度日本の明治維新時のような志士的雰囲気のなかに祖国建設へ若い血を燃やしている、連盟の青年部は近く発展的解消して朝鮮建国促進青年同盟としてこの十五日ガスビルで結成式をあげるが、朝鮮といえばすぐに全国的に共産主義の色に染まっている風に内外に解釈され勝ちなので、この誤解をとくためにも建国第一主義を指標に猛運動起こす計画を持っている、

そ□他連盟では朝鮮国語、英語、民主主義各講座を連日本部で開催文化運動もなかなか盛んだ、また厚生事業として五百戸の仮住宅を建て戦災者へ払い下げる手順を立てている、

目下委員長李民善氏は連絡のため渡鮮中であるが貿易が許されれば朝鮮米の対日輸出にも骨を折る計画で、その下準備も委員長のお土産に含まれるだろうと観測している、

なほ副委員長朴健永さんは今後の対日関係につき日本人のわれわれに対する態度も終戦後大分かはりましたが、われらとしては日下縛られた縄を解かれた歓喜で一杯なのでややもすれば軌道をそ

れさうになりますが、この点は日本側でもよろしく理解して下さい、今後両国の関係は最も□にな
ることは必定であり、お互いに厚い情で結びつきたいと思います」

混乱する状況を収めるために行動した朝連兵庫

終戦になり神戸の街は混乱をきたし事件が多発した。その状況を克服するべく朝連兵庫は行動し
た。その姿をいくつかの報道記事で見たい。「新聞」一九四五年一二月三日

「暗黒街〝神戸〟の暴徒取締り　MPと警官に外人団体も協力して
社会の秩序の混乱化と警察の無力が問題化し、街では自衛隊組織などの対策が考慮されつつある
が、たまたま去月二十六日夜神戸長田区で演ぜられた日鮮青年の乱闘殺傷事件（既報）契機とし
て、事態を捨ておけずと朝鮮人連盟兵庫県支部では百五十名の自衛隊を総動員してMPと協力のも
とに捜索に当たった結果、加害者日本人二名をとらへ長田署に差し出した、同連盟では世情に鑑み
引き続き連夜不良狩りを行い、主として両新開地方面で約十名をとらへたが、その内訳は八人は日
本人、二人は朝鮮人で□□長田署では留置説□を加えている、同時に家宅捜索の結果ピストル二、
日本刀二、ドス三も押収している、
なほMPはこの情勢にそなへ一日から西新開地に派出所を常設したが、この事実の語る如く最近
MP、日本警察を中心として外国団体との共同化は積極化を加え一日県警察本部でのMP、日本警

察、検事局、朝鮮人連盟、華僑総会、台湾省民会代表者など懇談、今後犯罪の増出に対しては自治的に取締りを厳にするとともに、問題の街頭市についても対策を考慮した結果三宮は三日を限度に省線元町駅以西に移転すること、何れの街頭市たるとを問わず主食関係は販売しないこと（当分既に仕入れ品の関係もあり考慮を加えるが）の二点につき日本人、外国人たるとを問わず日本警察が厳に取締ることを申し合わせたが、斬新的とはいえ、自治と協力により国際都の秩序強力回復が図られつつあるのが注目される」

「新聞」一九四六年一月一一日

「朝鮮人連盟が　強盗を捕ふ

八日午前一時ごろ神戸市葺合区布引町三丁目孫□達さん（三五）方へ匕首鉄棒を持った五人組強盗が飛入り、家人を脅迫して現金三千円のほか洋服二十着、米五斗、靴八足、時計、トランクなどを奪って逃走したが、朝鮮人連盟では捨ておけずと孫さん自ら連名員とともに犯人を捜査していたが、十日午前十一時三十分ごろ三宮劇場で犯人四名を発見、直ちに生田署に連絡して一網打尽にしたあとの一名もときを移さず逮捕　犯人は葺合区真砂通一丁目佐山峰一（一八）同二丁目木村辰男（一七）新在家大石東町金谷勇（一七）葺合区琴緒町四丁目大谷弘（二二）同大谷清（一七）で同署で余罪追及中」

これらの記事から朝連兵庫は敵対する勢力や犯罪的組織から同胞を守るため警察や進駐軍などと協力し治安維持に当たっていたことがわかる。

自由商人として自由市場と呼ばれた闇市で

神戸では省線三宮駅と新開地に闇市ができた。たくさんの人々が露店を出し商売を無許可で始めた。特に三宮にあった街頭市は規模が大きく日本一といわれた。最初当時の省線三宮駅から元町駅にかけての高架下に物売る人がたくさん出てきた。その後駅周辺にも露店を出し商売する人々が増えた。一九四五年九月の「新聞」にその姿が報道されている。

この場所をはじめは「闇市」と読んだがその後「街頭市」と呼ばれた。神戸市も闇市での商売で食えていると取締に斬新的であった。闇市で商売する人や各国の団体が「新聞」に要求し「自由市場」と呼ぶようになりそこで商売をする人を「自由商人」と呼ぶようになった。一九四六年ころから「新聞」ではこの名称に統一された。

自由市場の商人国籍別構成で『神戸闇市からの復興　占領下にせめぎあう都市空間』(以下、「闇市・復興」とする) では一九四六年三月二四日の記事を元に次のように指摘している。「全国的なインフレの進行から、二月末から三月にかけて預金封鎖に次いで、三月三日には『モラトリアム施行』とも言われた新円切替といった強力な経済施策が打ち出された。しかし、この措置は三宮自由市場の営業者の数に対しては大した影響を及ぼさなかった。前日である同月二日には総数一七六五名、内訳は日本人一三五〇名、中国人三二〇名、朝鮮人九五名であったが、以後も営業者は一五二四名、内訳は日本人一一二五名、中国人二九五名、朝鮮人一〇四名と、減少傾向はみられない (一九四六年三月二四日)。

また、この国籍別の内訳からは、闇市発生から半年ですでに日本人商人が大半を占めていたことが読みとれる」また摘発された商人についても「一九四六（昭和二一）年四月の兵庫県警察部による三宮自由市場の大規模取締りでは、一三一名の違反業者が検挙された。取締りのために実施した自由商人の身元調査によると、国籍別には、日本人七九名、中国人五名、台湾省民一二名、朝鮮人三五名と日本人が約六割、次いで朝鮮人がその半数ほどであった」（一九四六年四月一七日）としている。三宮自由市場での商人は日本人が大半を占めていた状況だった。

「新聞」一九四五年一二月七日

「邦人は元町で　三宮街頭市の地割り決まる

神戸街頭市はもはや業者側の自主的統制に従うしか改善打開の途は見出されないが去る四日の三宮における紛争事件以来中国、台湾、朝鮮、日本の各業者代表の間に今後の対策につき種々折衝談合が続けられているがこの際三外国人と日本業者の営業場所を既報の如く一定それを全業者に徹底することになった、

すなわち外人業者は元町映画館西の空地およびそれより以西の高架下、日本人は元町筋とし、それ以外では業者がお互いに自戒していたずらな紛争を避けようというので、さらに協定値段なども設けて健全にして明朗な自由市場を建設することになった、なお八日午後一時からＭＰ、警察部長各警察署長とともに四ヶ国の業者代表が県警で膝つきあわせて再度懇談する」

「新聞」一九四五年一二月九日

「街頭市場営業区へ移転　進駐軍から要請

神戸街頭市場に関する第二回懇談会は八日午後二時から県警察部長室で開催された、華僑総会、台湾省民会、朝鮮人聯盟、神農会等の各幹部三十数名が出席進駐軍側よりハイアー大尉、アングス少尉、松尾警部部長市内各警察署長等と意見を開陳して街頭市場に関する懇談を遂げハイヤー大尉より進駐軍の命としてさきに決定した各営業地区への移転を一週間以内に完了するべく要請、各代表出席者はそれぞれその意を街頭商人に徹底せしめることを約し三時五十分解散した」

一二月七日とと九日の記事から朝連兵庫は進駐軍や警察、行政と自由市場の正常化に協力して動いていたことがわかる。

次に見る朝鮮人自由商人連合会の結成は自由市場規模縮小と「自由市場」「自由商人」の呼称を一般化するのに大きな影響を与えたといわれる。

朝連はいち早く同胞商人たちを組織化し行政、警察、神戸進駐軍などの自治統制の意向を受け一九四五年一二月二八日に「朝鮮人自由商人連合会」を結成した。「新聞」は次のように報じた。

一九四五年一二月二九日

「朝鮮人自由商人連合会結成

日とともにます、殷賑きわめる自由市場が国際同業者内をめぐって様々ないまわしき紛争を□ることは国際的にも平和日本建設のためにも面白くない統制規律のある明朗な自由市場を建設しょると全国に魁けて朝鮮人自由商人連合会結成式が二十八日午後六時から神戸三宮劇場で在神朝鮮人自由商人二百□十名参集して挙行された、まず綱領として国際人間の親交・同業者間発生の諸問題の自治的解決・店舗改良衛生設備の徹底・一致団結相互扶助を掲げいまや自由を獲得したわれわれはその持てる脳力を遺憾なく発揮し台湾省民会、神農会などと手を握り各自その利権を尊重し保護し、相互親善して国際的経済使命達成に貢献すべく力強い発生を期し、連合会長文開文氏ほか役員の選任を行い九時すぎ解散した」

朝鮮人自由商人連合会は朝連の指導の下、会員と希望者を駅周辺の街頭から集合商業施設への移転を進めた。神戸市との協議を重ね、土地所有問題では警察とも連携し雲井通六丁目と旭通四丁目に「国際マーケット」を建設しそこへ転居し営業できるようにした。国際マーケットは一九四六年一〇月二日に一斉開店をはたした。これは自由市場の規模縮小に大きく貢献している。

朝鮮人たちは自主的な行動で市場をつくりそこで商業を営む道を選び行動した。他国の商業団体より先駆的な取り組みとして評価された。その後、朝鮮人自由商人連合会は解散し国際マーケットへの参入を希望する商人を受け入れるため朝鮮人商業経済会を結成し今までの取り組みを引き継いだ。

「新聞」一九四七年一月一九日

「朝鮮人商業経済会発足

神戸朝鮮自由商人連合会定期大会は十八日午後一時から葺合区二宮国民学校講堂で市内各地の代議員が集まって開会、現在までに同連合会に加入していなかった商人にも呼びかけ新たに神戸朝鮮人商業経済会として新発足することを決議した」

この神戸朝鮮人商業経済会は略して「商経」と呼ばれた。朝鮮語では「サンギョン」という。

個人的経験であるが一九六八年七月末から八月末まで私はこの国際マーケットのあった現朝鮮総聯東神戸支部で神戸朝鮮高級学校の「夏季教養宣伝隊」の責任者として活動した。このとき宿泊は東神戸朝鮮初級学校でし、活動拠点は朝鮮総聯東神戸支部だった。支部があったのは国鉄三宮駅から商店街のようなところを歩いて一〇分ほどのところだった。このとき支部事務所で「サンギョン」という言葉を出入りする同胞間の会話でよく聞いたのを今も覚えている。事務所内で「サンギョン」という言葉が含まれた会話が静かに時には激しく交わされていたからだ。その当時は国際マーケットはなく、地図を見ると支部は旭通四丁目国際マーケットがあった近くのところのような気がする。

また雲井通六丁目の「国際マーケット」跡地は商店街のようなものがあり途中で右に折れて少し行って左に曲がっていたと思う。天井も低かった。この通りの中に同級生も住んでいた。夏季学校活動中何度も中を通った。中に入ると狭い間口でたくさんの店舗が並んでいた。商店入り口の前の通りでは夜になるとおばさんたちが出てきて客を引っ張っていた。私服の時私も何度か声をかけられた。雲井通六丁目の通りは文具やおもちゃ、駄菓子屋の店があった記憶がある。

「闇市・復興」では一九六〇年代前後のことについて次のように指摘されている。「ゴム製品と玩具・菓子の卸売営業の店舗兼住居が雲井通六丁目と旭通四丁目に集積したが、市場としての性格が強く、一九五〇年にゴム製品の統制が撤廃されてからは、雲井通六丁目の営業者の入れ替わりが激しくなった。その間隙に流入した日本人は、麻薬や売春といった社会悪を持ち込んだ」

闇市のことを書いた回想文などで朝鮮人が傍若無人に行動したことが指摘されるが神戸では朝連兵庫の指導の下商業組織を結成し行政、警察、進駐軍と協議しながら自由市場の正常化に貢献したのも歴史的事実である。

国際ギャング団事件

神戸の自由市場のことを語るとき必ず出てくるのが「国際ギャング団事件」である。事件を元に映画『神戸国際ギャング』が製作された。高倉健と菅原文太の共演で話題を呼んだ。映画は闇市で在日外国人が悪事を働き日本人がそれと対抗して闘ったように描かれているようにもとれる。「兵庫県警察史　昭和編」（以下、「県警史」とする）にもこの事件は書かれている。「県警史」の発刊は一九七五年であるが映画『神戸国際ギャング』が封切りされたのも同じ年である。事件はどういうものだったのか。「県警史」に「（一九四六年）二月二十八日、生田署の岡政雄警部補（当時巡査部長）が北長狭通の台湾省民会青年隊事務所で、数名の者から殴る蹴るの暴行を受けて人事不省となり、手当の甲斐もなく絶命したのである。事態は朝鮮人連盟と台湾省民会青年隊との対立抗争に発展した。四月四日の夜、両団体の急進分子が阪急ガード下の立退き問題から対峙し、相互にその事務所を襲って拳銃を乱射した。この事件は、在神進駐軍当局の出動により一応鎮まったものの……」とある。

一九四六年　四月七日「新聞」の記事

「拳銃で殺傷　五日午後六時ころ神戸灘区篠原北町三丁目二在日朝鮮連盟東神戸支部外務部長原泉事洪順永（三四）宅へ暴漢五名が訪れ、一寸外まで出て欲しいとたまたま来合はせ同町印刷業山村一郎さん（四四）と二人を誘い出し拳銃で洪氏の頭部を撃ち抜いて即死させ山村さんにも瀕死の重傷を與へて逃走した」と報じた。

これについて

「新聞」は四月七日に

「乱闘事件に警告　四日以来神戸生田区三丁目付近を中心として朝鮮人と台湾省民との間に対立を生じた抗争事件は次第に不穏の空気をかもし遂にMPが出動するに至ったが、神戸地方憲兵司令官シュミット中佐は六日午後二時から台湾省および中国朝鮮人関係代表と警察、検査局関係者を招致し左の事項を厳達すると共に同事件に対しては警察検事局において責任をもつて処置するや命令が発せられ、その旨兵庫県警察部から発表された。

一、台湾省、中国、朝鮮人関係の各種腕章は六日限り一切使用を禁じ、七日以降はこれを用ふる者は検挙する。

二、今次乱闘事件の原因となった凶器（日本刀、ピストル等）の一切は十日までに司令官に引き渡すこと
三、警察ならびに検事局の取り調べに対して爾今一切干渉することを禁じ、何等かの異議がある場合は直接憲兵司令部を通じ接捗すること」
事件のすぐ後、「新聞」四月一二日に次のような「共同声明広告」が出た。
「　中国台湾省民同胞
朝　鮮　同　胞　諸君に告ぐ!!
過日三宮付近に惹起したる争闘事件は些細なる個人問題に端を発し相互間の誤解と各種のデマが加わり遂に二、三の不詳事件の発生を見たるも神戸駐屯米国憲兵隊司令部のご協力により双方より解決委員を派遣、事件の発生原因経過顛末を懇談し円満解決しつつあり諸君徒にデマや扇動に雷同せず相提携し生業にいそしむことを切望すると同時に爾今個人間に悶着発生したる場合と云え共絶対暴力に訴えること無く進んで其旨を会又は聯盟に通達し解決法を依頼せられんことを要望す
右共同声明す
中華民国台湾省民会
在日本朝鮮人連盟　兵庫県東神戸支部」
この共同声明を出すことで組織的に抗争を防ごうとお互いに努力した。
朝鮮人聯盟東神戸支部外務部洪順永が銃殺された事件の犯人は台湾省民会神戸青年隊の顧問をして

いた菅谷政雄である。県警史では「ＣＩＳ（民間諜報局）のドラム中尉から『菅谷は子分二、三〇〇人を持つ和製カポネである。彼は強盗で一〇〇万円以上の金を儲け、豪奢な生活をしている。確かな情報だけでも彼の犯行は、砂糖・輸出綿布などの強奪事件が六件ある。この際こうした事件を徹底的に糾明しよう』という申し入れがあった」としている。菅谷は神戸の自由市場で一番の犯罪人であった。県警史では「菅谷は第一審の判決に先立って獄中記を神戸新聞社に寄せている。それによると菅谷は死刑になることを予想していたとみえるが、国際ギャング団の主魁という烙印には、全く身に覚えがないと主張する一方、殺人事件については日本人としての血がそうさせた、いわばやむにやまれぬ行動であったと述べている。すべて犯罪者は自らの行為を正当化し美化しようとする。この手記も『三分の理屈』的であり、どこまでが真実であるかは問う必要もなかろう」と切り捨てている。

菅谷は不祥事を起こし問題となった台湾省民会神戸青年隊の顧問であり、日本人、朝鮮人、台湾人たちの「国際ギャング団」の数々の悪事を取り仕切った張本人である。菅谷は刑期後、山口組の門をたたき組長田岡の手下になっている。

この事件を終始担当した刑事課集団犯罪係長の竹本忠利警部の「国際ギャング団の検挙と警察再建への示唆」というレポートが県警史にあるが、そこで「現在までに取調べた総人員は日本人八一名、朝鮮人四七名、台湾人二七名、その他三名の計一五六名の多きに達しており、犯罪事実が明瞭になって送局確実となり留置中の者は一〇六名である」とし日本人が半数以上である。

大阪梅田の闇市で商売をしていた朴憲行氏は自叙伝『軌跡』で「よく小説家達が、闇市のことを書いているのを読むことがあるが、まるで被害者のように表現しているようである。だが、実際には、警察関係者や政府関係者、また財閥企業などがこの闇市を利用し尽くし、また旧海軍の将官や大佐クラスの者達、陸軍の同じ立場の者達が、隠匿物資や隊の倉庫からの盗みだし、横流し品をさばいて巨利を得ていたのが実情であったのだから、また、その者達は口をぬぐって社会的にも高い立場になっていったのだから、内情をよく知っている者としては、どうにも何とも言いようもないことだ」と書き残している。

戦後直後「三国人」と呼ばれた朝鮮人、中国人、台湾省民がヤミ市で混乱に乗じて悪事を働いたと批難する文章を読むことが多々ある。神戸ではヤミ市を自由市場と呼び正常な商業活動として機能させるため朝鮮人はもちろん中国人、台湾人も組織を作り努力した。それは「朝鮮人自由商人連合会」であり、台湾省民を中心につくられた「国際総商組合」だ。「神戸台湾省民会」は一九四六年一一月に「神戸華僑総会」に統合された。

一部の朝鮮人、台湾人が個人的にまた菅谷のような日本人やくざの下で悪事を働いたが民族団体を結成し治安の安定と三宮自由市場の正常な商業活動のため努力したのも事実である。

「闇市・復興」で神戸の自由市場について歴史的に考察しまとめられた著者の村上しほり氏は次のように指摘している。

「神戸においては闇市と言えば在留外国人同士の争いを描いた映画でも有名な『神戸国際ギャング団』などによる場所のイメージが強く、日本人も闇市出自の新興商環境を形成したことに対する認識は薄い。しかしながら、三宮自由市場では一九四六年以降複数回の営業調査が行われ、その結果から日本人営業者が圧倒的に多いことが読み取れる（一九四六年四月一七日）。それにもかかわらず、戦後の神戸が闇市を掌握した朝鮮人によって脅かされたかのように語られがちであるのは、『ヤクザ』の伝記等による彼らの武勇伝を妄信する人びとが創り上げたイメージに偏重している」

参考文献

一　神戸新聞（「新聞」）『金慶海「神戸新聞」朝鮮人関係スクラップ』青丘文庫
二　『兵庫県警察史 昭和編』（県警史）兵庫県警察史編纂委員会編　兵庫県警察本部、一九七五年
三　『軌跡――ある在日一世の光と影』（軌跡）朴憲行著、一九九〇年刊、批評社
四　「昭和22年兵庫県知事引継演述書」（知事引継書）
五　『戦後神戸におけるヤミ市の形成と変容：「三宮自由市場」の事例を中心に』村上しほり、梅宮弘光二〇一一年三月
六　『神戸闇市からの復興　占領下にせめぎあう都市空間』村上しほり著、二〇一八年一一月、慶應義塾大学出版会（闇市・復興）（引用の中にある（一九四六年四月一七日）は神戸新聞の記事年月日）
七　『ドキュメント在日本朝鮮人連盟1945-1949』（連盟）呉圭祥著、二〇〇九年三月刊、岩波書店
八　『民団兵庫五五年の歩み』（歩み）編集　民団兵庫五五年の歩み編纂委員会、発行在日本大韓民国民団兵庫県地方本部、二〇〇三年
九　『兵庫県在日朝鮮人運動の歩み』（朝鮮人運動）1945-1955―朝鮮総聯結成五〇周年に際して―』（「生活と社会科学」臨時号）権寿根著在日本朝鮮社会科学者協会兵庫支部、二〇〇五年五月二五日

在日本朝鮮居留民団兵庫県本部の結成

徐根植

「民団兵庫五五年の歩み」に見る民団兵庫の結成

二〇〇三年四月に「民団兵庫五五年の歩み」を在日本大韓民国民団兵庫県地方本部の五五年史として発行した。ここで民団兵庫の結成について次のように書いている。

「民団兵庫県本部の結成式は、一九四六年一二月二五日、神戸市内の八千代劇場で行われた。東京で民団中央本部が結成されたのが同年一〇月三日であったから、それより約八〇日遅れての結成である。建青兵庫はすでに前年の一九四五年一二月に設立されており、民団兵庫の結成当日には多数の建青盟員が八千代劇場周辺を警備し、予想される朝連からの妨害行為に備えていた。この日の結成式には、民団中央団長に就任した独立運動の闘士朴烈氏も参席するとあって数千人の同胞が会場へ押しかけ、結成式は大盛況を呈した」とある。

一九四七年三月「兵庫県知事引継書」から

兵庫県知事は一九四七年三月に岸田知事から後任の遠藤知事に引き継がれた。この時の知事引継ぎ文書の公安課の部分に「二、第三国人の動向」があり、この中の（一）に「朝鮮人関係」がある。その（2）に「各種団体の動向を視るに朝鮮人連盟対建国促進青年同盟の対立状況は愈々深刻化しつつあって在日朝鮮居留民団の結成を繞ゐて昨年十一月二十五日朴烈氏来神講演会開催当日連盟対建青同盟の乱闘事件発生後現在に於ては一時表面的には平穏を保持し居るやに見受けられるも内面に於ては極めて注視すべきものがある」との記述がある。

また（3）では「居留民団の結成は建青が主として之を叫びつゝあるが連盟の強力なる反対によって現在の処一頓挫の状態にあり一般朝鮮人の興論は余り希望的でない状況下にある」これを見るかぎり一九四七年三月の時点で民団兵庫は結成されていない。

神戸新聞から

一九四八年五月三〇日「神戸新聞」に六月二日に開催される在日本朝鮮居留民団兵庫県本部結成準備委員会の告知広告が掲載されている。「待望！遂に実現す　同胞よ擧つて　同胞の権益を擁護せよ　**在日本朝鮮居留民團　兵庫県本部結成準備委員会**　日時　一九四八年六月二日　午前十時　場所　神戸市兵庫区福原町一ノ一（市電多聞通リ又ハ有馬道ヨリ西一丁）　建青ビル講堂　一般多数ノ参席ヲ乞フ」となっている。

また一九四八年六月一九日「神戸新聞」には在日本朝鮮居留民団兵庫県本部結成大会の告知が掲載されている。

「在留同胞に告ぐ　在留同胞よ民團旗の下にあつまろう　自主獨立か！　分割隷属か！　講　演　朴　烈 先生　朝鮮居留民團兵庫県本部 結成大會 日時 六月二十一日　場所　八千代劇場　午前十時（市電楠公前、省線神戸駅前）　余　興　朝鮮民謡界王座特別出演」とある。

これらの新聞広告からすると民団兵庫県本部は一九四六年一二月二五日にはまだ結成されていないことになる。結成大会の記事は神戸新聞にない。

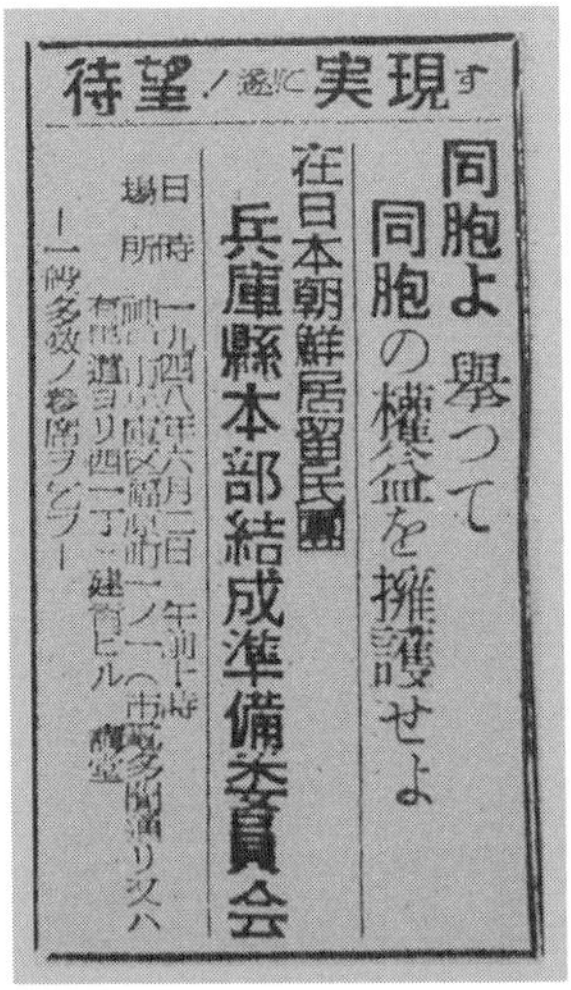

待望！遂に実現す

同胞よ擧つて
同胞の權益を擁護せよ

在日本朝鮮居留民團
兵庫縣本部結成準備委員會

日時　一九四八年六月二日　午前十時
場所　神戸市生田区相生町一ノ一（市電多聞通り又ハ有馬道ヨリ西一丁）建青ビル講堂

―一般多数ノ参席ヲ乞フ―

1948 年 5 月 30 日『神戸新聞』

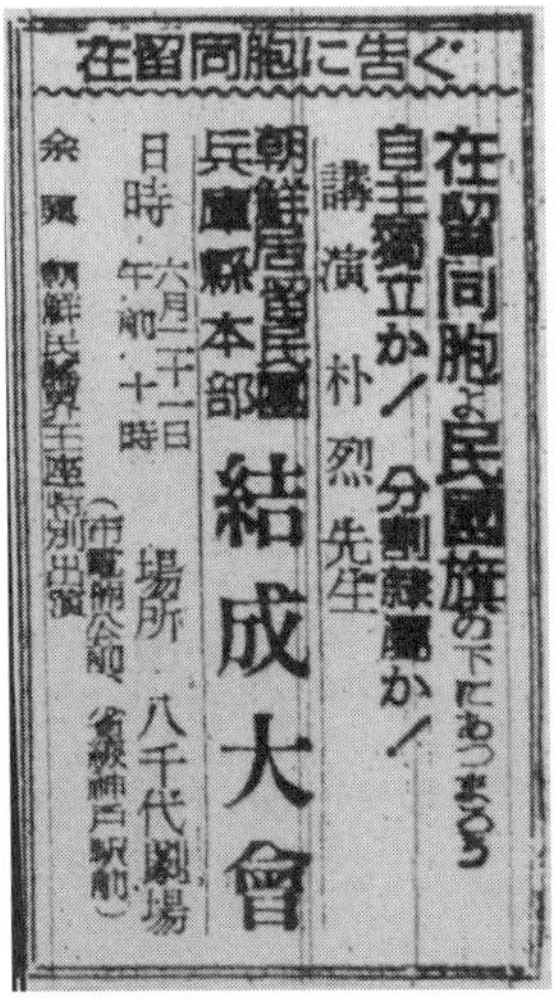

在留同胞に告ぐ

在留同胞よ民團旗の下にあつまろう
自主獨立か！分割隷屬か！
講演　朴烈先生

朝鮮居留民團
兵庫縣本部　結成大會

日時・六月二十一日・午前・十時
場所・八千代劇場（市電楠公前、省線神戸駅前）

余興　朝鮮民謡界王座特別出演

1948 年 6 月 19 日『神戸新聞』

尼崎民団支部結成時における乱闘事件から

一九四八年六月二六日の神戸新聞が次のように報じている。

「尼崎市で　朝鮮人が乱闘　三警官重傷負う

二十五日朝県警兵庫県本部警備□に入った情報によれば二十四日朝五時ころ尼崎市東大島朝鮮建国促進同盟尼崎支部を朝鮮人が襲撃した事件があったり、同夜十一時廿分ころ同市昭和通り一丁目朝鮮人連盟尼崎支部にも二百人くらいの朝鮮人の襲撃あり、ガラス、備品などを破壊したが、その際、同支部前にある印刷所で状況視察のため待機していた尼崎署衣笠新一巡査部長（四九）御厨善定巡査（二四）松下昇巡査（二八）はいずれも重傷を負った、また二十五日午前零時半ごろから同一時半ごろまでの間に同市内三カ所で乱闘事件があり同署では二百名を待機させている、

原因は二十二日同市商工会議所で行われた在日朝鮮人居留民団結成式の際意見の相違から小競合があり二十三日夕刻に各派が二百名ぐらい集結したので同署では非常招集を行って鎮圧した結果、一応解散したもので今回の騒乱はその余波とみられており神戸市警備課でも市内への波及に備えて待機するよう二十五日朝市内各署に通達した」（傍線筆者）

傍線の部分が指摘するように一九四八年六月二一日、民団兵庫県本部が結成された翌日民団尼崎支

部の結成が行われている。

『兵庫県警察史』でもこの事件が出ている。「本県では昭和二十三年六月二十二日、民団尼崎支部結成式で朝連・建青間に乱闘事件が発生（警察官二名重傷、朝連・建青員十二名検挙）し……」とある。民団兵庫尼崎支部結成式が一九四八年六月二二日に行われている。一九四六年一二月二五日民団兵庫県本部結成から一年半の歳月をおいて民団尼崎支部が結成されていることになる。これには疑問が残る。当時、尼崎には建青尼崎支部があり「アリラン部隊」と呼ばれた武闘派の中心人物である朴憲行氏がいた。本部の結成後すぐに尼崎で結成する力は充分にあったと思う。

『大阪民団時報』に見る民団兵庫の結成

鄭栄桓著『朝鮮独立への隘路』に次のようなくだりがある。

「当時の兵庫県では民団のほうが『建青の傘下団体』と認識されていたとの回想もあり、建青兵庫は圧倒的な勢力を誇っていたようだ。また、『非常事態宣言』が出た四八年四月の時点では、そもそも民団兵庫県本部は結成されていない。非常事態宣言下の記述でほとんど民団兵庫が登場しないのはこのためである」（注55）

「さらに玄孝燮は四八年六月の建青第一三回中央委員会で単独選挙を支持し、六月二一日には李承晩を名誉議長として民団兵庫県本部を結成、自らも議長団に入る」（注97）その根拠としてこの項の注（55）と注（97）で次のように言っている。

「大衆の熱望に応え「兵庫県本部結成」『大阪民団時報』一九四八年七月一日付。『民団兵庫五五年の歩み』には民団兵庫県本部の結成は四六年一二月二五日とあるが、少なくとも四八年六月以前に民団兵庫県本部結成について記している資料を現時点で筆者は確認できなかった」

『大阪民団時報』三号一九四八年七月一日付記事は見出し「大衆の熱望に応え兵庫県本部結成」と書かれ本文は

「祖国に政治情勢と在留同胞の現実を自覚した同胞、特に朝連の実相が大衆の批判を持つに及んだ関西地方には民団の正当性が認識され各所の朝連支部が動き続々と民団傘下に集まるに至った、即ち去る四月以来奈良県、和歌山県、各県本部を始め大阪府内の高槻支部などは既にその結成を見たが、今般神戸に於いても建青兵庫縣本部が中心となり準備を進めていたが、去る六月廿一日神戸駅前八千代劇場に於いて兵庫縣本部結成大会が盛大に開催された、

来賓には中総より朴烈団長を始め地方部長、同次長、朝鮮新聞社副社長、日本社会党兵庫県支部連合会代表、大本より副団長、建青大本組□部長、兵庫県兵庫代表の参集、一般同胞あはせ二千余名、司会者の開会宣言、準備委員長玄孝燮氏の開会の辞、臨時執行部の選挙があって臨時議長に玄孝燮氏が選ばれ準備委員の経過報告、情勢報告があり、来賓祝辞には朴烈団長の祝辞、各来賓の激励の祝辞があり祝文祝電朗読には和歌山、大阪、京都各民団本部大阪、中総、岡山、京都、建青本部より祝電朗読があり、民団の宣言、綱領、規約の検討があって満場一致可決、

役員選挙には管下地区選出の準備委員に十九名をもって投票を行い左の通り役員の選出があり、

執行部の部長決定は新任役員に一任した、

次に新団長玄孝燮氏の挨拶、役員の簡単な挨拶があってとどこおりなく終了、中総団長朴烈氏の発声で祖国独立万歳の三唱があり臨時議長玄孝燮氏の閉会の辞があって盛大裡に終了した、

選出役員　団長　玄孝燮、副団長　安泳科、同　姜吉章、議長　朴建永、副議長　髙甲易、同　金炳振、事務総長　金英俊、監査局長尹在俊、以下各部□決定は選出役員に一任した」

とある。

鄭栄桓氏の本を二〇一三年に買って「大阪民団時報」のことを知り新聞を購入して民団兵庫の結成日が私なりに確定した。『朝鮮独立への隘路』の指摘と神戸新聞の広告や知事引継ぎ文書、県警史から見るとやはり民団兵庫は一九四八年六月二一日に結成されたといえる。

一九四六年一二月と一九四八年六月の違い

一九四六年当時、建青兵庫の勢力は朝連兵庫にはるかに及ばなかった。建青尼崎支部結成に関して『軌跡』で朴憲行氏は建青尼崎支部結成の二日前、朝連青年部行動隊の反対行動により妨害され延期したという。神戸新聞に結成告知記事が出たのが一九四六年三月一二日で次のようになっている。

「朝鮮建国促進青年同盟　兵庫県尼崎支部結成式

同志諸君!! 来る三月十四日左記の場所に於いて結成式を挙行敢すに付我等 青年よ皆来たれ! 熱血なる叫びを聴け!! 場所 尼崎市東大島交叉点南三十間入る於 大島会館 」

三月一四日の二日前であるから一二日の告知広告が出た日にそれを見て朝連青年部行動隊が来たと考えられる。結果として同年一一月末に建青尼崎支部結成を挙行したとしている。ここで朴憲行氏自身が「当時の朝連と建青や民団では、組織力も規模も比較にもならなかった。まずは象と蟻のようなものだったのだ」と回想している。建青支部の結成も朝連の反対行動の中で行わなければならず容易ではなかった。

一九四八年六月は状況が大きく変わった。四月からの「朝鮮学校閉鎖命令」である。これを拒否した朝連兵庫は一般同胞を大々的に動員し反対闘争を繰り広げた。県庁知事室での交渉の後、非常事態宣言が神戸一帯に敷かれた。4・24教育闘争で朝連兵庫の委員長以下大量の逮捕者を出し、身を隠した活動家も少なくなかった。GHQによる弾圧で組織は混乱していたし教育闘争で逮捕された人たちの裁判も五月に始まっていた。反対に建青兵庫は官憲や進駐軍に協力したり、一部同胞を懐柔し勢力を伸ばした。この様なことから一九四八年六月には朝連兵庫や民青の妨害を受けにくい状況で在日本朝鮮居留民団兵庫県本部が結成できるようになったのではないかと思う。団体の結成日は月日にいくつかの違いが生じることがある。しかし、一九四六年一二月と一九四八年六月には情勢に大きな差がある。

では一九四六年一二月頃何があったのか。この年一一月二五日に朴列講演会が行われている。一九四六年一一月二五日の神戸新聞に次のような広告が載せられた。

「　来レ！　聞ケ！　我等の先哲!!
朴烈の聲ヲ!!
民族の先覚者　朴烈大講演会
日時　一九四六年十一月二十五日正午十二時
場所　神戸市真野国民学校講堂（朝連兵本部前）
主催　朝鮮建国促進青年同盟兵庫県本部　」

またこの日の講演会について一一月二六日神戸新聞は次のように報じた。

「　朴烈氏講演会
朝鮮建国促進青年同盟兵庫県本部では朝鮮民族の解放を呼び二十三年獄生活を送った朝鮮独立の先覚者朴烈氏を招き歓迎講演大会を二十五日午後一時から神戸真野国民学校で開催、来聴者約三千名、午後四時盛会裡に閉会した　」

「民団兵庫五五年の歩み」の言う一九四六年一一月二五日はこの朴列講演会の日と近いし、朴列氏が参加したことと合わせてみると一九四六年一一月二五日の結成は一一月二五日のこの講演会の日と一ヶ月の差である。結成大会当日も朴烈氏の講演が行われており、一ヶ月違いでも記憶違い、記録の間違いでそうなったとも思える。

参考文献

一　『神戸新聞』
二　「兵庫県知事引継書」一九四七年三月
三　『民団兵庫五五年の歩み』編集民団兵庫55年の歩み編纂委員会、発行：在日本大韓民国民団兵庫県地方本部、二〇〇三年
四　『朝鮮独立への隘路　在日朝鮮人の解放五年史』鄭栄桓著、二〇一三年、財団法人法政大学出版局
五　『大阪民団時報』三号、一九四八年七月一日
六　『兵庫県警察史 昭和編』兵庫県警察史編さん委員会編、兵庫県警察本部、一九七五年

丹波篠山市在日コリアン足跡等銘板の報告

徐根植

丹波篠山市には在日コリアン足跡等銘板が七カ所設置されている。一〇年前の本でそのうち五カ所の銘板について紹介した。その後も篠山では在日コリアンの歴史の発掘が継続して行われた。その成果は二〇二一年五月にブックレットとして発行された。『消えたヤマと在日コリアン　丹波篠山から考える』(岩波ブックレットNo.1046)である。

消えゆく歴史を伝える銘板も設置してきた。

その後つくられた二カ所の銘板について紹介する。

・一〇年前に紹介した銘板

	銘板名	設置年月日
一	篠山小学校民族学級跡	2007年10月1日
二	国鉄篠山線村雲駅跡	2008年1月1日
三	孔雀会館の沿革	2008年10月1日
四	小倉の良質珪石「ロース」	2009年5月30日
五	篠山を支えた畑の硅石鉱山	2012年2月1日

六　銘板名　**「本明谷のマンガン鉱山」**　二〇一五年一二月一日設置

銘板文章

本明谷のマンガン鉱山

篠山市本明谷では、明治のころからマンガンを産出していました。マンガン採掘は、一時期、篠山市の重要な産業の一つでした。アジア太平洋戦争中には、国策会社であった太平洋鉱業株式会社が福住鉱山を所有し、マンガンの採掘にあたり、一九四五（昭和二〇）年八月の終戦まで軍が管理していました。

マンガンは鉄の強度を上げるために不可欠の金属で、とくに戦時中には、大砲の砲身、戦車の装甲面など、武器を作るための必需品とされました。本明谷のマンガン鉱山は、戦争の激化とともに政府指定鉱山となり、多量のマンガン採掘が要請されました。そのため、マンガン鉱石が本明谷から牛車や馬車によって大量に搬出されていきました。

当時、本明谷の村民の多数がマンガンの採掘、選鉱、運搬などの労働に従事し、選鉱小屋も建てられ、活況を呈していました。そこには、多くの朝鮮人の姿が見られました。最盛期には、百人におよぶ人々が本明谷のマンガン鉱山での採掘に携わり、その半数は朝鮮人だったといわれます。

マンガンの埋蔵量が減少し、昭和三〇年代（一九五五—一九六四年）に、本明谷のマンガン鉱山は閉山・廃鉱となっていきました。

この地の多くの人々に支えられたマンガン鉱山を記憶にとどめておくために、ここに銘板を設置します。

二〇一五年一二月一日

篠山市人権・同和教育研究協議会

篠山市教育委員会

篠山市本明谷自治会

七　銘板名**「豊林寺の硅石鉱山と殉職者慰霊碑」**

二〇二〇年三月八日設置

銘板文章

豊林寺《ぶんりんじ》の硅石鉱山と殉職者慰霊碑

ここ玄渓山豊林寺（丹波篠山市福井）の周辺で、一九三四（昭和九）年に硅石が発見され、以来、一九六〇年代まで、篠山在住の鉱山事業者に受け継がれ

本明谷のマンガン鉱山銘板

ながら、硅石の採掘が続けられました。

篠山の硅石鉱山では多くの朝鮮人が働いていましたが、この豊林寺鉱山では、朝鮮人の親方のもと、とくに農閑期には、近隣の農家の人々も硅石採掘の仕事に携わっていました。

また、豊林寺で、鉱夫三人の名前を刻んだ慰霊碑が発見されました。その碑の向かって左側面には「為鳥山鉱山殉職者之霊菩提」、正面には「南無観世音大菩薩」、右側面には「殉職者名　金本容鎬　上田三郎　武田三童」と刻まれています。

一九四八年（昭和二三）三月五日付の『篠山新聞』は、同年三月三日に起きた「村雲村鳥山鉱山」の事故による三人の鉱夫の死を伝えています。その記事と合わせて考えると、慰霊碑の三人の姓はいずれも日本風の名前ですが、三人とも朝鮮人であったことが分かります。

誰が建立したものか不明ですが、このような朝鮮人殉職者の慰霊碑が保存され、檀家の人々によって弔われているのは、全国的にも珍しく、貴重な記念碑となっています。

二〇二〇年三月三日

高野山真言宗総本山金剛峯寺／玄渓山豊林寺／
丹波篠山市福井自治会・中自治会／丹波篠山市人権同和教育研究協議会／
丹波篠山市教育委員会

鳥山鉱山朝鮮人鉱夫殉職碑

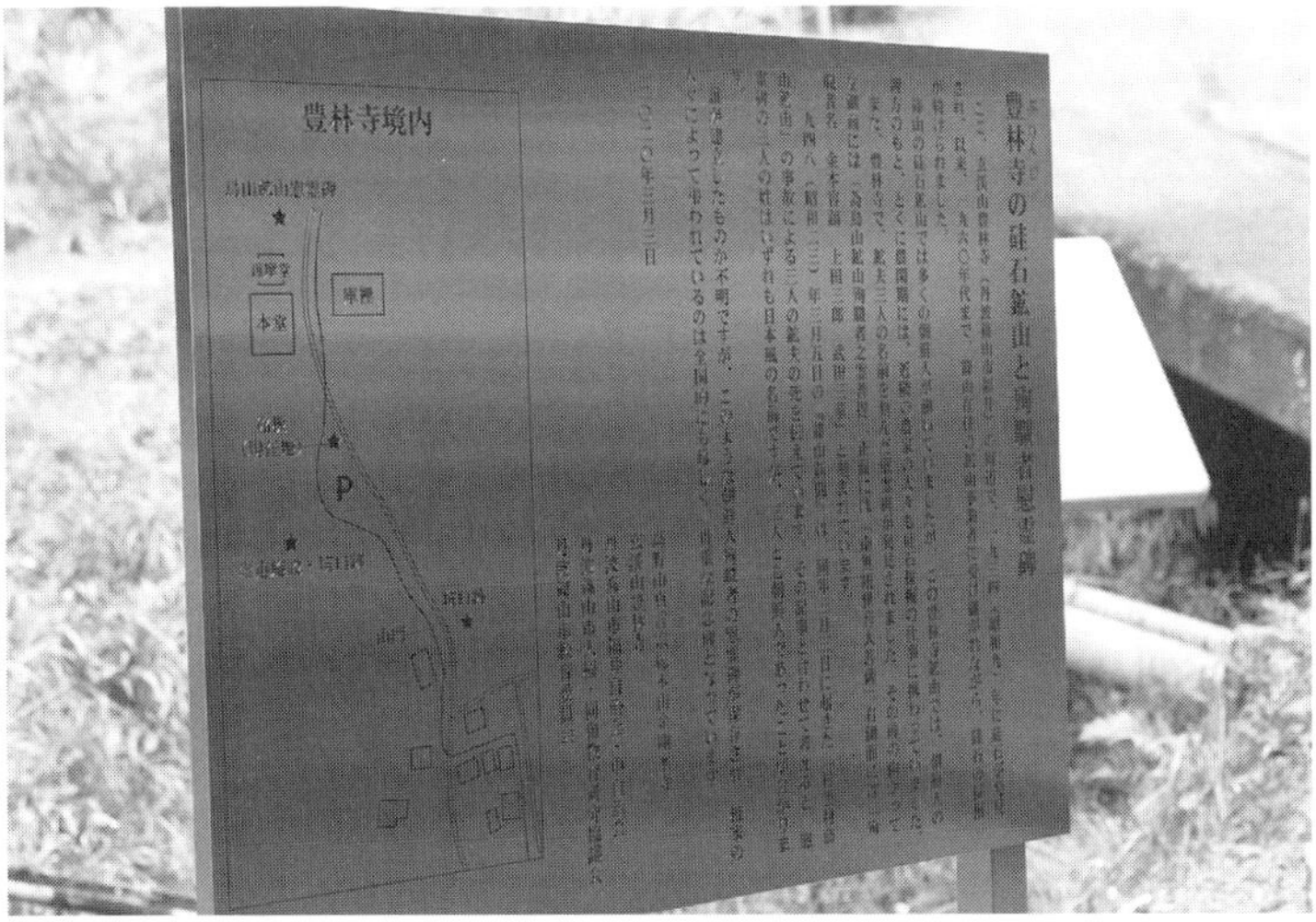

豊林寺の硅石鉱山と殉職者慰霊碑銘板

愛の絆に生きる人——在日韓国人としての小浪義明

金勇秀

はじめに

神戸の生田神社前。二〇二〇年一二月末日をもって、東急ハンズ三宮店は一九八八年の開業以来、三二年の歴史に幕を閉じた。現在は、工事施工中となっている。学生時代、ここをよく訪れていた筆者としては、非常に物悲しい。新たにどのような建物となるかは、詳細は判明していないが、不動産登記情報の内容から察するに、テナントビルになるようである。

さて、話は一九八八年より前のこと。筆者が感じた物悲しさより、遥かに惜しまれて閉店となった建物がそこに存在していた。

キャバレー新世紀。

現在では日本中において生きた化石状態となっているキャバレー。一九八〇年以降、キャバクラやクラブにとって代わられ、衰退していったのであるが、一九四五年から一九八〇年まで神戸の街のナイトシーンの中心がそこに存在していた。

念のために触れておくが、キャバレーはキャバクラとは全く異なるものである。正確な違いは議論があるところかもしれないが、まず、店舗規模が全く異なる。キャバクラがビルのフロアの一部であることが多いのに対して、キャバレーは建物全てだったりする。また、大型ステージがあるのがキャバレーであり、そこでショーや歌バンド演奏があったりするところが異なる。ホステスが客の相手をする点では共通するが、店の雰囲気や造りは全く違い、〝趣き〟があるのはキャバレーの方ではないだろうか。換言すれば大人のテーマパークと言ったところであろう。

日本におけるキャバレーは、戦前から存在しているが、その全盛を迎えたのは終戦から一九七〇年ぐらいまでの間、およそ二〇年と少しである。隆盛の直接的な起源は、進駐軍向けに設立された特殊慰安施設とされる。本稿における主人公である小浪義明こと裵在潤（以下「小浪」という）も例に洩れず、進駐軍向け特殊慰安所を運営していた。しかし、キャバレー業にたずさわっていたのは終戦前からであり、生粋の夜の世界の男であった。

二〇二三年現在においても、小浪のことを覚えている日本人は多い。世代としては六〇歳以上となるが、その多くは、小浪の経営するキャバレー（神戸の新世紀や赤坂ミカド）に直接行き、楽しんだことのある者である。それこそ一九六〇年代のキャバレー全盛期には、マスコミにも多くとりあげられ、テレビにも多数出演し、茶の間を賑わしていたからである。ただ、ほとんどの者は、その派手で豪華な側面や夜の世界のヒーローという姿しか知らない。小浪が在日韓国人一世であったことも、さ

蝶ネクタイがトレードマークの小浪

ほど知られてはいないし、かろうじて知っている者にとっても意識されることはまずない。

一方、在日韓国人社会にとっても、小浪は完全に忘れられた存在となっている。六〇歳以上の在日韓国人間でも語られることは殆どなく、それは、小浪が終戦後、活動の本拠としていた兵庫の韓国民団（以下「民団」という）においても同様である。二〇一〇年に出版された『在日コリアン辞典』においても、在日韓国人の名が多数網羅されている中で小浪の名は掲載されていない。

筆者は、在日韓国人であり民団の団員である。民団兵庫県本部会館の五階には、歴代団長の写真がずらりと並べて飾られているのであるが、そこに小浪の写真があることは殆ど気付かれることがない。六五歳以上の団員であっても、大半は誰であるかを分かっていないため、伝説が語り継がれることは全くないのである。もっというと、兵庫県内でキャバレー経営をしていた在日韓国人一世の子孫（六〇代）で民団の長年の役職者にあるものであっても、小浪のことを知っておらず、小浪の伝説は兵庫の在日韓国人社会において事実上失伝しかかっている状況である。

本稿においては、小浪の親族からの聞き取り調査は出来ていない。しかし、数多く存在している文献や新聞記事に加え、民団の団長を務める金泰煥、韓日国交回復時より民団に出入りしていた民団西神戸支部常任顧問の金泰洙、生前の小浪と直接交流のあったKなど複数名から聞き取った情報を元として、一つ一つは点である資料を結びつけていき、時代背景を踏まえながら、在日韓国人としての小浪の実相に可能な限り迫り、その伝説を記していきたい。

出生年月日と場所

小浪による自伝、『キャバレー太閤記』（以下『太閤記』という）によると、明治四五（一九一二）年八月一六日に生まれたとされる。出生場所については、明記はないが、小浪の父母は観音様にお百度をふんだりしていた中で生まれてきたと述べていることからして、いかにも日本国内（戦前生まれであるから、いわゆる内地）で生まれたと言わんばかりである。一方、小浪の長女である小浪幸子（以下「幸子」という）が執筆した『帝王のいない家――キャバレーミカドの娘たち』（以下『帝王のいない家』という）も、太閤記の記述以上のことは述べられておらず、出生場所については全く明記はない。つまり、本人及び親族による著作からは明らかとはならない。当然、この二作には小浪の韓国名である裵在潤の名は全く書かれていない。

次に、比較的、近時の書籍について見てみるとする。小浪と同世代である、戦後の空手界におけるヒーロー、大山倍達について徹底分析した小島一志・塚本佳子による『大山培達正伝』には、五一二頁に小浪は韓国全羅道の出身であるとの記載があり、同地出身であるからこそ極真空手創始者である大山倍達（崔永宜）と懇意にし、極真会館創設の際には、同地出身の実業家たちをとりまとめ相当額の寄付を行ったとある。引用元は不明であるが、さもありなんと思える記述である。

そこで、次に過去の文献を見てみるとする。まず、産経新聞年鑑局発刊による『産経日本紳士年鑑第五版上』（一九六四年、以下『産経年鑑』という）では、明治四三（一九一〇）年八月一三日兵庫県生まれと掲載されていた。まず、生年月日が『太閤記』や『帝王のいない家』とは異なっている。明治四五年か明治四三年のどちらが正しいのであろうか。『帝王のいない家』では、明治四五年生まれと附合する六九歳で亡くなったと述べられているのであるが、小浪が死亡直後の『週刊新潮』（一九八一年一二月一七日）においては、波乱万丈七一年との見出しによって特集が組まれていた。どちらが正確なのかは、直接小浪の戸籍簿を見たことはないので、はっきりとはしないが、最も信憑性があるのは官報（一九七一年七月九日）の次の帰化許可の告示であろう。

住所　東京都千代田区永田町二丁目一七番八号
裵在潤（小浪義明）明治四三年八月一三日生

一般的に、帰化許可申請の際には、韓国戸籍の謄本提出が求められるので、韓国戸籍には明治四三（一九一〇）年生まれとの記載があることが強く推認される。

出生場所についてであるが、『産経年鑑』によると兵庫県生まれとある。では、実際に兵庫県生まれであったのかというと、これは明らかに事実ではない。『大山倍達正伝』にもあるとおり、韓国出身である。『週刊サンケイ』（一九八一年一二月二四日）によると、「小浪さんは明治四十三年八月生まれ。出身は神戸といわれるが、実際のところは韓国出身で『慶在順』というのが本名だ」とあり、兵庫県ないし神戸出身であると小浪が偽って自称していたことがうかがわれる。なお、これは『太閤記』一六頁に「大阪湾のかなたの山脈から、太陽がのぼりはじめ、鶏がしきりに小屋で鳴きわめいておりました」と述べられていることからしても、容易に推認することが出来るものとなっている。

では、『大山倍達正伝』に記載があるとおり、小浪は韓国全羅道出身であるのであろうか。

小浪の週刊誌記事は数多くあるが、その多くは、一九六五年の東京進出以降のものが殆どである。筆者が入手した資料の内、詳細な内容が掲載されており、最も古いものが池田克己が発行した『在日韓国人実業家グラフ』(一九五七年三月刊行、以下『グラフ』という)という非売品の文献であった。『グラフ』では、小浪について三頁がさかれており、その時点における小浪のライフストーリーが詳細に述べられていた。

まず、『グラフ』には、冒頭、次の記載がある。

明治も漸く終りに近い四十三年の真夏八月のある日、此処朝鮮は慶尚北道安城郡月谷面沙日洞の一軒の農家に元気な生ぶ声が起つた。

『グラフ』の記事も『太閤記』や『帝王のいない家』とは異なり、やはり明治四三年生まれなのであるが、唯一、出生場所の具体的な地名があげられていた。ただ問題なのは、韓国の地名を調べたところ、あげられている「慶尚北道安城郡月谷面沙日洞」は存在していない。そもそも、慶尚北道に安城郡は存在しておらず、安城郡が存在しているのは京畿道である。では、慶尚北道が間違いなのかというと、そうでもなく、安城郡には月谷面は存在していなかった。ただ、少なくとも『大山倍達正伝』に記載がある全羅道出身ではなさそうである（小浪が大山倍達を支援していたのは事実である）。事実を確定させることは困難なのであるが、『グラフ』を読み進めていくと次の記載がある。

虫もつかずすくすく育つた少年は、天稟の気性を傷うことなく安東公立普通学校を卒業したものの、大きな将来への夢を秘かに胸に画いていた彼は、寒村の生活に耐え得ることは出来なかつた。

小浪は安東の学校を卒業したようである。そうすると、「慶尚北道安城郡」は「慶尚北道安東郡」の誤記であった可能性が示唆される。念のため、韓国の地名便覧を確認したところ、慶尚北道安東郡に月谷面は確かに存在していた。ただ、月谷面には「沙日洞」は存在しておらず、「沙日洞」が一体、何を指すのかを調べてみたのであるが、京畿道安城郡に「沙日洞」は似たような地名も含めて、存在しておらず、最も近かったのは慶尚北道安東郡月谷面沙月洞である。現在の地名では、慶尚北道安東市臨東面沙月里となった場所であるが、筆者が検討した結果としては、最も有力な出生場所は慶尚北道安東市臨東面沙月里であると結論づけることとしたい。

家族構成と学歴

小浪の家族構成と学歴について見ていくこととする。『太閤記』によると、家系には男子は何代も産まれず、姉がいたとある。また、自分の父が政治犯であったとも述べられている。これとは異なる内容の文献は見つけられていないのであるが、少なくとも『グラフ』にはそのような記述はない。真相を確認するのは困難ではあるが、筆者が小浪と生前に交流があったKから聞き取った話によると、弟がいたとのことであり、その弟は終戦後、一時期、小浪が経営する会社にて働いていたそうである（諸事情により退社に至ったそうである）。『太閤記』には、姉が家を出て行った後、天涯孤独となったとあるのだが、弟がいたのであるならば天涯孤独となったとは考えにくく、その内容には若干の疑問がある。

次に学歴についてみていく。『産経年鑑』によると、和歌山中学（現・和歌山県立桐蔭中学校・高等学校）卒業とある。しかし、『太閤記』や『帝王のいない家』においては、学校を出ていないと述べられている。戦前の学校教育においては、旧制中学校はむしろエリートコースの高学歴であるし、仮に小学校卒業だけであったとしても、時代背景として「学校をろくに出ていない」とまでは言えないのではないか。そこで、真相を探る上において、『グラフ』の記述内容はもっとも信憑性があると感じたので、紹介する。

記述内容を表にすると次のとおり。

表　グラフに記載の小浪の生い立ち

通学した学校	・安東公立普通学校（卒業）〜和歌山中学校（中退）
安東での様子	・大きな将来への夢を秘かに胸に画いていた彼は、寒村の生活に耐え得ることは出来なかつた。勉学そして独立―、この希望が一四歳の少年を釜山市に走らせ、目的に対する足場を求めさせたのである。
釜山での様子	・釜山から日本への、最短距離の都市で食料品店に先ず職を求めて、来るべき渡日のチャンスを待った。 ・故郷を離れて三年目の一七歳の春、念願の日本に渡る機会が訪れた。 ・釜山で営々として蓄えた給料を唯一の力として、下関に上陸第一歩を印したのが昭和二年春たけなわの頃である。
日本上陸後の当初	・野中の一本杉にも似た生活が一年続いた、冷たい世相の風は無情にも紅顔の少年を押しまくり、神戸、大阪と職を変えさせた、だが持つて生まれた負けず嫌いと、物事にこだわらぬ少年の気質は、ひたすらに最初の目的である向学の道に努力を集中せしめたのでる〝頑張り〟の一筋である。
和歌山での生活	・昭和三年の春偶然なことから寄る辺なき少年に幸運がもたらされた。少年の性格を見込んで引取つて世話をする人が現れたのであるそれが大阪を離れた和歌山市であつたとしても、その喜びは大きかつた。夢にまで見た中学の制服が初めて着られるのだ、恩人の家業の食料品店の店員として働きつつ、県立和歌山中学の門をくぐつて行く少年の胸は、大きくふくらみ頬は喜びと幸福に満ちていた。報恩は勉強をすること。これを自覚してその成績は常に一、二の優秀さである。店にあつては陰日向なく働いたことは言うまでもない、然し不幸にしてこの幸福は永くは続かなかつた。恩人の事業失敗に端を発し、再び世の荒浪に投げ出される運命となつたのである。喜び勇んで入

学した学校も中退の止むなきに至つた。泣くに泣かれぬ断腸の思いの学業中絶である。頼る杖を失つた少年に再び前途の暗い日が訪れたが、此処でくぢけるような人間なれば、氏も普通の人、頑張りの本領がこの大きい苦難に発揮されたのである。

百八十度の転換による目的の変更である。学業を捨て事業に打込む決心が、その時に強く植付けられたのであつた。しかもそれが如何なる困難に逢着するともやり抜くという固い決意の下においてなされたものであつた。


『グラフ』の内容は、『太閤記』や『帝王のいない家』と全く食い違うのであった。『太閤記』では、韓国からは見えるはずのない大阪湾が、生誕地から見えていたり、実父からは幼少期、「ヨシアキ」と呼ばれていたと述べられていることからして、誤記ではなく、恣意的な創作がなされており、内容の信憑性には大いに疑問がある。小浪の幼少期とは、遅くとも一九三〇年頃までであり、その時代には、朝鮮民事令第三次改正、朝鮮人に対して日本式の名前を強制せしめた創氏改名制度の実施はされておらず（一九四〇年に実施である）、朝鮮半島に住んでいる朝鮮人があえて、日本名を常用していたことは無かった。ましてや、政治犯（つまり、独立運動に参加していたのであろう）であったとされる小浪の父が、「ヨシアキ」と呼んでいたという話は、あまりにナンセンスであり、『太閤記』の内容は創作や脚色ストーリーが相当入り混じっていると見るべきであろう。

『グラフ』では、小浪が勉学を志していたと述べられている。詳細は後述するが、小浪は一時、新聞社の支局長も務め、また、学校の校長も務めているのである。その生涯を見渡す限り、勉学に勤しんだことがない者からは掛け離れているのであって、ここでもやはり、『グラフ』の内容こそ真実ではないかと筆者は予想する。

なお、『太閤記』には、夕張炭鉱で働いていたことなどのエピソードも紹介されているが、『グラフ』では紹介されておらず、和歌山中学を中退した理由についても仕事の手をぬいていたことから酒屋を放逐されてしまったからだと記載があり、『グラフ』の内容とは異なっている。

水商売への道

家業である水商売へと至る道については、真偽はさておき『太閤記』に詳しく書かれている。『グラフ』にも、うどん屋の出前持ち、キャバレーのコック、酒場の見習い、ボーイの見習いを行って自己のものとしたと記載があるから、多様な経験をした上で水商売に行き着いたことは概ね間違いないであろう。

『週刊現代』（一九六五年一一月四日）には、その辺りの事情は簡潔にまとまっている。

大阪に出てきて以降は、まず、松島遊郭に近い九条の食堂につとめ、ボーイを行った。そこで働いていた時、子をもうけたようであるが、半年で死亡してしまったようである。次は、九条のカフェ「バウリスタ」にて副支配人をつとめ、店をきりもりしていたとのこと。ここでの勤務の様子については、「あのころのカフェーのチンピラ・マネージャーというのは、ひどいもんでね。私も当時小浪さんと同じ九条にいたが、お互いにドアボーイみたいなことまでやっていた。かれは〝テッポウ松〟というあだなでね、向こう意気の強い男として鳴らしたもんです」（東京社交マネージャー協会長・車田利幸氏）との証言の記載がある。ここには約二年いたとのこと。これは、『週刊文春』（一九六七年一月二日）にも、「母親のことは知りませんが、父親が韓国人でね。戦前にどこからか、流れてきたんですわ。昭和十八、九年ごろ、大阪九条に〝桃太郎〟というカフェがあって、彼はそこの玄関ボーイをしてました。通称〝鉄砲松〟いいましてね。一匹狼の、非常にヤリ手でうるさい存在でした」（関西のクラブ支配人S氏）という記載があり、年度は大幅に間違いがありそうであるが、鉄砲松というあだ名であったことは間違いない。

その後、九条のサロン「ミカサ」に移り、支配人をやったのち、此花・四貫島のキャバレー「菊水会館」の営業部長となった。同店のオーナーは、私学も経営していた大学卒業のインテリであり、不況のためか、閑古鳥が鳴く店であったようである。

ここで、小浪は頭角をあらわす。同日に打ち出した奇策が〝なんでも二十五銭〟作戦。「ビールが二十五銭、オードブルも二十五銭。貨幣価値も変わっとる。そやけど、一人前に遊ぼうと思ったら、なんぼなんでも、二円はいったころや。不況から、満州事変、上海事変のころになっとった。金を使う余裕もでけとったが、ともかく、まだ本調子やない。そこで、薄利多売でいったんや」（小浪氏）。

同時に、集客についても、小学校の運動会や神社にも繰り出させ、ホステスも美人を集めたとのこと。「あのころの奴さんの手口はな、喫茶店をまわりよるんや。それも〝山本君いるか〟いうような、デタラメな名前ゆうて、店を一まわりしよる。友人をさがすような顔をして、女の子を見るねんな。いい子をみつけると、すぐすわりこんで、いきなり、〝オレとこで働けへんか〟ゆうてスカウトしよる。ええ子がおらなんだら、お茶ものまんとスッと出ていく。これで女の子を集めよった」（大阪のキャバレー経営者＝匿名）との声もあった。その結果、菊水会館は、尼崎、神戸に支店をもつ大衆キャバレーに成長させていく。その後、昭和一三年八月、貯蓄した資金にて神戸に「新興会館」と名づけるキャバレーを買うに至る。

ついに、一介のボーイが夜の一城の主となったのであった。

戦時下の振る舞い

水商売の世界にどっぷり浸かり、才覚を発揮していた小浪にとって、戦時下の状況は業態転換を余儀なくされることとなる。当初の新興会館を作った頃は、軍需景気で沸き立っていたため、工員の町である神戸の新開地は、歓楽を求める人の波でわいたようである。そして、その勢いは、翌年に元町に「新世紀」を開店するに至り、増々勢いづいていったかに見えた。またその時分には、並行して大衆食堂「新味楽」や酒場「公楽」もオープンさせている。

しかし、昭和一六年に太平洋戦争が始まったため、飲食業界は根底からゆさぶられることとなり、小浪にも業態転換をせまられる。キャバレーや飲食事業については、全て支配人に運営を任せ、飛行機部品の製造を行う東洋鉄工株式会社なる軍需工場をつくることとなった。『グラフ』によると、小浪は「熱烈な親日家」であったそうである。なお、小浪は、軍需工場を営んだ目的として、「軍需工場をやって徴兵のがれをする、それと、時流にのっていばりたい、二つが目的やった」と語っており、これは『週刊現代』（一九六五年一一月四日）に載っている。

小浪は、軍需工場経営者としても、大いに経営手腕を発揮した。軍当局より優秀工場として表彰を受けるに至っており、多くの収益のほか、多くの資材が残っていったとのことである。

一方、キャバレーや飲食事業についてであるが、こちらの方は神戸大空襲により焼失し、大損害を受けるに至っている。グラフにも、「こうした努力も終戦という国家全体の転換によつて、終止符がうたれ、さて周囲を見渡した時は氏の身辺には何一つ残つてなかった。熾烈な神戸空襲で持つもの総てが烏有に帰していつたのである」とあるので、大損害を受けたことは間違いがないが、これは後述するがややオーバーかもしれない。無一文になったのであれば、終戦直後から商工人として活躍するのは困難である。

この当時の小浪の私生活について、記載された文献や資料は極めて少ないのであるが、興味深い資料がある。小浪は洋蘭、熱帯魚、ゴルフなど趣味多彩であり、これは『太閤記』やその他の資料にも多くあることから明らかではあるが、帝国軍用犬協會から出版された『軍用犬』（一九四〇年一〇月）九八頁によると、ドーベルマン種であるデイスベルト・フォン・ポリスカウノ DKZ1773 の所有者として小浪が掲載されている。なお、住所は神戸市湊東区仲町通六丁目二六とも載っている。また、犬の研究社より出版された『犬の研究』（一九四一年九月）という愛犬雑誌によると、一〇〇頁にメス犬のエッセル・フオン・ゼツペリンプラッテイとアルゴス・オブ・ミッキイの「上記二頭を御譲りす」との掲載もある。

愛犬家として、既に趣味の世界では戦前から活躍していた様子が見て取れ、加えて、戦前より経済人としても充分に成功していたことが容易に推認される。

終戦後の組織人としての小浪（一九四五年〜一九五〇年）

さて、ここからが本稿の主題である小浪の在日韓国人としての活躍について、述べていきたいと思う。

一九四五年八月一五日、日本は敗戦した。そして、同時にこれは、朝鮮人にとって解放をもたらした。当然、在日朝鮮人もそれに呼応し、今後の処遇について自らの力で開拓していく必要が生じ、全国各地で朝鮮人団体の産声があがっていったのである。

全国レベルでいうと、まず、最初に在日本朝鮮人連盟（以下「朝連」という）が発足する。一九四五年八月二二日、「在日本朝鮮人連盟中央準備委員会」が発足したことを皮切りに、一〇月一五日、東京日比谷公会堂に全国から約五〇〇〇名が集まる中、朝連が結成されるに至った。朝連には、日本共産党の幹部であった金天海が参画したこともあり、一気に共産主義者が主導権を握り、右翼、民族主義者及び親日派はパージされていったのである。

次に朝鮮建国促進青年同盟（以下「建青」という）。朝連の組織状況に不満を持っていた民族主義者である者（洪賢基、徐鐘実ら）が中心となり、一九四五年一一月一六日、建青を組織するに至った。建青の活動資金は、反共産主義陣営であったことから、ＧＨＱから潤沢な資金提供があったと言われており、特別配給物資も優先的に分配されたそうである。こういった状況であったことから、発足当時は、建青は朝連に比べて組織力において圧倒的に劣っていたが、資金力・物資調達力に関しては一定の力を有していたため、両者は強く対立していくこととなる。

この全国レベルの動きに呼応し、兵庫にも左右対立が在日朝鮮人にもたらされていく。

解放日から二週間ほど過ぎたある夜、長田神社（神戸市長田区）近くの金英俊の自宅兼旅館（神戸市長田区四番町七の二）にて、朝鮮人数名の有力者が会合を持ち、在日朝鮮人の民生問題等に対処すべく、「兵庫県朝鮮人協会」が結成された。委員長には、戦前、労働運動を行い治安維持法で検挙された経歴を持つ全海建、副委員長には労働運動であった「兵神ゴムピストル争議」を指導した李民善、青年部部長には文東建が就任した。全海建は、一九七〇年代には現在でも発刊されている新聞、『統一日報』紙の神戸支局長を務めた者であり、文東建は後述するが、朝鮮総聯中央の副議長を務めることとなる兵庫の在日朝鮮人屈指の大物である。

その後、兵庫県朝鮮人協会は、李民善主導で兵庫県朝鮮人連盟と改称し、朝連の兵庫県本部（以下「朝連兵庫」という）となっていくのであるが、改称後は、委員長に李民善が就任し、副委員長には玄孝燮と朴建永、総務部長には金英俊が就任することとなった。

では、兵庫における建青（以下「兵庫建青」という）が結成された経緯はというと、これまた複雑なのである。発端は、朝連兵庫青年部であった者複数名の有志が、朝連中央と建青中央が建青中央本部事務所の移転をめぐって、武力衝突をした際に建青中央に加担したことであった。これは俗に「神田市街戦」と呼ばれ、後に民団兵庫県本部（以下「民団兵庫」という）の初代団長に就任する玄孝燮の指揮のもと、ピストル、刀、鉄棒などを用いて大乱闘を繰り広げ、米軍の装甲車とMPが出動し鎮圧にあたったほどの事態となった。つまり、朝連兵庫青年部が建青兵庫の元となったのであった（結成は一九四五年一二月二二日)。なお、この際、後に兵庫建青の副委員長に就任する皇甫石は、胸部を刃物で刺されたことで重傷を負うに至った。その後、皇甫石は、神戸市街戦の古傷が元で一九五九年に三六歳の若さで亡くなっており、その遺骨は今でも神戸市の大乗寺に保管されている。

兵庫建青は、全国的にも有名な建青の支部であった。その活躍ぶりは、現大阪公立大学名誉教授の朴一の実父である朴憲行が記した『軌跡』(一九九〇年)に詳しい。兵庫建青は、前記玄孝燮と文東建の両者が派閥を形成し、それぞれの派が持ち味を発揮して、朝連に対抗出来る実力を備えた団体となっており、全国各地の建青支部をサポート出来る程であった。

特に玄孝燮は、相当な実力者であったことが知られており、『神戸新聞』(一九四五年一一月四日)においても、在神二六年の朝鮮人指導者として紹介され、戦前は憲兵協力隊として活躍し、日本で数台しかなかったロールスロイスを乗り回しつつ、大型拳銃を常備しながら、GHQからの特配物質を貧困にあえぐ朝鮮人に分配していた(税務訴訟資料一五号一三五頁に記載の裁判記録においても、玄孝燮は失業朝鮮人の救済事業を行っていたと記載されている)。また、GHQとは強いパイプを有しており、アメリカの文書によると協力者すなわちスパイであったとの記録も残っている。リーダーの玄孝燮が、親日派であり、GHQと強いパイプを有していた反共指導者であったことから、必然的にそのようなタイプの朝鮮人が数多く集まることとなり、朝連とは差別化が図られることとなった。なお、玄孝燮は、一九四九年一月一三日に朝連の活動家によって暗殺されたのであるが、現在では神戸市須磨区の墓に埋葬されている。民団兵庫の設立(一九四八年六月二一日)についても、完全に彼の功績であるといわれている。

では、小浪は、朝連や建青といった民族団体の役職に就いていたのであろうか。当時の記録は少ないのであるが、筆者が調査した限りにおいては、関連性があると思われる資料は二つ確認出来た。
まず最初に、『神戸新聞』が存在している。『神戸新聞』（一九四六年二月二七日）には、一九四六年の新円切替にともなう日本政府の預金封鎖に関して、小浪は朝連兵庫外務部長として、二六日に次の声明を発したとされる。

現今の社會情勢よりして今回のインフレ対策は止むを得ざるものとするも、永年にわたりわれら在日同胞が汗と血を流して築いた預金を封鎖し、何等特別措置を講じないといふのは如何なるものか、われらは公正なる世界の輿論のもと自由の民として近く独立すべく約束づけられてゐるにも拘らず今日なほ日本敗戦の負担を日本人同様にしなければならぬのであらうか。在日朝鮮人聯盟等に対する寄付金等は朝鮮独立に寄せる篤い熱意と希望の象徴である、それをも許さぬといふ如き権利が日本政府にあるのであらうか。この際日本政府は断然旧体制的な点を拂拭し、眞にわれらの納得すべき責任ある対策を樹立されるやう、自主的な考慮をなすべく頭脳の切替を要望する

そして、翌日の『神戸新聞』（一九四六年二月二八日）には、「朝鮮人聯盟縣本部の新陣容」と題された記事に、二三日、二四日に県下八万の朝鮮人の総意を結集する臨時大会が開催され、委員長に前記李民善、副委員長として玄孝燮の他、外務部長として小浪が就任したと掲載されている。当時の朝連兵庫は、玄孝燮が在籍していたことからして、思想や立場に関係無く幅広い朝鮮人が在籍していたよ

うであり、一九四五年一二月二二日に結成された兵庫建青とも敵対していなかったのであろう。しかし、副委員長であった玄孝燮は、『神戸新聞』（一九四六年四月一〇日）の「朝鮮人聯盟人事」として、朝連兵庫を八日付で停権処分にあい、あわせて、建青員一〇名は連盟執行委員及び常任委員の役より除名されたとあった。この中に小浪が含まれていたかは定かではないが、『神戸新聞』（一九四六年九月一八日）の「朝聯縣本部の新役員」には、役職者として裵在潤の名は消えている。これはあくまで推測ではあるが、一九四六年二月～九月の間に、玄孝燮らと共に、朝連兵庫を離れたと思われる。

ところで、筆者がなぜ、玄孝燮について、ここまで小浪との関連性を強調したのかというと、それは以前、玄孝燮の親族であるA氏（当時七〇代）に聞き取り調査を実施したことによる。小浪と玄孝燮の関係性について残っている記録は少ないが、A氏によると、玄孝燮も小浪と同じく水商売を行っていたらしい。また、商いを営んでいた場所も、小浪が本拠としていた神戸市生田区（現・中央区西部、フラワーロードより西）であったようであり、小浪は玄孝燮の部下であったという。戦時中の振舞いにしても、小浪は軍需工場経営者であり、玄孝燮も憲兵協力隊かつ鉄工所経営者であった。共に親日派であり、内地在住歴も長い。小浪が内地に渡ったのは、一九二七年であり、玄孝燮についても在神二六年であったとされているのである。さらに、玄孝燮はGHQの有力情報提供者であったし、小浪も後述するが、進駐軍相手の慰安所を経営している。両者に共通項は多く、一九四五年から一九五〇年のまでの間は、互いに協力し合う関係だったと見て間違いない。

神戸新聞以外のもう一つの資料としては、兵庫建青が発刊していた機関誌の『促進新聞』（一九四八年三月七日）が存在している。

記事の内容は次のとおり。

盛大な三・一記念事業

神戸湊川に繰り展げられた民族の盛儀

三月一日―此の日は特に寒風の強い日であったが、民族の熱情は此の寒風にもめげず、いよいよ燃え上るのであつた。われ〳〵建青では神戸市の中心の湊川公園を會場として盛大な祝賀大會を開いた。會場の三方の入口には白地に赤で「己未年獨立運動記念大會」と書かれた大アーチが建設されて居り、正面の音樂堂を使用した會場は将来の国旗、「建青」の旗、多くのノボリ、プラカードで飾られ、二基の花環が逞しい力強さに心の優しさを添えていた正午のサイレンと同時に此の記念すべき民族の盛儀は開始された。司會者は李海秀氏、進行係に秋遺腹氏、書記に崔炳浩氏姿を表しここに開會が宣言された。（中略）「建青」兵本委員長玄孝燮氏起つて熱辯を吐けば、幾千の拍手が之に答え、次に議長團として文東建氏、玄孝燮氏、高甲春氏、裵在潤氏、洪興福氏の五氏が指名された。（後略）

なんと、兵庫建青主催の記念大会に議長団として、玄孝燮の他、小浪も選ばれているのであった。文東建はともかく、役職者としての公式記録が見当たらない小浪や高甲春が兵庫建青の関係者であったとは、驚くばかりであり、小浪は兵庫建青の構成員ないし準構成員であったとみる方が自然であろう。なお、後述するが、小浪は建青の機関紙であった『朝鮮新聞』の兵庫支局長も務めていたようである。

ここで少し脱線するが、高甲春についても少し紹介しておきたい。高野民之助こと高甲春は、戦前よりボクシングの名手として有名であった、本物の武闘派である。昭和六年に来日し、神戸拳闘倶楽部に入門後、ライト級としてプロライセンスを取得。そして、当時フェザー級王者として有名であったピストン堀口と共に、遠く大連、京城、釜山に巡業へ出かけるなど活躍した。現役引退後は、高麗拳闘倶楽部と名付けたボクシングジムを設立し、ライト級全日本チャンピオンとなった内藤鉄夫を輩出した。なお、当時、全関西拳闘協会の会長の任にあった。

文東建についても、ここであらためて紹介したい。文東建はおそらく、兵庫における朝鮮総連系人士としては最重要人物である。そのライフヒストリーにについては、高祐二が執筆した『在日コリアンの戦後史　神戸の闇市を駆け抜けた文東建の見果てぬ夢』に詳しいのであるが、簡単に説明すると、一九一七年に生まれた文東建は、神戸の天道教青年部長を務めた他、戦前に独立運動を行ったことで刑罰に処せられた独立運動家であり、戦後は兵庫建青の初代委員長となった。商才にも長けており、ゴム会社（三栄ゴム株式会社）を営み、ＧＨＱからの払下げ資産を活用しつつ相当な財をなしていたのであった。

その華々しい肩書きを列挙すると次のとおり。

①兵庫建青初代委員長
②兵庫県朝鮮人商工会副会頭

③兵庫県ゴム協同組合理事長
④共和信用組合初代組合長
⑤在日本朝鮮信用組合協会理事長
⑥在日本朝鮮商工連合会理事長
⑦兵庫県朝鮮商工会会長
⑧朝鮮総連副議長
⑨国際貿易促進協会神戸地区委員

他に右に出るものがないとしか言いようがない。ちなみに、個人的な話になるが、筆者の両親の結婚式にも何故か来賓として招かれていたそうである。意外にフットワークが軽かったのかもしれない。

話を戻すとする。このように兵庫建青は、暴力建青と朝連から呼ばれただけあって、強面の人材を豊富に有していたのに加え、野戦司令官のような玄孝燮や文化経済面にも精通した文東建のようなリーダーも存在していた。なかなかのタレント軍団だったと言えよう。なお、朴憲行は『軌跡』において、民族運動云々ではなく、単に暴れたいがために入会してきた者までいたと自嘲気味にふりかえっている。

以上、小浪の記録を二つ紹介した。その他、これについては確実ではないが、筆者は可能性が高いとみているため参考までに紹介しておく。民団大阪が発刊した『大阪民潭時報』(一九四八年七月一日)

によると、一九四八年六月二一日に神戸駅前八千代劇場にて開催された民団兵庫県本部結成大会において選出された結成時役員は次のとおり。

選出役員

團長　玄孝燮

副團長　安泳科、姜吉章

議長　朴健永

副議長　高甲易、金炳振

事務総長　金英俊

監察局長　●在俊（黒字は字が磨滅しており判読不能）

この布陣を見る限りにおいて、当時の状況をふまえると、高甲易は高甲春であり、●在俊は小浪ではなかろうか。ただ、●在俊については、あくまで裵在潤とは在の字のみの一致であるため、可能性があるということだけの指摘に留めておきたい。

終戦後の商売人としての小浪（一九四五年～一九五〇年）

小浪の終戦後のふるまいは、比較的多くの文献に残っている。まず、『実業の世界63』（一九六六年九月一日）によると、終戦直後、兵庫県知事、神戸市長、警察署長の三人が考え、進駐軍をクギづけにするための慰安所設立を小浪に任せようということになったそうである。小浪は当初、市内一大きい「大丸」に、開設しようと目論んだようであるが、さすがにそこは勘弁してくれということとなり、二番目に大きかった西日産汽船ビルの八階を借り受け、勇敢な女性五〇人を集め、そこで開業した。しかし、半年も経たない内にマッカーサー元帥から「営業停止命令」が伝達されたばかりか、せっかく稼いだ一〇万ドルすらもMPに巻き上げられたとある。これ以降、外国人相手ではなく、本来得意としていた日本人それも大衆相手の商売を再開していくこととなったようだ。なお、『グラフ』には、昭和二一年初春にかけて、時の兵庫県警岡本保安課長の要請により、日産ビルに新興会館と名付けられた進駐軍慰安施設が出発したと書かれており、資料間の内容齟齬は無い。

ちなみに、『グラフ』では、終戦直後、小浪が無一文となったと書かれているが、前記のとおりこれは怪しい。経営していた東洋鉄工株式会社には、大量の資材が終戦後、残っていた。当然、これらは換金可能なものであり、小浪はこれらを上手く利用し、事業再建を成し遂げていったのであろう。

小浪は、この時期より在日朝鮮人商工人として既に名が通っていた。当然、商工団体でも活躍している。ここでまず、兵庫における朝鮮人商工団体の流れについて述べると、まず、一九四五年一二月に「朝鮮人自由商人聯合会」が結成されている。次に、一九四六年三月には「在神朝鮮人飲食店組合」が結成され、以降、「兵庫県朝鮮人料理飲食業組合」が結成されるに至り、「朝鮮人自由商人聯合会」は「朝鮮人商業経済会」と改称した上で、活発に朝鮮人商工人の営業権確保や納税問題に対応すべく活動をした。小浪もこれらの団体と関係が無かったとは考えにくいが、筆者は、その記録は今のところ発見には至ってない。しかし、一九四七年四月六日、神戸クラブにて設立された「兵庫県朝鮮人商工会」に関しては、参議員職に小浪は就任している。

そもそも、結成式会場の神戸クラブは小浪が経営するキャバレーであり、結成の様子を伝える『兵庫朝鮮人商工会報』（一九四七年五月七日）には、広告として神戸クラブの他、終戦前に小浪が営んでいた酒場の屋号、「公楽」も見受けられる。「公楽」については、旅館とされているが、特徴のある屋号であるため小浪が経営する店舗であった可能性は高い。ちなみに、兵庫県朝鮮人商工会の初代会頭には、朝連兵庫前副委員長の朴建永、副会頭には朝連兵庫書記局員の金英俊や前記文東建が就任するなど、朝連系及び建青系が混在している組織体制であった。ちなみに、朴建永及び金英俊については、元々は朝連系でありながら、民団兵庫の結成に参加し一九四八年以降には朝連を離脱している。

小浪の商工人としての活躍は、建青の機関新聞であった『朝鮮新聞』（昭和二三年七月一三日）において、次の記事が掲載されていた。

神港に名の高い社長の小浪さん　若い國際事業家としてめざましい裴在潤氏

往き来る人波がごつた返えす國際商港神戸駅前の新開地にデンとそびえた五階建ビルデング新興会館、こゝに本拠を構えたダンスホール、キヤバレ〝神戸クラブ〟は港都フアンの人気の中心だが、この經營を牛耳る代表者にわが同胞亦在潤君がある、君は京阪神の事業界に活躍する少壯實業家だ、長腿白晰の典型的ゼントルマン、大きなロイド眼鏡の奥には柔和な瞳が人なつこく輝き、その世話好きな大きい抱擁力を持つた人となりがうかゞわれ、同胞は素より同業日本人からも『社長の小浪さん』の愛稱をもつて敬愛されている、氏は幾多の民生、社會問題にも貢献し、新聞事業にも理解が深く現に朝鮮新聞社兵庫支局長として取材通信に、營業面に華やかな活躍ぶりをみせ、同胞の民生問題解決、文化啓蒙等に示す熱意は並々ならぬものはある、今や本國における内外情勢とみに重大を加える折柄、氏の如き秀れた力量手腕を持ち、しかも人格の陶冶された國際事業家の今後の活躍にこそ、眞に期待するところ極めて大なるものがある。

この記事によると、小浪は事業による活躍のほか、民生や社会問題にも貢献しているのに加え、何と新聞事業にまで手を出していたのである。小浪がどの程度まで、新聞事業に対し熱心に取り組んでいたのかは、筆者が調べたかぎり発見出来ていないが、水商売・風俗営業以外にも大いに関心を有していたのは後年の振る舞いからしても明らかであり、そのマルチプレーヤーぶりは終戦直後から発揮していたのであった。

一九五〇年代の組織人としての小浪と民団兵庫

一九五〇年代、それは小浪が最も在日韓国人の組織人として表立って活躍した時代である。そして、この時代の活躍ぶりを記録し、紹介することこそ本稿執筆の最大の動機であり目的である。

まず最初に、兵庫建青の右派の流れから生まれた民団兵庫の一九五〇年代初頭の情勢はというと、一九四九年一月に初代団長であった玄孝燮が暗殺され、大黒柱を失った状況にあった。後任として選ばれた団長は『民団兵庫五五年の歩み』（以下「歩み」という）によるとタクシー会社（オリエンタルタクシー）を経営し、後に兵庫韓国商工会議所の会長にも就任した朝鮮人協和会出身の姜吉章（神本吉章）とされている。しかし、筆者が調べた限りにおいては、若干の疑問がある。なぜなら、『歩み』は民団兵庫の設立年を一九四六年とするなど設立年を誤っており（当時発刊された『神戸新聞』に掲載された記事によっても一九四八年六月二一日とされている）、記述の不正確さが否めない。一九五〇年三月に民団中央本部が作成した「全国本部團長名簿」によると、民団兵庫の団長は、玄孝燮と共に反共活動（在日本朝鮮革新同盟）の同士であった安泳科となっている。どちらが正しいかについて、もはや証明は困難であるが、当時作成された記録の方が信憑性は高いであろう。ただ、『歩み』に記載されている一九四九年の一時期、兵庫県朝鮮人商工会初代会頭の朴建永が団長の任にあたったとされている点に関しては、『神戸新聞』（一九五五年一月三一日夕刊）にも同旨の記載があったことから間違いなさそうである。

民団兵庫にとって災難であったのは、兵庫建青の分裂劇であった。兵庫建青は、朝鮮半島を巡る信託統治の受諾可否を巡って、大分裂し、右派は大韓青年団として組織改編の上で再スタートを切ったが、主導権を握りつつあった文東建率いる左派はそのまま兵庫建青を名乗り、民団兵庫・大韓青年団と対立を深めていく。そして不幸にも、民団兵庫の事務所は兵庫建青が所有するビル（長谷川ビル）にあったため、両者の抗争は激化していき、それに伴い組織活動そのものは停滞していたというのが通説である。『神戸新聞』（一九五三年六月九日）によると、記者取材に対して当時の兵庫建青の委員長であった申鉉東は、「日本にいる六十万の朝鮮人はねみんな朝鮮人民共和国に統一されるのを待っていますよ、またそうでなければウソですよ、兵庫県の場合をみても六万人の九割九分までが朝鮮民主主義人民共和国支持だ居留民団なんか問題ではない」と語っており、兵庫建青は朝鮮建国促進青年同盟というより北朝鮮建国促進青年同盟に成り代わっていたのであった。

当然、この事件は法廷闘争にもなり、長谷川ビルの所有権帰属をめぐって両者は争ったものの、結局、左派の兵庫建青が勝利し、民団兵庫は退去を余儀なくされることとなる（下級裁判所民事裁判判例集六巻一号一三二頁）。なお、当時の民団兵庫の団長は、当初、朝連に在籍し活躍した金英俊であり、兵庫建青の影のボスは文東建であった。数年前の左右が完全に逆転していたのである。

一九五〇年代前半の民団兵庫の実態は、文献や資料が殆ど残っておらず、長谷川ビルの係争以外に関しては謎めいているのであるが、筆者は次のように推測する。

一九四八年に結成された民団兵庫は、設立時から脆弱な組織体であった。そして、元々は兵庫建青がそれを支えていたが、兵庫建青自体が左派の文東建派に席巻され、民団兵庫に合流していった者は必ずしも多くなかった（特に神戸においては顕著だったという）。一方、日本共産党を上部団体とする朝鮮人連盟においても、一定の不満はくすぶっており、朝連解散以降、後継団体の在日朝鮮統一民主戦線（以下「民戦」という）に合流しなかった者が存在していたことから、それらの者が民団兵庫を形作っていったのではないであろうか。つまり、

兵庫建青右派（崔永聖、梁昌煥ら）＋朝連離脱右派（金英俊、安泳科ら）＋有力商工人（小浪、黄孔煥ら）＝民団兵庫初期（一九五〇年～一九五五年）

このようなイメージであろう。

それでは、民団兵庫の主力メンバーについて簡単にみていきたい。まずは、民団兵庫二代目（実質か?!）団長に就任した安泳科から述べる。安泳科は、玄孝燮死亡以前、反共団体である「在日本朝鮮革新同盟」を朝連から離脱の上、立ち上げていた。

『民主新聞』（一九四八年六月五日）によると、五月二九日に結成大会を開き、賛同者一般同胞二〇〇名程が参加する中で議長である安泳科は次の開会辞を述べている。

朝連の結成方針と趣旨は在留同胞の民生と権益擁護にあつたにも拘らず近来の施策は偏見的な主義的路線に偏り、解放民族の衿度と信用を失墜し却つて民族の自主性をそう失している、今後の朝連が依然としてこの線に沿つてその組織体を推進するならば在日同胞の民生問題の解決は永遠に絶望視されるであろうと共に日本共産黨との提けいは益々そのへい害に拍車をかけ今回の教育問題においても朝連中総のとつた無責任な言明とその措置は結果においては無智無能なものでありその権威は完全に失墜され大衆の信頼心も消失してしまつた。こゝにおいてわれわれは反共の旗印を聲明し革新同盟を結成して在留六十萬同胞の信貴なる公僕とならんことを誓うものである。

朝連の日本共産党追従路線に猛烈に反発していたことがよく分かる。阪神教育闘争の事後対応をめぐって、組織離脱をしたのも特筆すべき点であろう。

次にあらためて金英俊について述べる。組織人としては極めて重要な人物である。

金英俊は、前記のとおり、長谷川ビル係争時の際の民団兵庫の団長であった。一九一五年一一月二三日朝鮮半島生まれの在日一世であり、水原高等農業学校を卒業後（大邱高農と書かれた文献も存在している）、朝鮮総督府に勤務していた。一九四三年（一九四四年と書かれた文献も存在している）に内地に定住し、戦時下の中、「阪神防空商会」なる屋号で事業を営み、終戦後は、兵庫朝鮮人協会結成会議の会場として自らの自宅兼旅館を貸すことで、兵庫における朝鮮人のリーダーの一人として名乗りを上げた。阪神防空商会がどのような事業を行ったかについてははっきりしないが、戦時下であったことと屋号をふまえると、軍需工場であった可能性が高い。また、朝鮮総督府勤務であったことや、終戦数年前に来日していることからして、日本の植民地支配に協力した、いわゆる親日派であったと推認される。

朝連兵庫においては、総務部長、経済部長、書記局など要職を務めた。そして、元来は、建青陣営ではなく、生粋の朝連陣営の役職者の一人であったのであるが、商工団体においては、結成時（一九四七年四月六日）の兵庫県朝鮮人商工会副会頭を文東建と共に務め、兵庫県朝鮮人ゴム工業組合専務理事をも務めるなど、建青陣営の朝鮮人とも一定の交遊を有していた。

なお、金英俊はゴム工業組合の専務理事職にあったのではあるが、『神戸ゴム工業協同組合史』（一九八七年一一月）によると、元々はゴム関係の職についていたわけではなく、終戦直後の本業は製粉業であり、他人の名義を借りてゴム工場代表者に就いていたという。また、一九四七年時点においては建興商事株式会社なる会社の社長をやっていたのであるが、僅かな期間で廃業しており、一九四九年に入ると、なんと兵庫建青の文東建が経営する三栄産業株式会社の専務、國際経済新聞業務局長を務めるなど、敵対団体リーダーの会社従業員となっていたのであった。『神戸新聞』（一九四八年八月二三日）には兵庫建青の役員改選公告が掲載されているのであるが、文東建が委員長に復職したことに伴い、金英俊は総務委員に就任したとされていることに加え、朝連陣営が発刊した『民青兵庫時報』（一九四八年六月二七日）によると「この金英俊を参謀とする所の、文東建一派は朝聯幹部及民青幹部が検束されたそのすきを利用してあらゆる點から朝聯に再び入りこまんとしてゐる、我々はかくの如き野謀を暴露しなければならない（勿論彼等の誠意ある行動を我々大衆に示せばいつでも受ける準備はある）」などと文東建と共に大いに非難されていたのであった。このことから、朝連とは一九四八年上半期時点において袂を分かったと考えられる。

金英俊は前述のとおり民団兵庫結成時より事務総長であったが、安泳科が民団兵庫の団長を退任した一九五一年に団長に就任し、長谷川ビルをめぐる係争真っ只中、一九五六年に退任するまで団長を務めた。つまり、長谷川ビルをめぐる係争というのは、社長である文東建が率いた兵庫建青と文東建の従業員であった金英俊が率いる民団兵庫との争いであったのだ。両者は共に本訴で証人尋問を行っており、法廷における過熱が偲ばれる。

なお、この時期はさすがに金英俊は文東建の会社で勤務しておらず、近親者に現在のＪＲ元町駅前にて焼肉店「相楽園」を開店させていた。相楽園は、近年まで営業していたのであるが、現在は閉店しており、建物自体も廃墟と化している。おそらく兵庫における民団系の焼肉店としては最古であったが、閉店は残念な限りである。

話を人物紹介から元に戻す。

民団兵庫のこの当時特有の活動はというと、まず本国支援があげられる。本国のイデオロギー対立に至るは、在日韓国・朝鮮人にも影響を及ぼしていった。ことの流れはというと、まず、李承晩大統領が一九四八年に来日したことに伴い、東京に駐日本国大韓民国代表部（以下「駐日代表部」という）が設置される。駐日代表部は、在日韓国・朝鮮人社会の左傾化を阻止すること並びに本国政府への支援を目的として、民団のみでは心許無かったことから、有力経済人を一本釣りの形で取り込んでいこうと試みていく。

経済支援のカンパ回りに奔走したのは、一九四九年に就任した二代目駐日公史の鄭恒範であった。鄭恒範は駐日代表部が財政難であったことから、スポンサー探しに奔走し、民団に頼ることなく、自らの力で在日韓国・朝鮮人商工人に個別に接触を図っていった。特に、兵庫においては手ごたえがあったのであろう。神戸市長田区のゴム産業従事者であったセントラル化学工業株式会社の中村正一やユニオン護謨工業株式会社の安田善暢らが当時にして金二〇〇〇万円の金銭を寄付したそうである（現在の貨幣価値からすると数億円の価値があると言われている）。

また、当時の駐日代表部には複数の職員が在籍したのであるが、その内の一人に、後に小浪の懐刀となる李徳雨（徳永博）がいた。李徳雨は、鄭恒範が公使を退任して以降も韓国に帰国することなく、兵庫に定住している。英語にも堪能であった李徳雨は、兵庫建青右派の後継団体であった大韓青年団兵庫県本部の団長にも一時期就任し、民団兵庫においても事務局長を務めるなど、一貫して小浪らが支える民団兵庫陣営のスタッフとして活躍した。また、小浪のビジネスにおいてもサウナ部門の部長を務め、東京進出以降は近畿観光株式会社の専務となった（『帝王のいない家』によると幸子と激しく対立し、退職に至ったようである）。

鄭恒範が兵庫の経済人とのコネクションを作って以降、次に駐日公使に赴任した金龍周は、新たに民団とは別に、更なる本国支援を目的とした在日韓国人実力者を揃えている韓国代表部諮問委員会（以下「諮問委員会」という）を立ち上げ、小浪はここで諮問委員に選任されている。委員の数は総勢、三〇数名いたが、兵庫県出身の委員は小浪のみであった。この諮問委員会は、すみやかに本国支援活動を活発に展開したのであるが、同委員会を中心として朝鮮戦争への志願兵指導本部が設けられ、合計六四二名からなる義勇軍を祖国の戦線へと送り込んだのである。他にも医薬品などの物資支援も行った。なお、当時の民団兵庫は、こう

義勇軍本部前で談笑する小浪（右端のポケットに手を入れている人物）。
義勇軍への関与が示唆される。

いった民団中央周辺の流れに呼応して、一九五一年四月、「韓国青年特別訓練計画に関する件」として、祖国支援のための人材を育成するシステムの構築を求め、民団中央に対して臨時大会開催を求めていたことがあったことも付け加えておく。これにも小浪の関与が推認される。

結局、諮問委員会は約八か月存続し、人間関係の確執によって、一九五一年二月一〇日に止む無く解散したようではあるが、小浪が在日韓国人として、本国に極めて強い関心を寄せていたことは明らかである。なお、この時期には駐日代表部あがりの李徳雨だけでなく、CIC（アメリカ軍対敵諜報部隊）で勤務していた三か国語（英語・日本語・韓国語）を使いこなす李海秀とも出会うこととなる。李海秀は韓国で首相を長年務めた金鍾泌と師範学校の同窓生であり、相当に優秀であったことから、小浪の経営する会社の運営、特に芸能部を支えたとされる。

一九五六年頃、長谷川ビルでの抗争が終結した頃には、金英俊が民団兵庫の団長を退任し第四代（?!）団長として小浪が就任した（以後、金英俊は、民団中央の事務総長に就任し兵庫を去る）。その際の民団兵庫の布陣は、『歩み』によると議長が姜順賛、監察委員長が李義敦とされているが（小浪は第五代目団長とされている）、当時の『民主新聞』（一九五七年八月一五日）によると次のとおりである。

議長　　　　安泳科
監察委員長　尹市郎
副団長　　　姜吉章　黄孔煥
事務局長　　李徳雨

企画室長　李義敦

なお、この時代、韓日国交正常化を目的として韓日会談が複数回繰り返し開催されており、韓日親善の機運は徐々に高まりつつあった。『実業界』（一九五八年二月）において小浪は、「一見小柄な体躯、温和などこに幾多の事業をそだて、また日韓親善の愛の絆に生きる情熱家としてのエネルギーがひそむのかと思われる人だ」と評され、同じく『実業界』（一九五八年四月）においては「玄海灘にかける橋　日韓親善に活躍する人びと」と題された小浪ら在日韓国人の特集が組まれた。これによると編集部が民団兵庫を訪れ、小浪団長、平山、神本両副団長から意見を伺ったとある。同記事においては、「小浪氏は大阪北のエムパイア神戸の新世紀、神戸クラブ、新興会館など、関西のサービス業界の立役者であり、と同時に在日韓国人の代表的人物として、十指にあまる公算をもつ実力者である」と評されており、小浪は編集部に対して、「日本人は韓国人に対する蔑視的態度をとり去り、同じ東洋人なんだから、兄のような気持で接してくれないと、日韓国交のゆきずまりは打開できない」と語っていた。ちなみに同記事中の「神本」とは前述の姜吉章であり、「平山」とは黄孔煥のことである。

ここで、黄孔煥についても、少しふれておくこととしたい。

黄孔煥は、解放直後の一九四五年から一九五〇年の間においては、民族運動においてもビジネスにおいても、さほど目立った存在ではなかった。当初、神戸市長田区において亀一ゴムという屋号でゴム工業を営んでいたのであるが、約二〇〇〇万円に達する製品販売代金の焦げ付きに直面するなど失敗に終わり、会社は倒産するに至っている。しかしながら、その逆境にもめげず、数名の従業員を引き連れ、暴力街のど真ん中であった新開地（神戸市兵庫区）においてパチンコ店経営に転じたところ、大成功を収めたのである。

黄孔煥も小浪と同様、パチンコ店経営以外にも店舗リフォーム業、家具製造、冷暖房工事、喫茶店経営など多角経営をなし、一九五〇年代中頃には相当な蓄財を果たしたことにより、長谷川ビル退去後の民団兵庫の本部事務所設立にとどまらず、現在の駐神戸韓国総領事館建設、神戸商銀信用組合（旧称：太平信用組合）の理事長職を務めるなど、小浪と並ぶ兵庫における在日韓国人のスーパースターであった。

後に詳しく述べるが、小浪は東京進出以後、日本に帰化し、在日韓国人であることの出自は次第にオープンにしなくなっていったのであるが、黄孔煥は一九八六年に逝去するまで一貫して在日韓国人社会に尽くし続けている。

その他、小浪が民団兵庫の団長を務めていた当時に企画室長を務めていた李義敦（西郷義一）についても、簡単に紹介しておきたい。李義敦は一九六〇年には民団兵庫の副団長となっていたのであるが、当時、韓国孤児の慈父として韓国国内では現在も有名な日本人會田嘉伊智の晩年の渡韓、囲碁の達人である趙治勳の来日の橋渡しを行っている。特に會田嘉伊智の渡韓は、国交回復前であったため困難であったが、民団兵庫全体を巻き込みながら運動が行われ実現に至った。小浪以上に現在では忘れられかけている、韓日親善に尽くした兵庫のレジェンドである。

話を少し戻すが、小浪は民団兵庫団長の他にも、民団中央においては、金載華中央団長時代、韓国民議院（国会）オブザーバーとしての役職も務めている。金載華中央団長は、本国政府に対し①政府の対日貿易の一部は、民団を通じて在日韓国人工場から購入すること、②在日僑民の中小業者に韓国銀行東京支店から融資すること、③韓日会談に在日僑民代表を参加させること、④国会に僑民代表六名をオブザーバーとして出席させることなどが記載された建議要請書を提出し、時間は要したようであるが①以外は全て実現させていた。

小浪は前述のとおり、従前、駐日代表部諮問委員にも就いており、韓国の政治に関心をもっていたことからして、本国志向が極めて強かったことがわかる。民議院オブザーバーとしては、①引揚同胞処理法、②僑民法の制定を本国に対して求めようとしていたようであり、②僑民法については、四〇年経った後、一九九九年に「在外同胞の出入国と法的地位に関する法律」が施行された。当時からの小浪らの努力が長きを経てついに結実したのであった。

その他、『韓国新聞縮尺版』に掲載されている新聞記事（民主新聞と思われる）によると、いつの時点かは不明ではあるが、小浪は民団近畿地方協議会の事務局長にも就任しており、第七二回近畿地方協議会は神戸で開催されたようである。また、これは語られること少なき歴史ではあるが、一九五七年八月に開催された民団の学生母国訪問夏季学校第一回目の記念写真も掲載されており、神戸港発の航路であったため小浪や黄孔煥も写真に写っているのではあるが、この際、トラブルが発生していた。手配した三都通商の船が予定より三日遅れた他、学生に割り当てられた追徴金及び携帯品に関して意見対立が生じた結果、民団中央文教局長及び小浪ら民団兵庫関係者五名が広島から参加していた学生数名及び引率者らに対して脅迫・暴行を加え、広島の学生は母国訪問出来なかったのである。これにより、民団広島は民団中央に対して真相究明を求めるなど、騒動に発展し、結局、兵庫からは姜吉章副団長が謝罪するに至った。小浪が激高するに至ったのは、広島の引率者が税関に密告をしたらしく、それが引き金を引いたらしい。今でも続く、民団の学生母国訪問事業は、小浪も関与していたほろ苦いスタートから始まったのであった。

このように、一九五〇年代の小浪の組織人としての活躍は著しく、在日韓国人の権益擁護の他、本国支援や日本との親善に尽力しており、民団兵庫のエース的存在であったのは間違いない。

一九五〇年代の経済人・文化人としての小浪

一九五〇年代はこれまでみてきたとおり、小浪にとって、在日韓国人組織人として大活躍した時代であった。そして、それに伴って経済人としても大活躍している。

ビジネスのラインナップは、当時の広告によると次のとおり。

①エムパイア（ダンスホールキャバレー劇場）大阪梅田
②新世紀（観光キャバレーダンスホール）三宮
③神戸クラブ（総合キャバレー）神戸湊川神社東
④新興会館（大衆ロマンキャバレー）神戸新開地
⑤花馬車（尖端スタンド）神戸新世紀前

⑤の花馬車は尖端スタンドというが、何を指す業種かは分からない。しかし、キャバレーを神戸・大阪と手広く営み、蓄財していったことは容易に分かる。『グラフ』によると、冷暖房装置つまりエアコンを取り入れたのは、業界初であったようだ。

三宮の生田神社前の新世紀は、一九四八年にオープンしたようであるが、開店する際に多額の資金を要したことから、神戸市兵庫区で金属加工店を戦前より営み、当時、兵庫の在日韓国・朝鮮人商工人で最も現預金を有すると言われていた李成俊から融資を受けたとの逸話が残っている（李成俊は民団兵庫において議長職、民団西神戸支部においては支団長職を務めた）。なお、李成俊は、「障害年金の国籍条項を撤廃させる会」を近年まで引っ張ってきた李相泰の実父であり、二〇〇〇年代に在日韓国青年同盟兵庫県本部にて代表を務めた李俊熙の実祖父である。ただ、調査をしている過程において、筆者が最も疑問に思ったのは、そもそも三宮生田神社前には一九四六年時点において、生田劇場なる朝鮮人経営の文化施設（映画やアトラクション）が存在していた点である。『神戸新聞』（一九四六年九月六日）によると土木建築、運送、請負業を営む青山組の朝鮮人青山新吉が一八〇万の大金をはたいて建設したらしく、同人談として「裸一貫で神戸にやつて来てこれほど儲けさして頂いたのもみな日本のお陰ですたとひこの劇場が失敗して丸裸になつてみじめにうらぶれ朝鮮へ引揚げてももともとですよ」と掲載されている。その後、『神戸新聞』（一九四七年五月二八日）には、青山新吉の本名は崔振●（黒字は判読不能）と掲載されているのであるが、消息は全く分からず、生田劇場は新世紀がオープンする頃には無くなっていたようである。取り替わっていった過程は謎めいており興味深い。

次に経済人としての肩書・役職について見てみる。『グラフ』や『産経年鑑』によると、次の肩書き・経営している会社の役職を持っていた。

①全国観光社交事業連盟副会長
②兵庫県社会事業協会連合会会長
③兵庫県料飲食業組合総連合常任相談役
④神戸キャバレー協会会長
⑤大阪社交事業連合会常任相談役
⑥信用組合大阪商銀理事
⑦太平信用組合理事
⑧神戸市観光連盟理事
⑨神戸経済クラブ理事
⑩兵庫県暴力犯罪掃滅対策協議会委員
⑪日本観光株式会社会長
⑫朝日産業株式会社社長
⑬神戸紡機株式会社取締役

この内、⑥・⑦は、融資差別を避けるべく、在日韓国人が自らの資金によって立ち上げた金融機関である。特に⑦の太平信用組合は、小浪が民団兵庫団長に就任した数か月前に設立され、組合拡大運動が繰り広げられた結果、一〇〇〇万円定期預金の募集を民団兵庫が組織単位で引き受けた際、小浪一人で当時にして六〇〇万円もの大金を引き受けたのであった。ところで、『神戸新聞』（一九五四年九月七日）によると、在日韓国人の経済的地位の向上と日韓親善のため同年九月六日に生田区「第一楼」にて、神戸在住韓国人、小池義郎、昭吉奐ら約七〇名が集まって韓国人有志懇談会を開き、韓国信用組合（仮称）を設立することを申合せたとの記事が掲載されている。これこそが太平信用組合設立計画の起源であると考えられる。この記事にある小池義郎なる人物は、漢字の類似性から考えて小浪義明の間違いであろう（昭吉奐は姜吉章のことか?!）。当時、民戦や兵庫建青等の左派陣営は、文東建を中心として、一九五二年の段階で既に民族金融機関の共和信用組合を立ち上げており、右派の民団兵庫においても民族金融機関を立ち上げることは急務だったのである。

なお、太平信用組合は発足直後にもかかわらず、一九五六年九月に代表理事及び理事の地位を巡り、蔡丁竜（斎藤満）、秋相春及び文開文らで係争が繰り広げられている（下級裁判所民事裁判判例集七巻九号二五六九頁）。蔡丁竜は、創立総会では代表理事であったはずなのであるが、早々に代表の地位を失うに至っており、内紛があったのであろう。足の引っ張り合いは、在日韓国人の専売特許というべきか。

話を戻す。前記⑪〜⑬は、小浪が営む事業の運営会社である。この内、⑪はキャバレーの運営会社であるが、⑬は社名からしてキャバレー運営の会社では無さそうである。マルチプレーヤーな小浪のことであるから、もしかしたら、他に事業を行っていたのかもしれない。

『グラフ』によると、当時、サンデー毎日の全国長者番付で第四位にランクインし、一九五六年一二月一七日には在日韓国人として初である一日神戸消防署長となっていた。商工人としては、小浪はこの頃既に在日韓国人社会のみならず、日本社会においても周知された存在であったことが伺われる。

さらに、小浪が民団兵庫団長の当時、韓国本国訪問も実施された。小浪を派遣団団長とし、黄孔煥、姜順賛、李義敦、卞俊植、馬得先及び成泰永らが参加し、政府高官との懇談をはじめ、経済視察を行ったほか、小浪自身はテレビ出演までしたそうである。

その他、この当時の特筆すべき事柄として、学校校長にも就任していたことも挙げられる。全国的に左派の朝連系が数多くの民族学校を開設・経営していたのとは異なり、右派の建青・民団系は民族学校の運営については、殆ど数も無く、うまく経営出来なかったのであるが、それは兵庫県でも同様であった。しかし、一九五〇年代にかろうじて残っていた学校がただ一つ存在した。それは、宝塚韓国小学校である。同校は一九四六年四月、「朝連宝塚支部朝鮮学院」として開校し、一九四八年五月に宝塚韓国小学校と改称の上、一九六二年まで存続したと言われている。一九五九年には一円訴訟で名高い崔昌華牧師が校長代理人として赴任していた。同校の当時の資料は殆ど残っておらず、一九五七年の記録と一九六一年の記録しか現存してなく、小浪の名前も資料には載っていないのであるが、『歩み』に掲載されている同校の写真を見れば一目瞭然である。前列中央に座っているのは紛れもなく小浪である。なお、小浪の左に着席しているのは、前述した小浪の懐刀であった李徳雨であり、宝塚韓国小学校では教員を務めていたのであった。

前項で紹介した『民主新聞』(一九五七年八月一五日)には、以下の記述がある。

韓国陸軍との記念写真。前列右から三人目が小浪、前列真ん中の軍人の左は黄孔煥、黄孔煥の後ろは姜順賛、小浪の後ろは李義敦である。

『歩み』に掲載されている宝塚韓国小学校の写真。前列左から三人目が小浪。

県下に唯一ある宝塚韓国小学校が、設立以来学校当局者の必至の努力も空しく、閉鎖一歩手前まで追込まれて、一般同胞の嘆きも大きかつた処、昨年秋、現団長が学校経営を引受けて自ら校長に就任をした。裵校長が就任と同時に同胞社会に訴えて、財界有力者を網羅した経営後援会を設立して、経常費の心配をなくした。特に、校舎が老朽の上せまいので、教育上不便を感ずること甚しいのをみて、大阪の徐甲虎氏（阪本紡績社長）が、校舎一棟増築費（工賃金四十万円）を喜捨したので、当座の校舎の悩みも解消して、校舎修理増築の工事を完了すると共に、設備を充実にし、教員を補充して全く面目一新した宝塚小学校として、可愛い約六、七十名の児童が、安心して忠実に民族教育を受けている様子は、一般同胞および日本人社会にまでも、明るい話題を与えている。

この記事をみる限り、小浪は教育事業にも一定の力を注いでいたことが分かり、以前には朝鮮新聞神戸支局長を務めていたことからしても、水商売のパイオニアとしてだけではなく、文化人としての側面も有していたことがよく分かるのであった。

一九五〇年代の小浪の趣味と私生活

小浪は、神戸市灘区高尾通四の八の一に通称、〝小浪御殿〟を建て、自宅としていた。不動産登記簿によると、一九五一年七月一〇日に三村和義なる人物から買い受けたとされている。現在、この場所には東急ドエル摩耶という分譲マンションが建っているのであるが、当時は土地約三一〇〇坪、建物約二六〇坪だったとされ、凄まじい豪邸ぶりである。なお、この土地はその後の昭和三七年に半分近くに分割された。

当時の小浪御殿の様子については、『週刊文春』（一九六七年一月二日）に面白い記事があるので紹介。

摩耶山を背にした高級住宅地の一角ですわ。それが三メートルもあるコンクリートの塀でガッチリ囲まれとりますから、中のことはまるで見えしません。わたしら、いつも勝手口で小切手をもらうんですけで、扉にマジック・ミラーついとって、知っとる顔かどうか見よるんですわ。〝警察犬〟いうて標札かかってまっしゃろ？　恐ろしいてはいれしめへん（出入りの牛乳屋）

小浪御殿を通り越して、〝小浪城〟のような雰囲気だったのかもしれない。

小浪の趣味にかける情熱は、戦前より折り紙付きであった。以前から愛犬雑誌の常連だったわけであったが、戦後に熱中したのは、まずは熱帯魚である。一九五〇年代の小浪御殿には、熱帯魚飼育の特別室が存在し、百数十種の熱帯魚が乱舞していたとされる。中には、当時の価格で一匹数十万円もするディスカスを飼育しており、日本一のコレクションだったと言われている。現在でこそ養殖技術も確立され、比較的安価で購入することが出来るディスカスではあるが、飼育技術も養殖技術も発展途上であった当時からすると度肝を抜かれる水槽群であったに違いない。『帝王のいない家』によると、雇っていた犬の訓練士が犬の世話以外にも水替えをしたり、水槽掃除を夜遅くまで行っていたようである。

もちろん、犬の趣味に関しても継続し、ボクサー、シェパード、コリーとあわせて一三匹の犬を飼い、そのどれもが品評会で一等を狙っていくような名犬ばかりであったとされる。各犬に人間一人住めるほどの贅沢なハウスまであてがっていたとのことであり、本人は太閤と自称していたが、案外、犬公方の方が相応しかったのかもしれない。

次に熱中し、それこそ日本一の愛好家となるに至ったのは洋蘭である。一九五八年ぐらいから、洋蘭の栽培にとりかかり、小浪御殿には栽培のための特別ルームが存在するなど、大量の栽培を行っていた。小浪が特に注力したのは惠蘭というコレクション性・希少性が強い種の栽培であり、蘭の相場を左右する男として愛好家には名を轟かせるに至っている。具体的には、当時の価格で一番高いもので一鉢四〇〇万円、安いもので一〇万円以上と言われており、品評会で賞をとるもので占められていたようである。専門書籍である『東洋蘭柄物譜』(一九六四年)には、小浪が所有する蘭が一〇点以上掲載されており、日本を代表する蘭愛好家であったことがよく分かる。また、庭には石灯篭や雪見灯篭があり、応接間には有名画家の絵がズラリと並んでいたそうである。植物に関して言うと、蘭の他には、観音竹(盆栽用の竹)も集めており、人が一〇〇鉢持っているというと、「よし、俺は二〇〇鉢集める」と言って実行し、〝天山の縞〟という品種や五〇〇万円もする〝東海錦〟という品種を保有していたとされる。

多趣味な小浪であったが、結局、熱帯魚からは撤退していき、最終的にはゴルフ等を除いて東洋蘭の栽培に収斂されていったのであった。熱帯魚の世話はあまりに手間がかかりすぎたのかもしれない。

その他、実体は全く分からないが、『実業の世界』（一九六六年九月）によると、小浪は毎年二〇人の苦学生の面倒をみていたことから、一九五三年に日本学士会よりアカデミア賞を受賞したという。一般社団法人全国日本学士会ホームページによるとアカデミア賞は一九四九年からはじまったようであるから、事実であると思われ、それらしきことは『太閤記』にも書かれてあるのであるが、受賞に至った背景は分からない。『日本紳士録第五九版』（一九六九年）にも、一九六二年、一九六三年にアカデミア賞受賞と記載されていることから、少なくとも同賞の受賞は間違いないのであろう。

一九六〇年から一九六五年までの小浪

一九五〇年代の小浪は、在日韓国人商工人・組織人として、最大限活躍していき、目立ちに目立っていったのであるが、一九六〇年代に入ると様相は変わっていく。

まず、ビジネスにおいては、一九六〇年に大阪にグランドサロン〝クラウン〟と洋酒喫茶の〝憩〟をオープンさせ、神戸三宮の新世紀横には性風俗店〝国際トルコ・センター〟を開店させる。筆者は、〝国際トルコ・センター〟というあまりに直球すぎるネーミングセンスに笑ってしまったのであるが、当時としては、違和感のないネーミングだったのかもしれない。

なお、一九五〇年代に存在していた、神戸駅付近の神戸クラブや新開地の新興会館については、一九六〇年には表立った広告宣伝を行わなくなっていたため、閉店していたと思われる。メインキャバレーの新世紀については、一九六四年頃に改築を施していたのであった。ただ、『週刊文春』（一九六七年一月二日）によると、華やかな反面、商売人としてのシビアさを有していたことから次の声があがっていた。

小浪というのは建築屋泣かせでしてねぇ。神戸の〝新世紀〟あれを三年前に改造したんですが、そのときの費用をまだもらえないで、ずいぶん泣いた業者がいるという噂ですわ。そんなですから神戸では評判わるいですよ（ある建築業者）

工事代金の踏み倒しや未払いはさすがにマナー違反というべきであろう。〝小浪御殿〟の不動産登記簿にも一九六一年に税を滞納し、差押登記が複数なされており、小浪の金払いの悪さのようなものがあったことが推認される。

趣味の蘭栽培の方については、さらに熱中していくのであるが、『週刊サンケイ』（一九六三年一〇月二八日）には、以下の興味深い記事があった。

■盗人タケダケしい奴は

〔神戸〕日本でただ一つしかないという珍種をふくめたカンノン竹や、ラン（蘭）を秘蔵している灘区高尾通り小浪義明さん（五二）が、河野一郎建設相をはじめ政界の大物を招いて披露会をする直前、それらを一夜のうちにごっそり盗まれてしまった。

いずれも長年の歳月と丹精をこめて育てあげた、世界でも指折りの観賞植物だけに、小浪さんは気も狂わんばかり。最初は竹ぐらいで、とタカをくくっていた灘署もこれが時価三千万円ときいてびっくり。懸賞金百万円をかけての異例の大捜査陣をしいて、日夜、犯人の追及に血まなこになっている。

なんと、小浪御殿に空き巣が入ったのであった。その後犯人が逮捕されたのかどうかは分からないが、政界の大物を招いての披露会を開催予定だったようであり、この頃には単なる在日韓国人商工人に踏みとどまらず、全国志向、つまり日本一の商工人を目指すようになっていたのではないであろうか。

一方、民団兵庫においては、この時期、小浪は団長の任期を終えているのであるが、『歩み』によると卞埈植団長時代、監察委員長の職務に就いていたとされている。不正確な『歩み』の記載ではあるが、少なくとも民団兵庫に出入りしていたことは間違いないであろう。筆者が、民団西神戸支部の常任顧問金泰洙から聞き取った話によると、当時、神戸元町にあった民団兵庫の本部には小浪は頻繁に出入りしており、商売人特有の「数字に強い」印象があったという。また、小浪が団長時代に副団長であった黄孔煥や姜吉章も小浪と共に、頻繁に出入りしていたとのことであった。

『韓国新聞』(一九六五年二月一八日)においても、同年二月七日の定期大会によって、民団兵庫県本部の役員体制は次のとおりとなっている。

団長　徐正浩
副団長　金興権
事務局長　崔永聖
議長　金基禄
常任顧問　安永斗　梁昌煥
顧問　黄孔煥　裵在潤　姜吉章　姜順賛　文達晋　金承培　張徳出

ちなみに、顧問として名を連ねている姜順賛（水山喜夫）は平和ゴム創業者、金承培（原田多三郎）は太平信用組合の理事長、張徳出は児童養護施設愛神愛隣舎の創設者であり、在日韓国人名士が名を連ねていたのであった。

また、この時期、一九五〇年代の小浪が民団兵庫団長時代より練られていた構想が実を結び、一九六四年五月三〇日兵庫韓国商工会議所が設立された。民団と敵対する朝鮮総連（一九五五年結成）は、一九四六年に設立された兵庫県朝鮮人商工会を傘下に置くに至っており、活動が活発化していったようであるが、ようやく、民団兵庫も商工人団体を設立出来たのである。

兵庫韓国商工会議所の設立時役員概要は次のとおり。

会長　文達景
副会長　徐福龍　卞俊植　秋相春

理事　姜順賛　黄孔煥　姜吉章　裵在潤ほか多数

少し時系列が前後するが、一九四七年に設立された兵庫県朝鮮人商工会は、前述のとおり小浪が経営する神戸クラブで発足式が行われるなど、思想の左右問わず、当初は幅広い在日韓国・朝鮮人商工人が参加していた（二代目駐日公使の鄭恒範まで参加していたと言われる）。ただ、まとまりにかけたようであり、兵庫県朝鮮商工会結成七〇周年記念祝典パンフレットによると、第二回目の総会が開催されたこと自体が、一九五二年三月五日とされており、再建総会だったとある。その後の一九五九年七月一八日には、第四回定期総会が開催され、文東建が会長に就任したことにより朝鮮総連傘下となるに至った。

兵庫における在日コリアンの運動においては、やはり、文東建強しとしかいいようがない。解放後から一九六〇年頃までの間は、民族運動団体、民族金融機関、民族商工団体のいずれも文東建のマンパワーによって、最終的には朝鮮総連に収斂されていったのである。小浪や黄孔煥らが支えた民団兵庫は、相当な圧力が加わっていた中での組織運営であったことが容易に推測される。『神戸新聞』（一九五三年八月一五日夕刊）には、民戦が八・一五解放八周年記念人民大会、民団が大韓民国政府樹立五周年記念慶祝大会を同日に開催したそうであるが、民戦が約三五〇〇名を動員していたのに対し、民団は約五〇〇名しか動員出来ていなかったのであった。

話を戻す。兵庫での活躍とは異なり、全国レベル、すなわち民団中央レベルでの小浪の活躍はというと、一九五〇年代とは違い、役職は殆ど引き受けていなかったようである。筆者が調査した限りにおいては、民団中央が一九六四年に東京五輪を後援するために組織した「東京オリンピック在日韓国人後援会」に顧問として名を連ねていたことぐらいである。この後援会は主として、韓国代表選手団と韓国からの訪問者（観光客等）の援助を行った。当時は、日本と韓国は国交回復前であったため、手続き等も今ほど簡便ではなかったのであるから重要な役割を果たしたと推認される。こういった文化的な親善事業に参画しているあたりが小浪らしいが、それ以外の目立った活動、特に政治的な活動は確認出来ず、熱が少し冷めてきていたのかもしれない。

赤坂ミカド買収劇

一般的に小浪といえば、東京赤坂のマンモスキャバレー、ミカドのオーナーとして知られている。しかし、ミカドは東洋一のキャバレーと言われていたが、創立者は小浪ではない。

ミカドを建てたのは、山田泰吉（以下「山田」という）という人物である。山田は農家に生まれ、行商人から身をおこし、レストラン主、カフェ経営、パチンコ等で私財を蓄積し、中部観光を設立の上、タクシー・バス業務からパチンコ、キャバレーにいたるまでの大消費産業を築き上げた。その山田が、欧米流の一流のショーを楽しみながら、食事の出来るナイトクラブを日本で初めて成功させようとして、五年の歳月と一五億の元手をかけて一九六一年一〇月にオープンさせたのがミカドである。

ところが、経営不振に陥り、わずか二年半で一四億の負債を残して、廃業となってしまったのであった。そこに目をつけたのが小浪。ミカドが閉店して間もない時分に、負債返済の目途が立たない山田に対して、事業救済のホワイトナイトとして従業員退職金分として二〇〇〇万円の融資をしたのである。これで山田の信用を得たのであろう、次は、ミカドの負債一四億円をまるまる肩代わりする条件で、ミカドの営業権を手に入れたのであった。

当時の小浪のメインバンクは、兵庫相互銀行であったのであるが、『週刊現代』（一九六五年一一月四日）によると、常務であった林宥治は「あの人の推定資産は二十億円ぐらい。二十年間、借金々々で事業を拡大してきながら、いま融資の残りが二億ほどしかない。入ってくる日ゼニを、まず税金、ついで借金の返済にあててきた人です。担保力もあるし、まあ十億は借りてもやっていける人」と語っていた。

ただ、山田と小浪の間においては、何らかの複雑な取り決めがあったと思われる。

一般的には、一九六五年一〇月一二日、小浪が山田とミカドの賃貸契約を結び、山田の負債の諸々を肩代わりしたということであるが、『週刊新潮』（一九六六年一二月三一日）には次の記載がある。

山田泰吉社長は、「黙っていてやるつもりだったが、もうガマンがならなくなった」とカンカン。一つには、現『ミカド』の見通しが明るくなるにつれ、「ヤマタイ」（山田泰吉社長のこと）から買った」などという小浪社長の声が聞こえて来たため。

「買ったなんてウソ。私は売ってやしない。一カ月九百八十万円で貸しているんです。三年間という約束で、三年たてば返してもらうつもりでいます。それを買ったなんて偉そうにいうところを見れば、あの人がどんなにインチキかわかるでしょう」

どのような契約をしていたのかは分からないが、山田の恨みを買っていたのは明らかであり、複雑な事情があったように思われる。ただ、土地の不動産登記簿を確認する限りにおいては、一九六六年一二月二六日には確実に小浪の経営する会社に所有権移転しており、山田にあったミカドに対する何らかの権利は、最終的には消滅したのであろう。筆者が小浪を直接知るK氏から聞き取った話によると、ミカド買収劇は弁護士の平井某の主導によって、成功したという。

小浪が東京進出した際には、やはり同業者の反発を相当招き、抵抗があった。そこで、まず最初にスタートした同業者切り崩しの奇抜アイデアは、「ホステス自動車五十台プレゼント」作戦であった。つまり、好成績をあげたホステスに車を進呈するというもの。また、ホステス一五〇〇人を募集し、銀座周辺のクラブから相当強引に引き抜き攻勢をかけたのであった。

『週刊サンケイ』(一九八一年一二月二四日)によると当時のマネージャーの一人は、次のように振り返っている。

なかなか風俗営業の許可が下りなくて、小浪さんも〝許可が下りなきゃ倒産するしかない。そしたらわしは香港に夜逃げや〟と吠えていた。そんな時でも連日夜の十二時まで打ち合わせは続くし、それが終わってからでも、あの人だけは一時ごろまで店内を回ってから帰るんです。その後、焼肉屋に行って鉄板の上に山盛りの肉をぶちまけてちょっとあぶったかと思うとほとんど生でパクつくんですよ。このスタミナにはかなわないと思いましたよ。それから三時か四時に定宿のオークラに戻って寝て、朝の九時にはシャワーを浴びて出て来るんですからね。

小浪の豪胆さをよく表したエピソードであると言えよう。生っぽい肉を好むあたりが、在日韓国人一世らしいとも言えるかもしれない。

ただ、いざ開店にこぎつけてみるとクラブの方は盛況であったが、キャバレーの方は当初閑古鳥であったようだ。そこで、小浪は最も得意とする薄利多売商法に打って出る。ワンセットの値段を五〇パーセントダウン、すなわち、利用料金を半額としたところ、翌日から長蛇の列になったようであり、関西で戦前から磨かれてきた小浪流が東京赤坂でも花開いていったのであった。

勝利出版とミカドジム

水商売の太閤であった小浪であるが、文化的な一面はやはり見逃せない。

終戦直後、新聞支局長まで務めていた小浪であるから、やはり、文化人としての血が騒ぐのであろうか。

一九六七年七月から全国展開すべく出版事業にも進出する。『週刊新潮』(一九八一年一二月一七日)の記事には次の記載がある。

キャバレーのオヤジはどんな会合に出ても末席。雑誌社の社長なら上座にすわれる、と始めたんです。よくわからない名画を集めたり、純金のゴルフのパターを作るとか、成金趣味のところもありました（知人の話）

小浪が設立した出版社の名前は勝利出版。株式会社でもなく、代表者として小浪の名前があがっていたわけでもないのであるが、出版デビュー作の月刊誌『勝利』の巻末をみると、発行者である勝利出版の住所として「東京都渋谷区大和田町七六近畿観光・エムパイアビル内」とあることから、小浪が関係していたことが分かるのである。

筆者は、勝利出版から出版された書籍について網羅しているわけではないが、最も最初に出版された月刊勝利創刊号の執筆陣は錚々たるメンツである。

大宅壮一、加瀬英明、森路英雄、細川隆元、デビィ・スカルノ、丸川賀世子、エディ・タウンゼント、遠藤周作、清水一行、武者小路実篤、石森章太郎などなど。

在日韓国人でありながら、日本の超一流の作家や言論人を集めて月刊誌を発刊していたのだから、現在ではありえないスケール感である。

国会図書館に納本されている勝利出版が出版した書籍を表にすると次のとおり。

表　勝利出版社刊行物一覧

著者名・編者名	タイトル	出版年
	月刊勝利	一九六七年七月～一九七〇年六月
亀岡大郎	企業と決断：経営者になるための実践的思考	一九六九年
鶯海正平	愛とSEXの美学	一九六九年
福田竜生	犯罪学入門	一九七〇年
石渡利康	高校生の知恵	一九七〇年
中島正人	新ゲリラ商法：取引先を潰しても生き残れ	一九七〇年
浜田寛	浩宮さまの教育十年：美智子妃の理想的な育児記録	一九七〇年
石渡利康	フィーリングラブ	一九七一年
落合信彦	あめりか冒険留学：スーパージャップの空手・麻薬・乱交・学園	一九七一年
広瀬仁紀	子供を悪くする法：むかし子供だったパパとママのために	一九七一年
中山太一	ぽるの・ぽるの旅行：北欧娘を感泣させた衝撃の記録	一九七一年

牧朗ほか一名	あぶり出し好色絵本	一九七一年
田上晃彩	経営の死角：数理論による企業別盛衰度	一九七一年
西村寿行ほか一名	世界新動物記	一九七一年
亀井一綱、小堀用一朗	天才になれる本：かくれた才能を発見するテスト	一九七一年

このように、小浪は相当力を注いだと思われるが、結果としては失敗に終わり、三億数千万の持ち出しに終わったとされている。『週刊サンケイ』（一九八一年一二月二四日）には、「彼は娘さんがかわいくてしようがないんだけど、娘さんの方は親父の仕事を快く思っていなかったらしいんだね。キャバレーで幾らもうかっても尊敬されない。だから、文化事業をやって見直されたいという気持ちがあったようだね。そういうこともあって、出版にはほとんど口をださずに自由にやらしてくれた。ただ、経理がキャバレーと一緒だったもので、編集の伝票が通らなくて往生したんですが、小浪さんは〝気にしいなや〟といいながら、屋上の温室でその分をポケットマネーからくれるんです」と当時の関係者の声が紹介されていた。

出版事業についで、次はボクシングジム。帝王なだけに、ミカドジムと命名したボクシングジムも経営している。

ミカドジムは、小浪が設立したボクシング・ジムであるのだが、ことの発端は力道山が作ったリキパレスを小浪が買収したことに由来する。

簡単に説明するが、リキパレスとは戦後最も有名なプロレスラーであった在日朝鮮人の力道山が、自らのビジネスのために一九六一年に作った総合スポーツレジャービルであった。ビル内には、プロレス会場のほか、サウナ、ボーリング場、キャバレー、花嫁学校、レストラン、ボクシングジム、スポーツジムが併設されており、相当に豪華な複合施設であったのであるが、一九六三年に力道山本人が刺殺されたため自転車操業に陥ってしまい、担保権者であった西山興業に借金の形として取られてしまうのである。そして一九六七年、西山興業が転売先として選んだ先が、小浪が経営する近畿観光であった。

小浪は、リキパレスのプロレス会場を改装の上でキャバレー「エンパイヤ」とし、サウナなどはそのまま残したのであるが、その内、ボクシングジムについてはミカドジムと改称し、再スタートさせたのである。

ミカドジムは、日本ボクシング界の名指導者であった金平正紀を小浪が支援していたことから、金平が経営している協栄ボクシングジムの衛星ジムのような状態と言われている。しかし、世界王座に挑戦した亀田昭雄や後に名トレーナーとなる野木丈司が在籍していたなど、日本ボクシング界の歴史にしっかりと足跡を残している。

脱税事件

太閤記を出版したのが一九六六年七月一日。それから、半年も経たない内に事件は起こった。同年一二月一二日の朝、東京、大阪、名古屋、仙台の四国税局の係官一八七人が動員され、近畿観光への査察が行われたのである。ミカドにいたっては、一七人の査察官が家宅捜索、ありとあらゆる書類を押収され、以後四日間、五人の幹部が毎日朝から夕方まで調書を取られ続ける。捜査の手は、金融機関を含めた計四五か所に及んだのであった。

これは、法人税法違反の裁判例として公開されている（神戸地判昭和四二年（わ）八一二号判決）。裁判内容は次のとおり。

本店所在地　東京都港区赤坂二丁目一四番六号
近畿観光株式会社
右代表者代表取締役　小浪義明

本籍　東京都千代田区三番町九番地一
住居　右に同じ
会社役員　小浪義明
明治四三年八月一三日生

右両名に対する各法人税法違反被告事件につき、当裁判所は、検察官大口照出席のうえ審理し、次のとおり判決する。

主文

被告人近畿観光株式会社を罰金一〇〇〇万円に、被告人小浪義明を懲役六月にそれぞれ処する。

但し、被告人小浪義明に対してはこの裁判確定の日から二年間右懲役刑の執行を猶予する。

訴訟費用は被告人両名の連帯負担とする。

理由

(罪となるべき事実)

被告人近畿観光株式会社は、もと神戸市生田区下山手通二丁目二番地に本店を置き、風俗営業を主目的として同所においてキャバレー「新世紀」および「国際トルコセンター」を、大阪市北区堂山町一三六番地の一においてキャバレー「クラウン」および洋酒バー「憩」を経営していたものであり、被告人小浪義明は、同会社の代表取締役の地位にあって同会社の業務全般を統括掌理しているものであるが、被告人小浪義明は同会社の業務に関し、法人税を免れようと企て、

第一、昭和三八年五月一日から同三九年四月三〇日までの事業年度における同会社の実際所得額は七九七七万四六一一六円で、これに対する法人税額は三〇一六万四五一八円であったにもかかわらず、売上げを除外し経費を架空計上するなどの不正な方法により所得の一部を秘匿したうえ、同三九年六月三〇日、所轄神戸税務署において、同署署長に対し、右年度における同会社の所得額は三三七八万六八三一円、これに対する法人税額は一二六八万八九八四円である旨の虚偽の法人税確定

申告書を提出し、もって不正な方法により同会社の右事業年度における正規法人税額と右申告法人税書との差額一七四七万五一七四円をほ脱し

第二、同三九年五月一日から同四〇四月三〇日までの事業年度における同会社の実際所得額は一一二二五万六一九〇円で、これに対する法人税額は四一三五万四七五七円であったのにかかわらず、前同様の不正な方法により所得の一部を秘匿したうえ、同四〇年六月三〇日、前記所轄神戸税務署において、同署署長に対し、右事業年度における同会社の所得額は六七八九万一三二〇円、これに対する法人税額は二四九三万九七八一円である旨の虚偽の確定申告書を提出し、もって不正な方法により同会社の右事業年度における正規の法人税額と右申告法人税額との差額一六四一万四九七六円をほ脱したものである。

(証拠の標目)(以下略)

税務当局のメスが入ったのは、太閤記に書かれた小浪自身の贅沢自慢話がキッカケというのであるから、まさに身から出た錆であった。豪勢な暮らしから考え、収入と支出があまりに違いすぎたのである。当時、小浪はテレビ出演し、やたらと日本一を連呼したようであり、そういった派手な振る舞いも税務当局の目にとまるばかりか、商売敵の恨みも買っていた。

『週刊新潮』(一九六六年一一月三一日)によると、「一方ですごいゼイタクをしながら、一方でケチで、人情も義理もない。彼を恨んでいる人は多いですよ」と証言されており、戦後すぐから約九年間、小浪社長の片腕となっていた某氏の一言として、「あの人のゼイタクはつけ焼刃ですよ。金融機

関の信用をうるための小道具ですよ。といっても、相手は相互銀行や信用金庫だが、そりゃ、自分でも〝ラッパ〟といってるくらい、話がうまくて強引なんだから。金繰りにかけては天才的。あの人の口グセはこうですよ。〝この世で最後に払うのは税金だ〟」とも書かれている。

なお、この時分から小浪は、日本国籍を取得するべく帰化申請しようとしていたようであるが、脱税事件のせいで一旦は中断が生じていた。ただ、前述のとおり、一九七一年七月九日付で帰化許可がおり、韓国系日本人となった。

通常、帰化許可申請においては、国籍法五条一項三号が規定する素行要件において、前科や税納付に関しては厳しく調べられる。それにもかかわらず、脱税事件からわずか数年で帰化許可されており、法務省が社会的地位を斟酌して申請を判定したことが予想される。

韓国系商工人として

一九七一年の日本国籍取得以後、小浪は在日韓国人社会とは一定の距離を置いていく。活動拠点は既に東京に移っており、日本人の〝小浪さん〟として売り出したのであるから、やむなしだったのであろう。ただ、頭隠して尻隠さずという状態は、継続していた。

兵庫韓国商工会議所の役員構成を確認すると、一九七〇年八月～一九七二年六月の徐福龍会長時代においても、理事として名を連ねているし、その後の一九七二年六月～一九七七年八月の姜吉章会長時代においても、理事であった他、晩年期に該当する一九七七年八月～一九八四年六月においても相談役として名は連ねていた。

民団活動に関しては、日本国籍を取得したことからか役職を務めた事実は確認出来ないが、機関紙の『韓国新聞』や民団大阪の関係新聞である『共同新聞』に広告を掲載し続けていた。

加えて、それればかりか一九七六年には韓国外務長官から表彰され、一九七八年には韓国の国民勲章である冬柏賞を受賞していたのである。

勲章は当然、辞退することも可能であったであろうが、やはり長年の功績に報いたい韓国政府の意思と小浪の望郷の念が結びついたのではないであろうか。

その他、自らが立ち上げに参画し、韓国系民族金融機関である神戸商銀信用組合（旧称：太平信用組合）に関しても、理事職は継続して務めていたようである。これは、ビジネスにおける資金需要が発生した際に審査に有利に働くことを見越してであろうが、他の役員らは韓国人に多い苗字の金某や朴某や李某が多くを占める中で、小浪が名を連ねているというのは、いくら帰化したからと言っても、さすがに尻隠さずな状態であるし、肝心の赤坂ミカドの不動産についても、一九七六年時点において、東京方面における韓国系民族金融機関である東京商銀信用組合の根抵当権が設定されているのであるから、バレバレであると言わざるをえない。

また、民団兵庫関係者からの聞き取りによっても、一九七〇年以降も黄孔煥らとは毎年のようにゴルフに行っていたというし、民団兵庫の新会館建設の際にも建設委員会顧問（一九七七年六月）として名を連ねていたのであった。

結局のところ、小浪個人は日本国籍を取得し、日本人として振舞いたかったのであろうが、これまでの小浪というキャラクターは在日韓国人社会との関わりの中で形作られていったのであって、切っても切れないものであったのである。

おわりに

最初に述べたとおり、一般的に〝小浪さん〟は全国レベルとなると日本人として浸透している。本稿では述べていないが、一九七〇年以降テレビで花嫁募集をしたこともあり、その華やかな私生活を含めて週刊誌ネタを多く提供する人物であった。

著者が最近目にしたものとして、SNSのfacebook上には「赤坂ミカド」のファンページが存在している。このページの運営者が誰かは分からないが、小浪の生い立ちを紹介する項には「神戸生まれの和歌山育ちの方がしっくり来るのだが、朝鮮や韓国説が多い」と記載があった。やはり、日本人にとって小浪は、出自がどうであれ日本人として知られた存在なのである。

一方、最初に述べたとおり、肝心の在日韓国人らにとっては最早殆ど忘れ去られた存在である。ただ、真実としては、兵庫県における在日韓国人社会の礎を築いた一人はまさしく小浪であり、男の中の男ならぬ在日韓国人の中の在日韓国人だったのである。

著者が追えた情報も部分的であり、他にも驚くべき隠された事実があるような気がする。ただ、関係者の殆どが他界している現在においては、ここまでが限界であった。

小浪のスケール感は、時代が違うとはいえど並外れており、現在の兵庫の在日韓国人社会からは今後、このような人物は現われないであろう。華やかで大衆の注目を集め続ける芸能人のような側面と地道で堅実な在日韓国人組織人としての側面が併存している小浪のキャラクターは、稀有であり魅力に溢れている。

兵庫県生まれの在日韓国人三世である筆者としては、小浪が一九四五年〜一九六〇年間にかけて、韓日親善の愛の絆に生き尽力したからこそ、今日の兵庫県の在日韓国人社会が存在するのであり、その功労については感謝に堪えない。『帝王のいない家』においては、家族との愛の絆に生きた小浪の姿が詳細に描かれていたが、その絆は家族のみに留まるものではなかったのである。

伝説を失伝させず、語り継がれていけばよいと思いつつ、本稿の筆を置く。

参考資料

〈文献〉

池田克己著『在日韓国人実業家グラフ』（財界通信社、一九五七年）

金太基著『戦後日本政治と在日朝鮮人問題：SCAPの対在日朝鮮人政策１９４５〜１９５２年』（勁草書房、一九九七年）

高祐二著『在日コリアンの戦後史　神戸の闇市を駆け抜けた文東建の見果てぬ夢』（明石書店、二〇一四年）

国際高麗学会日本支部「在日コリアン辞典」編纂委員会編『在日コリアン辞典』（明石書店、二〇一〇年）

小島一志・塚本佳子著『大山倍達正伝』（新潮社、二〇〇六年）

小浪義明著『キャバレー太閤記』（鶴書房、一九六六年）

小浪幸子著『帝王のいない家――キャバレーミカドの娘たち』（幻冬舎ルネッサンス、二〇一四年）
権逸著『権逸回顧録』（権逸回顧録刊行委員会、一九八七年）
産経新聞年鑑局『産経日本紳士年鑑第一版』（産経新聞社、一九五八年）
産経新聞年鑑局『産経日本紳士年鑑第五版』（産経新聞社、一九六四年）
永野芳夫著『東洋蘭柄物譜』（加島書店、一九六四年）
鄭哲著『民団：在日韓国人の民族運動』（洋々社、一九六七年）
鄭栄恒著『朝鮮独立への隘路：在日朝鮮人の解放五年史』（法政大学出版局、二〇一三年）
朴憲行著『軌跡』（批評社、一九九〇年）
兵庫朝鮮関係研究会編『在日韓国・朝鮮人の歴史と現在』（明石書店、二〇一三年）
民団兵庫五五年の歩み編纂委員会編『民団兵庫五五年の歩み』（二〇〇三年）
『兵庫韓商50年の歩み』（一般社団法人在日韓国商工会議所兵庫、二〇一四年）
『韓國新聞縮刷版1945年～1963年』（韓国新聞社）
『韓國新聞縮刷版1969年～1974年』（韓国新聞社）
『韓国新聞縮刷版1964年～1969年』（自由生活社）
『神戸商銀と私』（神戸商銀、一九八八年）
『神戸ゴム工業協同組合史』（神戸ゴム工業協同組合、一九八七年）
『日本紳士録第五九版』（交詢社出版局編、一九六九年）

〈**雑誌**〉
『犬の研究』
『韓国写真ニュース』
『軍用犬』
『月刊経済』
『月刊勝利』
『実業界』
『実業の世界』
『週刊現代』
『週刊サンケイ』
『週刊新潮』
『週刊文春』
『週刊ポスト』
『鳳仙花』

〈**新聞**〉
『朝日新聞』
『大阪民團時報』

『韓国新聞』
『神戸新聞』
『促進新聞』
『朝鮮新聞』
『統一日報』
『民青兵庫時報』
『民主新聞』

主に以上の資料を参考にした。

第2部

淑香伝戯曲——村山知義と朝鮮、そして宝塚歌劇団

高龍弘

前口上

●初めての詩情

「……私が一〇歳ぐらいの春の初めで、そのとき、なぜか私は、たった一人で外にいて、はるかな武庫川の堤を眺めていた。冬の間には見られなかった、生まれたばかりのように瑞々しい空の下を武庫川堤は斜めに一線走っていたが、その堤の上に、色とりどりの衣服を身につけた、ひとすじの行列が、突然、私の眼の中に入って来たのである。そのうちの数人は、手に下げた領巾《ひれ》の長い旗をなびかせ、また何人かは、膝をひらき手を泳がせて無心に踊りながら、真昼の夢のように堤を下手から渡ってゆくのであった。

彼らは、何かを口々に歌っていたのであろうか。遠くに立つ私の耳に、それは聞こえず、首から

さげて叩いていると思われる太鼓の音も、聞こえない。ただ無音の風景の中を、淡色の人々の行列が、ゆらゆらと堤を進み、行列は、やがて川のつきるところ、海の方角へと、ゆっくり消えていったのである。

今、思えば、その日は、韓国の祭りの日だったのでは、ないだろうか。

武庫川近くに住んでいた韓国の人たちが、堤を練り歩きながら、きっと自分たちの祭りをしていたのではないかと思う。

幼い私の瞼に焼き付いた、この、のどかで、どこか物悲しい風景が、ながい年月を経ても心を離れず、折にふれて、ありありと目に浮かぶのは不思議でならないが、これは、私の心が生まれて初めて出会った詩情というものだったのではないかと思う……」

（岩谷時子著『愛と哀しみのルフラン』）

筆者が二〇代だった頃、このエッセイを読んだ記憶がある。その時は「ふーん」という程度の感想だったが、最近になって朝鮮と日本の芸能について興味を持ち始めたとき、「そう言えば……」と思い出して読み返し、雷に打たれたような衝撃を受けた。

岩谷時子が「一〇歳ぐらい」と言えば、一九二六年ごろのことになる。兵庫県は、一九二〇年代に入って武庫川の改修事業を行ったが、この工事に従事したのが朝鮮人労働者であった。彼女が眺めていた斜めに一線の武庫川堤は、朝鮮人の手によって建設されたものである。

お祭りの日は誰でも、華やかに着飾りたいものだ。主役は何といっても女性と子どもであろう。

この頃、阪神間に住む朝鮮人の人口が年々急増しており、尼崎では一九二七年末で一三二四名、うち女性が三八八名に達していた。工場で働く独身の女工もいれば、武庫川の改修工事を含め、先に日本に来て働いていた夫に呼び寄せられた妻や子もいた。改修工事の飯場は「板敷の上にゴザを敷いただけ。むろん電気もなく、ザコ寝の毎日（鄭鴻永著『歌劇の街のもう一つの歴史　宝塚と朝鮮人』）」という状態だった。女工たちも不況になれば真っ先に賃下げや解雇の憂き目に遭う。異国での厳しい労働と生活の慰みに、同胞の老若男女が着飾り、武庫川堤に集い、故郷の拍子に合わせて歌って踊っていたのであろう。感性豊かな岩谷時子は、この風景を「のどかで、どこか物悲しい」と感じたのである。

　宝塚歌劇団出版部に就職し、機関誌『歌劇』の編集部を経て、共に退団して芸能界に入った越路吹雪のマネージャーを務める傍ら、エディット・ピアフの「愛の賛歌」の訳詞、ザ・ピーナッツの「恋のバカンス」、加山雄三の「君といつまでも」、郷ひろみの「男の子女の子」など、ここでは紹介しきれないほど数多くの歌詞を世に送り出した岩谷時子の「生まれて初めて出会った詩情というもの」が、武庫川近くに住んでいた「韓国の人たち」の祭

武庫川

りだった。

●京畿道長官の孫

岩谷時子自身もまた、朝鮮との関わりが深い人であった。

彼女の母方の祖父・檜垣直右《ひがきなおすけ》は、一八五一年一一月に長州藩士・宇野次荘右衛門の二男として生まれ、七歳で檜垣家の養子となった。藩校の明倫館で学び、明治になって東京師範学校（後の東京教育大、現在の筑波大）を卒業して教師となり、官僚になってからは教育行政畑を歩んだ。その後内務省に転じ、富山県知事、岡山県知事などを歴任した。

一九一〇年八月二二日、「韓国併合に関する条約」が締結され、朝鮮は日本の植民地となった。約一か月後の一〇月一日、勅令第三五七号「朝鮮総督府地方官官制」により、朝鮮の行政区画が整備され、檜垣直右は京畿道長官に任命されたのである。同時に勅令第三五四号が公布され、総督は親任制（天皇が直接任命すること）で陸軍大将が就任すること、朝鮮の陸海軍を統率して朝鮮の防備を担うという、強大な権限を持つことが定められた。既に警察制度は併合前の七月、文官であるはずの警務部長を陸軍憲兵隊長が兼任することが決められており、併合後もそのまま引き継がれた。また、各道の警務部には佐官級の憲兵将校が就任するという、憲兵警察制度を完成させていた。いわゆる寺内正毅総督の武断統治である。

これら朝鮮総督府の官制制度が公表されるや、野党やマスコミは「朝鮮の職務は全く軍事にあるかの如く」と攻撃し、武官が総督府を占有することに対して批判のボルテージを上げていた。寺内正毅総督はこれらの世論をかわすため、一三の地方長官のうち六つを朝鮮人に任命したのである。また残りの日本人長官は全て文官を指名し、その一人が檜垣直右であった。一説では、檜垣と寺内は幼馴染であったという。そして道内の各郡の書記官などのポストも「日本人四〇人、朝鮮人六〇人」とわざわざ民族別に人数を定めていた。もちろん実態は、マスコミが指摘した通り武断統治であったが。

憲兵警察制度は、植民地化に抗議する朝鮮人を効果的に弾圧するための制度である。日本の世論も、そして現地の民情も、新しく赴任してきた長官には厳しかったに違いない。檜垣直右はどのような思いで朝鮮に赴いたのであろうか。

着任早々の一〇月五日、総督府で最初の地方官会議が開催された。寺内総督は二時間余り訓示し、続けて朝鮮駐箚軍長官の大久保春野大将が、暴徒の討伐状況を報告した。暴徒。長官たちは緊張した。「物騒なところへやってきた」と思ったであろう。何しろ長官の名の下で暴徒を逮捕、討伐、処刑しなければならず、逆に命も狙われる身となったのだから。

檜垣は、六女の秋子と比較的治安の良いソウルで暮らしていた。それぐらいが彼の心の慰みであったろう。その秋子が岩谷謙三と結婚し、時子が生まれるのである。

●神話時代からの系譜

岩谷時子の父方である岩谷家と朝鮮の関係は、古代まで遡る。

岩谷時子の祖父・岩谷徹二郎は、石見《いわみ》国（島根県大田市）出身で、富農の子として生まれた。曾祖父は岩谷九十老《いわやくじゅうろう》といい、殖産興業に尽力し「石見尊徳」と称えられた人物であった。このあたりは加藤秀俊氏の論文『ある地方名望家の思想と生活』に詳しいが、九十老は農本主義を唱え、数度にわたって皇室に初稲穂の献納を陳情し続けた。これが一八八六年に実現し、現在の新嘗祭に継承されている。

この陳情運動の過程で、九十老は出雲国造・千家《せんげ》尊福《たかとみ》との知己を得た。千家家は代々出雲大社の宮司を務めており、その系統は皇室よりも古い。出雲大社は国土創造神である大国主命《おおくにぬしのみこと》を祭り、その義父である素戔嗚《すさのお》をはじめ古事記、日本書紀に登場する神々は、古代出雲の支配者であった。千家家の祖は、その一神である天穂日命《あめのほひのみこと》だと伝わる。古代出雲の支配者は、日本に製鉄技術をもたらした朝鮮半島からの渡来者集団であった。陳情運動の縁であろう、岩谷九十老の子・徹二郎が千家家から妻を娶り、謙三が生まれたのである。

岩谷徹二郎は、朝鮮に渡って金融業を営んでいたとされるが、村岡理恵氏による岩谷時子の伝記『ラストダンスは私に——岩谷時子物語』では「朝鮮総督府で土地の測量をしていた」とも記されている。しかし徹二郎は病を患い、東京高商（現在の一橋大学）を卒業して商社に就職し、メキシコで油田開発に携わっていた息子の謙三をソウルに呼び返した。その謙三が檜垣秋子と結婚したのである。

「謙三は運の悪い人だった」と岩谷時子は父親のことを書き残している。人に欺かれ、仕事を転々とせねばならず、病気にもなった。家族で朝鮮から西宮市の武庫川沿いに引っ越したのは、謙三の療養のためであったらしい。それでも謙三は妻を「秋さん、秋さん」と呼び、日曜日には三人が手をつないで外出したという。また時子は「親戚は豊かな家庭が多かったので、ずいぶん助けられた」と記している。檜垣家、千家家ともに華族に列せられており、両家とも政治家、実業家、そして芸術家を多く輩出している。謙三は、「残す財産が無いから」と一人娘である時子に教育を施し、神戸女学院に進学させたのであった……。

さて、前口上である。

朝鮮と日本の文化は、古来よりお互いに影響を受け合っている。それは人と人との交流でもあった。筆者はこれまでも、いやこれからも兵庫と朝鮮の歴史について、できる限り書き留めたいと考えているが、その一つとして今回取り上げるのが、宝塚歌劇団である。一九三八年九月、戦前の宝塚大劇場で、朝鮮の古典小説である淑香伝が上演された。本稿では、上演に至る過程を読者とともに振り返ってみたいと思っている。

岩谷時子先生には、一旦ここでステージからご降壇いただくことにしよう。失礼な言い方だが、先生は朝鮮と日本の交流を象徴する方であるため、前口上のゲストとしてご登場していただいた。戦後の音楽界を牽引した岩谷時子と朝鮮の物語は、場を改めて書きたいと思う。また言い訳がましくて申し訳ないが、本稿は先述した通り宝塚版の淑香伝にスポットライトを当てて、その周囲をまとめるという構成にしているものの、多くの先行研究や芸能関係者の自伝、インタビュー記事、そして歴史書の引用で成り立っており、読者の方々に新たな知見を指し示すことはできていない。

参考にさせていただいた文献は、巻末にまとめて掲載しておく。

さぁてさて、トザイ、トーザイ。

読んでつまらないと思ったら、さっさと本を閉じて退場し、遠慮仮借の無いブーイングを。

んー、まあまあやったなあ、と思ったら、小さく拍手を。

ええ内容や、よかった！　と思ったら、スタンディング・オベーションを。

よかったぞ、本を沢山買うたる！　という奇特なお金持ちは、財布と宝石をジャラジャラと。

隅から隅までズズズイーっと、おん願い、たぁてまつります！


最初は、一九一一年に開場した帝国劇場から幕が上がる。

第一幕　帝国劇場

―第1場　日比谷と役者―

●江戸城周辺

その昔、東京の浜松町から神田までの地帯は、大きく海にえぐられた入江であった。そして築地や銀座は、「江戸前島」と呼ばれる半島であった。東京駅の半径数キロが昔は海だったと想像するのは、もはや難しい。入江は湿地帯となっており、そこでは漁民らが篊《ひび》という道具を使い、海苔の養殖を行っていた。それが由来なのであろう、この辺りは「日比谷入江」と呼ばれていた。

その日比谷入江の北端に、相模国の守護大名・上杉持朝《うえすぎもちとも》が太田道灌《おおたどうかん》に命じて江戸城を建てさせたのは、一五世紀半ばのことである。世は応仁の乱から戦国へと続く乱世であった。その末期に江戸は小田原北条氏の所領となった。しかし、当時の江戸は城下町すら形成されず、単なる軍事拠点の一つに過ぎなかった。

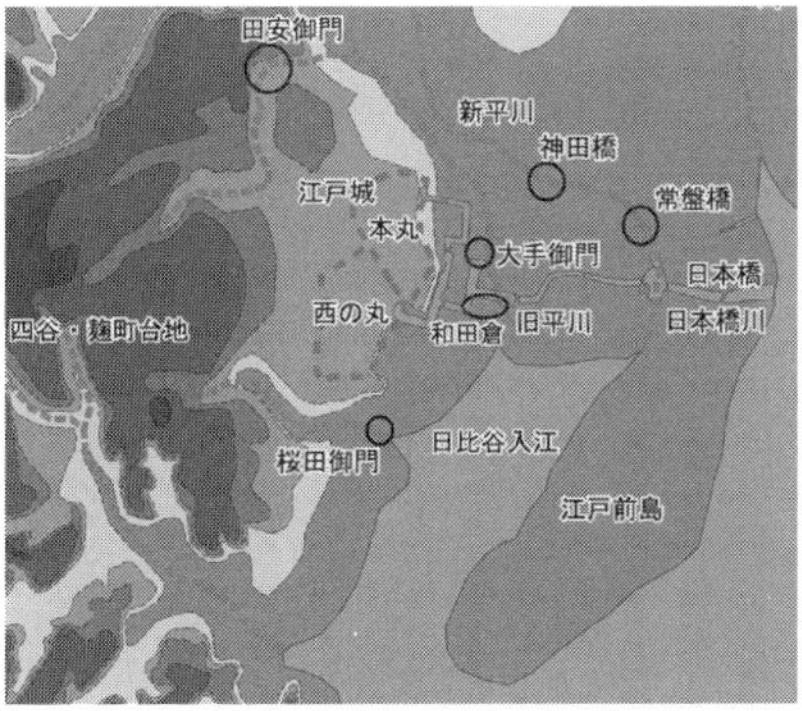

日比谷入江

豊臣秀吉が力を蓄え、世に言う「北条攻め」を挙行した際、徳川家康も従軍していた。最中、秀吉は家康を立小便に誘い、「左アラバ関八州ハ貴客ニ進ラスベシ」と、暗に拠点を三河から関東に移すように命じた。しかも居城を江戸に、と示唆したのである。逆らえば謀反人扱いになる。秀吉の号令で諸侯がこぞって徳川に攻め込むのは明白だった。さすがに「どうする？」と逡巡する暇も無く、家康は素早く江戸に入った。

荒れた城の真下は海、天守閣からは海苔の養殖に勤《いそ》しむ漁師たちの姿も見えた。徳川家康は、城の増設と城下町の建設に取り掛かり、河川を付け替え、神田の山を削って日比谷入江を埋め立てるという大工事を敢行したのである。家康が天下を取ると、その埋立地に有力大名らが屋敷を連ねるようになった。こうして徳川幕政下、日比谷はかつての海苔の養殖場から、二本差しの上級武士が行き交う屋敷町へと変貌していったのであった。

しかし、明治維新により各藩の武士が一斉に江戸から離れてしまい、日比谷は無人の空き地となってしまった。江戸城が天子様のおわす皇居に変わったにもかかわらず、新政府は周囲の大名屋敷を破壊し、庭園を潰して桑畑にしてしまったのである。が、経営に失敗し、結局日比谷はただ練兵場が目立つだけの荒れ果てた土地になってしまった。

ようやく一八八九年五月になって東京市の都市計画が公示され、練兵場など軍関連施設の渋谷への移転が決定した。問題は、移転のための費用である。その資金の捻出のため、日比谷の広大な土地が通常よりも倍の価格で民間に払い下げられ、これを落札したのが、荘田平五郎が率いる三菱財閥であった。

三菱財閥は、総力を挙げて日比谷を重厚な建物が建ち並ぶオフィス街に変えていった。元々が海だったため、地盤が弱い地帯は整備されて日比谷公園となった。その面前が皇居前広場であり、隣には官庁街の霞が関があった。こうして日比谷一帯は、日本の経済だけでなく政治、行政の中心となったのである。一九〇五年には日露戦争後のポーツマス条約に反対する焼き討ち事件が発生し、一九五二年には血のメーデー事件が起きた。その他にも多くの政治・社会運動の舞台となったが、二〇〇八年一二月三一日から翌年一月五日まで日比谷公園に設置された「年越し派遣村」は、我々の記憶に新しいところである。そして我々在日韓国人にとっても、一九四五年一〇月一五日に日比谷公会堂で開催された在日本朝鮮人連盟の結成大会は、忘れてはならない出来事であろう。

その政治と経済の中心地、政治家や高級官僚、ホワイトカラーのサラリーマンや職業婦人、今で言う丸の内ＯＬが闊歩する街へと変貌した日比谷の一角に、それまで社会の最底辺で「河原乞食」と蔑まれてきた芸能人たちの殿堂、帝国劇場が建てられたのである。

●勘弥と團十郎──演劇改良会

一八四一年、江戸時代最後の革新粛清政治である天保の改革が始まった。老中・水野忠邦は、財政再建ために奢侈禁止と質素倹約を庶民レベルまで徹底したが、そのスケープゴートにされたのが芝居、つまり歌舞伎である。劇場と役者の家を江戸市中から郊外に強制移転し、一般人との交際は禁止、市中を歩く際は編笠の着用を義務付けた。生活態度に分が過ぎると厳しく咎められ、江戸から追放処分を受けることもあった。役者は「人」ではなく動物並みに「匹」で数えられ、文字通り人間扱いされていなかったのである。

が、明治維新が芸能界に新しい風を吹き込んでいった。新政府の要人と知己を得た興業師・第一二代守田勘弥が銀座近辺に新富座を開設し、東京市中に劇場を復帰させたのは一八七二年（当時は守田座、後に改称）のことである。天保の改革から実に三〇年以上の歳月が経っていた。その守田が九代目市川團十郎のパトロンだった。

その頃、不平等条約の改正と先進技術の取得を目的とした、大久保利通らの使節団が欧米に派遣されていた。使節団は各国で歓待されたが、晩餐会後は必ずオペラの観劇に招待されていた。数か国を回るうち、使節団はそれが欧米における最高の「おもてなし」だと気づいた。が、ハタと振り返ってみると……日本には人間扱されない歌舞伎役者と、粗末な芝居小屋しかなかったのである。新政府は一八八六年八月、外国からの賓客迎接のため、世界に通じる劇場を建設するとともに、優れた内容でかつ反政府にならない程度の演劇を目指し、各界の人士を集めて演劇改良会を設立した。ここで帝国劇場の建設構想が持ち上がったのである。そして改良会が意見を求めた芸能界の代表が、守田勘弥と市川團十郎であった。

市川團十郎は、養子先である河原崎家で厳しい稽古をつけられ、「俳諧と魚釣り」という、カネのかからない趣味しか持たなかった。生家である市川家の借金も全額返済し、稼ぎは全て舞台衣裳や道具に注ぐという、まるで芸能人の鏡のような役者であった。また守田勘弥にとっても、確実に客を集めてくれる有難い存在でもあった。

当時の芸能人、つまり改良会に「改良される側の役者」と言えば、身分差別の犠牲者である一方、「舞台で淫猥な仕草を演ずるし、また私生活では色を売って、婦女子から金銭を巻き上げていた」(出典・倉田喜弘著『明治大正の民衆娯楽』)という有様だった。毎日のようにTVで報じられる不祥事や不倫報道を観ていると、百年経とうが二百年経とうが変わらないのが芸能界なのかと思ってしまうが、身持ちが堅く芸事に精進している團十郎は、改良会にとって都合の良い人物だったのである。

―第2場　演劇改良会と朝鮮―

●メンバーの顔ぶれ

ここで、演劇改良会のメンバーを紹介しておこう。ただ全員ではなく、本稿の趣旨に余り関わりの無い人物は、簡単に触れる程度にしておく。例えば守田勘弥と市川團十郎二人のパトロンであった東京日日新聞社長・福地源一郎などである。また知識人もメンバーに入っており、その一人が東京帝国大学の初代植物学教授・矢田部良吉であった。ちょうど本稿執筆中、NHK連続テレビ小説「らんまん」が放映されていたが、彼こそ要潤演じる田邊彰久教授のモデルであった。西洋文明の象徴である鹿鳴館の建設に尽力するシーンを覚えている読者もおられるであろう。

ただ、これから登場する人物は歴史の教科書に載るほどの大物でもあり、星の数ほど肩書や経歴があるため、主に兵庫と朝鮮に関わる部分のみ紹介するに留めておく。

・末松謙澄（演劇改良会首班）

一八七五年九月、江華島事件が発生し、事後処理のため朝鮮に乗り込んだ黒田清隆全権大使に随行し、朝日修好条規の草案に携わった。末松の妻が、初代兵庫県知事で後に初代韓国統監となる伊藤博文の娘・生子《いくこ》であった。演劇改良会を結成して末松を首班に据えたのは、その伊藤博文初代首相である。そして、末松謙澄の弟の孫が戦後になって帝国銀行（後の三井銀行）に就職し、合併後の太陽神戸三井銀行の初代頭取に就任して二〇二三年に亡くなった末松謙一である。

・井上馨（駐朝鮮公使）

末松謙澄と同様、黒田清隆に随行し副使として朝日修好条規に署名押印した人物である。そして一八九四年に勃発した日清戦争の最中に、公使として再び朝鮮に渡った。このとき日本政府は、朝鮮に鉄道の建設や電信線の管理などを含めた内政改革を押しつけていた。もちろん朝鮮側は、日本の利権を拡大するための改革などやりたくはない。そこに伊藤首相の下で内閣法制長官に就任していた末松が、西園寺公望文部大臣とともに訪朝し「改革が遅々として進んでいない」と日本政府に報告したのである。これを受けて伊藤は、井上公使を朝鮮王宮に乗り込ませて事実上の「監国」とし、改革を強引に推し進めたのである。戦争中のドサクサに紛れて利権を拡大した、というのが歴史評だが、タネを明かせば、井上馨の兄の子である博邦が、伊藤の養子だった。つまり、末松も井上も伊藤もみな一族で、朝鮮侵略は彼らのファミリー・ビジネスだったのである。

・西園寺公望（総理大臣）

西園寺公望の兄は徳大寺實則《とくだいじさねつね》といい、その三女である綦子《もりこ》が明治政府を支えた八代目三井八郎右衛門の孫である三井高縦と結婚した。そして西園寺の弟が住友家の養子となった住友友純《すみともともいと》である。こうした姻戚関係をもって三井、住友両財閥に君臨し、立憲政友会の総裁となったのが西園寺公望であった。三井も住友も、朝鮮との関わりをここに全て記すのは不可能である。西園寺は総理大臣在任中に韓国統監府を設置し、初代統監に伊藤博文を任命した。ちなみに兵庫県を基盤にしていた太陽神戸銀行を飲み込み、三大メガバンクの一角を占めているのが現在の三井住友銀行である。

・陸奥宗光（兵庫県知事、外務大臣）

日清戦争下の第二次伊藤内閣において、開戦から講和まで全てを取り仕切った。下関条約では、「朝鮮は完全自主独立の国」と明記して清国の朝鮮に対する干渉を退け、日本による朝鮮支配を本格化させた人物である。

・大倉喜八郎（大倉財閥総帥）

幕末、官軍側に鉄砲を納入した功績により明治政府の覚えめでたく、台湾出兵、西南戦争、そして日清戦争で輜重を担い、武器を売り捌いて富を得た。後に大成建設となる大倉組を創立し、当時勃興しつつあった鉄道工事を手掛け、現在のスーパーゼネコンに成長する礎を築いた。大倉組は日清戦争の勝利で朝鮮半島が日本の独擅場になると、ソウルに支店を開設して京釜鉄道の建設を請け負った。大倉の富と力の源泉は伊藤博文であったが、実質的なパートナーは、勝海舟の女婿である目賀田種太郎《めがたたねたろう》という人物である。一九〇四年八月に締結された第一次韓日協約の第一条で、日本は朝鮮に「政府が推薦する財務顧問に全ての意見を諮らねばならない」と強要したが、この条文に基づいて財務顧問となったのが目賀田であった。目賀田は朝鮮半島を中国への足掛かりにするため、港湾整備から鉄道、道路建設における財政一切を取り仕切った。その目賀田の次男・重芳が大倉の孫娘である正子と結婚した。朝鮮におけるインフラ整備もまた大倉家、目賀田家のファミリー・ビジネスであった。

・渋沢栄一（第一銀行頭取）

一八七三年に日本初の銀行である第一国立銀行を創設し、一八七八年には朝鮮との貿易の便を図るため、開港間もない釜山に最初の支店を置いた。一九〇二年には朝鮮における第一銀行券つまり紙幣を発行し、第一次韓日協約で第一銀行を韓国中央銀行であると（勝手に）位置づけ、翌年には「貨幣整理事務及び国庫金取扱事務」の契約を結んだ。前述の目賀田種太郎が朝鮮の大蔵大臣ならば、渋沢が中央銀行総裁という関係であった。

当時の通貨制度は金本位制であった。金本位制は、各国がゴールドの保有量に応じて通貨を発行できる制度であり、ゴールドの保有量イコール国の経済力であった。近代の兵庫と朝鮮の研究者である故・金慶海氏が収集した新聞資料によると、一九世紀末、朝鮮も遅ればせながら通貨制度の近代化の必要性を認識し、日本の造幣局に技術者を派遣して自国での通貨発行を目指していた。しかし、そんなことをされてしまうと、日本に朝鮮のゴールドが入って来なくなる。そのため日本は、第一銀行を韓国中央銀行に仕立てて通貨発行権を握り、朝鮮のゴールドを日本のものにしていったのである。明治維新後、日本はゴールドを外国から輸入していたが、実にその七割が朝鮮産であった。金慶海氏の新聞資料には、驚くほどのゴールドが神戸港に輸入された事実が記されている。

・益田孝（三井物産初代社長）、三井高明（三井物産社主、鐘ヶ淵紡績会長）

日比谷の土地を買い取った三菱の荘田平五郎が神戸にやって来たのは、一八八八年のことであった。当初神戸─姫路間の四六キロで構想されていた山陽鉄道が、政財界の思惑が絡んで下関までの総延長五二六キロという膨大な計画に変わってしまい、動揺した株主たちに「将来、国が買い上げるから」と説得するため来神したのである。そのとき、荘田が山陽鉄道の社長にと推薦したのが、慶應義塾大学の後輩で福沢諭吉の甥である中上川彦次郎であった。しかし中上川の強引な手法を他の役員たちが嫌い、彼は社長の座から排斥されてしまったのである。

中上川彦次郎は井上馨の推薦を受け、今度は三井銀行の専務に就任した。彼はここでもその剛腕を振るい、大改革を断行して「三井中興の祖」と呼ばれるようになった。その中上川の後継者が益田孝であった。益田は「商品やサービスなど何でも仕入れ、どこにでも売る」という日本独特の総合商社を立ち上げ、三井財閥の中核となる三井物産を創業した人物であった。

三井財閥は金融や商社、不動産のみならず製造業にも進出し、当時勃興しつつあった紡績業への進出を図り、東京に紡績工場を設立した。しかし経営は赤字続き。ここでまたしても中上川彦次郎の強力なテコ入れがあり、彼と因縁の深い山陽鉄道の始発・兵庫駅近くに、最新鋭の紡錘機を備えた鐘ヶ淵紡績（鐘紡）を設立したのである。一八九四年、日清戦争の最中のことであった。

中上川彦次郎の叔父・福沢諭吉は、日清戦争を「野蛮と文明の戦争であり、文明国日本にとって正義の戦いである」と訴え、聖戦であると人々を鼓舞した。勝利した日本は、下関条約によって重慶、杭州などを市場開放させ、中国大陸に巨大な商圏を得たのである。鐘紡は兵庫駅前という地の利を生かし、大陸の玄関口である下関まで列車で製品を運んだ。もちろん、大陸への物流拠点である神戸港も目の前。鐘紡はこうして大量に製品を中国大陸に売り込み、巨万の富を得たのである。何のことはない、脱亜論の福沢諭吉は、甥である中上川彦次郎とのファミリー・ビジネスを成功に導くため、清を「野蛮国である」とヘイトスピーチし、日本人を煽ったのである。野蛮なのはどっちであろう？そして三井物産は逆ルートで朝鮮の穀物を大量かつ安価で仕入れて輸入し、それを紡績労働者の食料にして日本における低賃金・重労働政策を可能にしたのであった。安く買い叩かれた朝鮮の農民は以後、日本の工業の発展に苦しむことになるのである。この経済構造が、今もアジアと日本の間で続いている。

読者諸氏は、「あれ？　芸能界の話のはずなのに、なぜ植民地や経済の話に？」と戸惑ったことであろう。筆者も然り。本稿執筆にあたり、日本の近代演劇史に必ず登場する演劇改良会を調べてみると、朝鮮半島と深いかかわりを持つ明治の元勲ばかりがメンバーだったという話であった。そんな連中が、演劇を改良するというのである。

もちろんメンバーの中には、文化芸術に深い造詣を持ち、美術品の蒐集や音楽学校の創立に貢献した人物も含まれている。益田孝は、千利休以来の大茶人と称されるほどの文化人であった。が、私たちが忘れてはならないのは、彼らは他国を踏みにじり、文化とは全く逆の戦争で略奪し、破壊した集団であることだ。演劇改良会の目的も、賓客つまりアジア、アフリカで略奪を繰り返す欧米の王侯貴族や政治家を立派な劇場でもてなし、自分たちもその分け前に預かろうというものであった。脚本は全て当局が検閲する。演劇が戦争と侵略を美化し、アジアを遅れた野蛮国として扱い、自らの不正を覆い隠す内容になってしまうのは、当然の成り行きであった。

もう一つ指摘しておかなければならないのは、これら元勲のほとんどが愛妾持ちであることである。ジャーナリストの宮武外骨が、伊藤博文を「好色宰相」と徹底的にこき下ろしたのは有名である。そんな元勲らが「改良」と称して芸能人に品行方正を求めるのは、滑稽としか言いようがない。

しかし、演劇改良会は二年しか続かなかった。その理由は、鹿鳴館のような極端な欧化主義に強い批判が高まったため、と言われている。が、本当の理由は違った。

検閲だらけの脚本で忠君愛国の芝居をやっても、はっきり言って面白くないのだ。あれほど集客できるはずの市川團十郎も、改良会の趣旨で演じた出し物はガラガラである。そう、民衆は見抜いていた。日頃の憂さを晴らすには、楽しく笑える芸能が必要なのである。そして何よりも、御用組織である演劇改良会のメンバーに当の團十郎さえ入っておらず、政財界の利権者たちが勝手に騒いで役者を改良しようとしていただけの話だった。そのため帝国劇場の完成は遅れに遅れ、構想から二三年後の一九一一年まで待たねばならなかったのである。
そして完成が遅れたのは、一方の演劇界にも理由があった。

―第3場　帝国劇場開幕―

●発展する演劇

問題の多い演劇改良会の数少ない成果が、男女が共に舞台に立つことを認めたことである。欧米では当たり前であったが、能や歌舞伎は男だけで演じられていた。最も、徳川幕政下でも再三にわたって男女の舞台禁止令が発せられていたというから、実際は村芝居などで男女が舞台に立つのはよくあることだったと思われる。ともかく、明治になって男女で舞台上に立つことが公認され、この頃から女優が登場してくるのである。

ここで日本の近代演劇史を紐解く余裕は無いが、今後のストーリー展開に関わるため、代表的な演劇の種類について俯瞰しておきたい。

①歌舞伎

一八八七年、演劇改良会の運動が一定の成果を上げてようやく天覧（明治天皇による観劇）を実現した歌舞伎は、明治中期から後期にかけて絶大な人気を誇り、その象徴が先述した守田勘弥の新富座、そして福地源一郎の歌舞伎座であった。歌舞伎公演がしばらくの間、外国からの賓客を接待する役目を担っていた。

②**新派劇**

歌舞伎に対抗して、新派と呼ばれる演劇が誕生した。女性が公然と舞台に立ったのも、新派からだと言われている。壮士芝居、書生芝居など自由民権運動の中から誕生し、代表的な人物は川上音二郎とその妻で「日本の女優第一号」と称された川上貞奴である。彼女が創立した女優養成所は、帝国劇場の付属技芸学校に引き継がれていった。

③**新劇**

ヨーロッパ風で、芸術的な上演を目指す新劇がこの時期に誕生した。分かりやすく言うと、「坪内逍遥翻訳によるシェークスピアもの」と聞いただけでその高尚さをイメージできる演劇だ。現代においてアングラ演劇や劇団四季などのミュージカルに継承されているのが新劇である。日本で最初の新劇が、女性の生き方を扱ったヘンリック・イプセンの『人形の家』であったように、社会批判、体制批判に直結する内容が多く、一九二〇年代のプロレタリア演劇運動にも深く結びついていった。

④**歌劇**（オペラ）

帝国劇場

日本では三味線の伴奏に合わせて語る浪花節が馴染み深いが、交響楽に合わせて合唱あるいは独唱で台詞を語るのがオペラであり、欧米から直輸入された。その代表的な歌手が三浦環《みうらたまき》であった。

伝統の歌舞伎か人情モノの新派か、日本語に翻訳された西洋の新劇か、オペラか。もちろんこれらは互いに切磋琢磨し、良いものを取り入れて相互に発展を遂げていった。そしてそのことが筆者のような演劇の素人にとって「どれが新劇で、オペラ？　ミュージカル？」となってしまうことにもなる。が、これが帝国劇場構想のように「国立の殿堂」を建てるとなると、各々がステージの広さの他、オペラでは必須である交響楽団の演奏場所を確保しなければ、いや歌舞伎には花道が無ければ、など侃々諤々となり、簡単に論争は収まらず、劇場建設の計画すら進まなかったのである。

さらに、現代と同じような芸能界の事情もあった。役者があっちの舞台に立てばこっちの舞台に立てず、引き抜き、過当競争、男女のスキャンダルなどがマスコミを賑わせ、加えてまだまだ女優は社会の認知度が低く、ステージに立っただけで誹謗中傷の的となった。帝国劇場の有名女優・森律子の弟は、それが理由で自殺したという時代である。なのに国立で劇場を建てるのか？　というのが当時の風潮だった。

帝国劇場の建設計画が一気に加速したのは、一九〇六年に発生した事件による。日英同盟真っ盛りの時代、ビクトリア女王の第三子であるコンノート・ストラサーン公爵アーサー王子が、明治天皇への勲章授与のため来日した。日本側は歌舞伎座で観劇会を催したが、開演が一時間遅れた上に停電が二度も発生し、結局コンノート公爵は中途退座してしまうという大失態を犯したのである。事態を重く見た渋沢栄一が、演劇改良会の流れを汲む財界人に呼びかけ、急ぎ日比谷に「民営の帝国劇場」を完成させたのである。こうして一九一一年三月、歌舞伎でも新劇でもオペラでも上演することのできる、近代的な様式の劇場が誕生した。

●帝劇に集まった人々

これまで述べた通り、政財界の思惑によって帝国劇場が設立されたのは事実ではあるが、役者、音楽家、舞踊家を問わず、多くの芸能人がこの殿堂のステージに立つことを夢見て努力していったのもまた事実であった。

その一人が石井漠であった。当初は帝劇管弦楽団の見習いであったが、同居人が貸与されたバイオリンを勝手に質入れしてしまい、二か月でクビになってしまった。しかし彼の才能を惜しんだ友人たちの計らいで歌劇部に入ることができ、三浦環にその美声を認められ、俳優として舞台を踏んだのである。その後、彼は独立し、石井漠舞踊研究所を創設してモダンバレエの第一人者となった。石井漠の弟子の一人が、半島の舞姫・崔承喜《チェ・スンフィ》である。

そして帝劇演劇部の二期生に岸田辰彌《きしだたつや》がいた。辰彌の父は、幕末から明治前半にかけて新聞記者、実業家として活躍した岸田吟香である。吟香は、米国人医師ジェームス・カーティス・ヘボンに処方してもらった目薬を「銀座楽善堂」を創業して販売し、実業家に転身した。そして一八八〇年には上海、続けて漢口（現在の武漢）にも支店を設け、大陸での販路を広げていったのである。さらに日清間の貿易振興のために研究所を設立し、「漢民族を助け、中国革命を支援する（楽善堂漢口支店社員一同の活動方針)」と、およそ民間企業とは思えぬスローガンを掲げ、大陸での活動を展開していくのである。こうして楽善堂は大アジア主義を標榜する革命人士や大陸浪人の巣窟となり、亜細亜協会、東亜同志会の母体となって後の私立大学・上海東亜同文書院を産むことになる。東亜同文書院は、長らく「スパイ学校」と呼ばれていた。岸田辰彌は、そんな父親と全く異なる道を歩んでいた。

そしてもう一人。その男は、上演中にもかかわらずステージに背を向け、帝国劇場の三階席で座っていた。失礼な奴だ。まあ、確かにこのときのステージは、帝劇でオペラとしては二作目の上演となる「熊野《ゆや》」であった。「熊野」は、脚本家の益田太郎冠者が日本の伝統的な能楽をオペラ化したものである。主演は三浦環であったが、帝劇の客筋はみな上流階級に属し、平家物語がモチーフのこの作品も熟知していたため、全くストーリーと合わない三浦の歌声を聴いて失笑していたのである。そのため「熊野」は、百年以上経った今も「帝劇の失敗作」として名を馳せている。脚本を書いた益田太郎冠者は、前述した三井の番頭・益田孝の次男であり、さも父親とは異なる道を歩んだのかな、と思わせるが、彼は台湾製糖の社長でもあった。

だからと言って、ステージに背を向けて良いわけではない。が、あろうことかその男は他の客と話までしている。いやよく見ると、彼の周囲の客も隣同士で話をしている。帝劇は、「待ってました!」のような上演中の掛け声や飲食、雑談をご法度にしているのに。

実はその男は、失笑の絶えないステージに愛想を尽かして他の客と雑談しているわけではなかった。

その男は、名を小林一三といった。

●小林一三

慶大在学中は甲府の親族から送られてくる生活費を贅沢に使い、芝居と文筆活動に明け暮れる楽しい日々。しかし卒業後は三井銀行への就職が決まっていた。彩り豊かな芸能の世界から、味気の無いカネ勘定とソロバンに明け暮れる世界へ。考えただけでも憂鬱になった小林一三は、学生最後のモラトリアムを楽しむが如く、熱海に赴いた。そしてそこで同宿した女性に一目惚れしてしまったのである。玄人ではない。外国人の通訳を務め、キビキビして、小林が散歩にでかけると「男がそんな風にチョコチョコ歩いて、みっともないわよ」と言ってくれる年上の女性。

幼少期に両親が他界して叔父夫婦に引き取られ、自由奔放に育った小林一三。逆に言えば、一族から何も期待されておらず、これまで叱ってくれる人もいなかった。だからこそ彼は、小気味良くて頼りがいのある女性に惹かれたのである。後年の宝塚歌劇団の男役は、こんな小林の生い立ちから誕生したのかもしれない。

二、三日で帰るつもりがズルズルと長逗留してしまい、何とかきっかけを作って彼女に話しかけようとした。まだ混浴の時代であった。朝の温泉で湯けむりに包まれて入浴している彼女をこっそり覗き見たり、東京に戻っても忘れられず、何度も彼女の住まいの周辺をうろついたり……今なら単なる出歯亀とストーカーだが、ロマンチストで、凛々しい女性に惹かれ、いかにも清く正しく美しい宝塚少女歌劇団を創設した人物らしい話である。しかも小林一三は、このエピソードを、八〇歳を過ぎた最晩年に自伝で紹介するほど、一途な男であった。

最悪なことに、彼は三井銀行の初出勤もそっちのけで彼女を追いかけていた。普通ならクビだ。そのまま解雇されていたら、小林一三は情熱的な小説家、脚本家となって世間に名を遺したかもしれない。しかし三井の大番頭・中上川彦次郎は、「面白いヤツ」と見込んで小林を正式採用したのである。厳格で強引で辣腕の中上川にもこんな一面があったのか、と思わせるが、彼がいなければ「阪急・東宝グループ総帥の小林一三」は誕生しなかった、というのが後世の評である。

さて、「熊野」観劇中の小林一三は、帝国劇場開幕の前年に完成した箕面有馬電気軌道の専務取締役であり、事実上の責任者という青年実業家であった。が、この鉄道は名高い名湯「有馬」と銘打ちながら、実際は世間的に全く名の知られていない宝塚までしか線路がなかった。よく知られている話ではあるが、彼は大阪で働くサラリーマンが一戸建てを持てるように沿線の宅地開発と割賦制度、今でいうデベロッパーと住宅ローンを日本で最初に試みた経営者であったが、完成するのは数年先の話。そのため彼は、終点の温泉地である宝塚に遊興施設を造って乗客を運び、鉄道を維持する方法を模索していたのであった。

小林一三がこの日、帝劇の観客席で話をしていたのは、天井桟敷の席を陣取っていた東京音楽学校の生徒たちであった。彼らが口々に三浦環の歌声や演出、そして交響楽を真剣に論じているのを見て、オペラ（歌劇）の可能性を実感したのである。小林は外国留学中、批評家たちが桟敷席に陣取って論評を加えているのを「発見」するほど、鋭い感性の持ち主であった。彼はこの後宝塚少女唱歌隊を結成し、それが宝塚少女歌劇団へと発展していくのである。

それだけではなかった。小林一三は席を共にした東京音楽学校の卒業生はもちろん、先に紹介した石井漠、岸田辰彌ら帝劇に集う優秀な人材を宝塚少女歌劇団に指導者として迎えたのである。小林にスカウトされた彼らが、宝塚少女歌劇団の名を全国に轟かせていった。

岸田辰彌は、フランスに留学してレビューを宝塚少女歌劇団に導入した振付師である。レビューは一九三〇年代の日本で流行したが、本場パリのムーラン・ルージュの如く、この舞台芸能はエロ・グロ・ナンセンスの象徴でもあった。「金曜日にはダンサーのズロースがズレ落ちる！」という刺激的な宣伝で男どもの欲情を煽り、満員となった劇場もあった。だが岸田とその後継者である白井鐵三は、世間の流行とは正反対の道を歩み、脚を高く上げるセクシーなラインダンスを「健康美の象徴」に変えてしまい、これが世の女性たちの支持を得たのである。岸田と白井は、宝塚大劇場が小中学生の修学旅行のコースになるほど健全な歌劇団に仕立て上げていったのであった。

宝塚少女歌劇団は東京に進出し、一九三四年に東京宝塚劇場（東宝）が誕生した。その東宝がさらに帝国劇場を傘下に収め、日比谷一帯を阪急・東宝グループの聖地にしたのは一九四〇年のことであった。今では、その中心地にゴジラ像が君臨して周囲を睥睨している。

では、小林一三が宝塚少女歌劇団を成長させ、やがて東宝という巨大な興業会社に成長させた背景には、一体何があったのだろうか。世に「小林本」や「宝塚本」は無数にあり、本稿の執筆にもこれら先人たちの研究や文献を参考にしているが、第二幕では、筆者が調べた範囲で兵庫と朝鮮、そして阪急・東宝グループのかかわりを述べていこうと思う。

第二幕　阪急・東宝グループの誕生

「……五歳にして故郷を離れざるを得なかった父は、一九二八年二月、祖父母とともに下関に上陸した。祖父は、京都市内西院に近い被差別部落に隣接する朝鮮人集落に居を定め、京都―大阪間を走る阪急電車の敷設工事人夫となった。これが、私たち一家が京都に住むことになったそもそものきっかけである……」（徐京植著『徐兄弟　獄中からの手紙』）

―第4場　結ばれた鉄道人脈―

●小林一三のお目付役

「近代生活には必須の電気、電話、下水道を備え、近くには小売店舗、床屋、クリーニング店があり、日々御用聞きが各家庭を回って、日用品が廉価で売っている購買組合もある。そしてビリヤードなどの娯楽施設も備えている。何よりも大阪まで往復一時間の距離！」

一九〇七年一〇月のまだ明治末という時代、数奇な縁で線路すら着工していない箕面有馬電気軌道（箕有電車）の専務取締役に就いた小林一三は、こんな謳い文句で株主から資金を集めていた。関西財界人によって敷設された大阪―舞鶴間の阪鶴鉄道が国有化されたのは、ほんの二か月前のことである。官営で、しかも大阪砲兵工廠から軍港・舞鶴まで兵士と兵器を輸送することが主な目的の鉄道であったため、民間人のための鉄路は箕有の担当になった。が、鉄道は乗客がいてこそ採算が取れる。人家も乏しい山間部、「猿や案山子を乗せるのか?」と揶揄された田舎鉄道。清算止む無し、と諦めかけていた役員や株主たちに、小林が鉄道による田園都市開発という夢物語をぶち上げたのである。

しかし、小林一三は単に話の上手い山師ではなかった。三井銀行時代は徹底したマーケット・リサーチぶりで調査課主任にまで昇りつめていた。加えて大学時代には自作小説が新聞に連載されるほどの文才を持ち、芝居見物で培った話術をもって役員や株主にプレゼンして回ったのである。

役員たちもまた、小林一三の情熱に賭けた。大きな博打ではあるが、「小説が売れたら会社を辞める」などとほざく小林に、「失敗したら全ての借金を背負わんかい!」と迫り、彼のサラリーマン根性を捨てさせたのである。小林もまた覚悟を決めた。こうして彼は専務に就任したのである。

箕有電車の大株主である三井財閥は、小林一三に足りない資金は二年ローンで貸すという好条件を示す一方、実業家で衆議院議員でもある野田卯太郎を監査役に差し向けた。一般的に監査役はお飾りポストであり、野田もまた実際「お飾り」だったであろうが、その存在は役員会で座っているだけで他を圧倒した。小林は、本家・三井から差し向けられたお目付役の下で、マジメに働いたに違いない。

筆者が本稿執筆のため、箕有電車を調べ始めて野田卯太郎の名前を見つけたとき、つくづく日本の鉄道は朝鮮と切っても切り離せない関係だと痛感した。「枕木一本に朝鮮人ひとり」という言葉が、改めて脳裏に浮かんでくる。

野田卯太郎は一九〇八年一二月、朝鮮で大々的な土地収奪を行う目的で設立された東洋拓殖株式会社の副総裁に就任した。東拓には三井財閥も出資していたが、問題は野田の長男で後に衆議院議員となる野田俊作が、姫路出身の古市公威《ふるいちこうい》の娘と結婚していたことである。古市は、文部省最初の留学生としてパリで土木工学を学んで帰国し、弱冠三二歳で東京帝国大学工科大学（東京大学工学部の前身）の初代学長となった。そして一九〇三年一二月、ソウルと釜山を結ぶ京釜鉄道株式会社の総裁に就任したのである。古市は、たった一年でこの鉄道を開通させ、日露戦争に間に合わせるという手腕を発揮した。この促成鉄道工事のため、どれほどの朝鮮人が狩りだされたのであろうか。彼はその後もソウルと中国国境の新義州を結ぶ京義線を開通して南満州鉄道と連結させ、日本の中国進出の足掛かりを築いていったのである。

これらの功績が認められ、古市公威は伊藤博文の下で韓国統監府の鉄道管理局長官に就任した。一言でいえば、朝鮮で不動産や鉄道利権を貪ったファミリーの長である野田卯太郎が、箕有電車の監査役だったのである。そして古市公威の下で鉄道工事を担った大倉、鹿島、大林らの土木会社は、そのノウハウを生かして韓国併合前から朝鮮人労働者を大量に移入し、日本の鉄道工事に従事させていったのであった。阪鶴鉄道に連結する山陰線の綾部―園部間工事、そして餘部鉄橋工事における朝鮮人労働者については、我が兵庫朝鮮関係研究会の代表である徐根植氏の『鉄路に響く鉄道工夫アリラン』に詳しいので、是非ご参照いただきたい。

・松方幸次郎

そして、野田卯太郎以外の箕有電車の役員も、以下に記す通り鉄道と朝鮮に深い関わりがあった。

言わずと知れた元勲・松方正義の三男で、川崎造船所社長。神戸財界の重鎮であり、「松方ホール」にその名を残す。川崎造船所が製造したオール・スチール・カーは、一九二二年に阪急に採用され、現在の阪急車輛の原型となった。川崎造船所と朝鮮の関係は、深すぎてここでは書ききれないため割愛させてもらう。川崎造船所は、第一次世界大戦で不況に見舞われた造船に替わって鉄道車両の製造に本腰を入れ、これが後の川崎車輛株式会社の母体となっていった。

・岩下清周、速水太郎

小林一三を全面的にバックアップして、政財界の大物に引き合わせていたのが三井銀行の先輩で現在の三菱UFJ銀行となる北浜銀行の設立者・岩下清周《いわしたきよちか》であった。岩下自身も多くの鉄道会社に役員として名を連ねている。その中で私たちが記憶しておかなければならないのは、彼が奈良と大阪を結ぶ大阪電軌鉄道（現在の近畿日本鉄道）の創始者であり、一九二三年に完成した生駒トンネルの創案者であるという事実である。今でも「あのトンネルを掘ったんはワシらや」と大阪の在日韓国人の語り草になるほどの難工事であった。そしてこの工事の総監督だったのが、山陽鉄道や阪鶴鉄道において実務面で辣腕を振るった速水太郎である。彼は持ち前の数字の強さと神戸の居留地で鍛え上げたビジネス英語を武器に中上川彦次郎の秘書となり、中上川の社長就任と同時に山陽鉄道に入社し、鉄道事業に携わるようになった。中上川の元秘書なら、小林のお目付役にはピッタリである。

・井上保次郎（東洋製紙株式会社、後の王子製紙会長）

岩下清周が小林一三を箕有電車の専務取締役に就任させる際、「（井上保次郎など反対派の）役員には、僕から話しておくよ」と請け負った。しかし、いざ小林が登記所に届ける書類にハンコをもらうため井上の自宅を訪れると、不機嫌そうに「そこに置いていき給え、預かっておく」といわれ、玄関口で追い返されてしまったのである。話が違う、と小林は戸惑ったが、出自が江戸の頃から続くお堅い両替商の家柄である井上は、金食い虫の鉄道を大言壮語する若造など、全く信用していなかった。と、ここまではどんな「小林本」にも載っているエピソードである。重要なのは、井上の弟・柰蔵《まつぞう》が、関西財界の重鎮で紡績や鉄道など二八社に役員として名を連ねる松本重太郎の養子になっていること、そして柰蔵の妻がこれまた松方幸次郎の姉・光子であることだ。川崎造船所が製造した最初の鉄道車輌は、松本重太郎が社長を務める南海電鉄の車輌であった。さらに柰蔵は、松方幸次郎とともに九州電軌鉄道の設立にも関わっていくのである。井上、松方、松本の三家にとって、鉄道は巨大なファミリー・ビジネスであり、箕有電車もその一つに過ぎなかった。ちなみに井上保次郎の婿養子・井上周《いのうえしゅう》は、後に阪急電鉄の取締役に就任した。

どこまでも続く線路の、何と狭い世界であることか。

●阪急・東宝グループの誕生

鉄道を通してその沿線を宅地開発し、大阪のサラリーマンがローンで一戸建てのマイホームを持つという小林一三の夢の下、ようやく一九一〇年三月に開通した箕面有馬電気軌道。しかし、誰がどう考えても巨額の資金の回収は一〇年先とか遥か彼方の話になる。そこで小林は、当面は終点である箕面には動物園、宝塚には温泉街を造成し、箕有電車を遊覧列車のように扱って資金回収に当て込もうとしたのである。温泉は当時、男が週末に泊りがけで羽目を外す遊び場であったが、女性と子どもが楽しめる娯楽施設を建て、平日でも電車が埋まるようにプランを建てたのであった。そのプランの下で一九一二年七月に開館したのが、パラダイス劇場であった。目玉は少女歌劇団。一九一四年四月から始まった第一回公演の演目は、子ども向けの「ドンブラコ」であった。

が、動物園もパラダイス劇場も、やっぱり客は日曜くらいしか電車に乗ってくれなかった。庶民の感覚は、「遠くのパラダイスより近くの道頓堀」だったのだ。小林一三は、電車は人口の多い都市間を結ばなければ採算が合わないと痛感した。大阪―神戸間で一九〇五年から営業を始めた阪神電気鉄道（阪神電鉄）の好調ぶりは、嫌でも彼の耳に入ってくる。小林はパラダイス劇場開設の翌年には早くも大阪の人口密集地である東成区までの京阪連絡線の許認可を得て（取り消されて後に京阪電鉄となる）、同時に本命の神戸線開通を目指して鉄道の延長要請を始めていった。そして阪神電鉄との壮絶な利権争いや、芦屋―住吉間などの富裕層の住宅街を通ることになるため、沿線住民の「地下鉄にしろ！」等々の反対運動を経て、一九二〇年七月にようやく大阪―神戸間の路線を開通させたのであった。ちなみに、神戸線開通を目指して社名は一九一八年二月に阪神急行電鉄（阪急電鉄）に改称していた。

箕面有馬電気鉄道の開通

「綺麗で早うてガラアキ、眺めの素敵によい涼しい電車」

乗客が少ないことを逆手に取った自虐の宣伝コピーは、小林一三自らの作であるという。

その後、阪急は順調に規模を拡大していくが、その発展ぶりを時系列に並べてみると、こうなる。

・一九二二年四月　西宮北口〜宝塚間開通
・一九二三年三月　宝塚中劇場開設
・一九二五年六月　梅田阪急マーケット（阪急百貨店）開業
・一九二六年五月　宝塚ホテル開業
・一九三四年八月　日比谷映画劇場（現在のＴＯＨＯシネマ）に株式会社東京宝塚劇場創設
・一九三五年一二月　日本劇場を吸収合併
・一九三六年三月　阪急職業野球団（後の阪急ブレーブス、現在のオリックス・バファローズ）結成
・一九四〇年一二月　帝国劇場を吸収合併。阪急グループは帝国劇場、東京宝塚劇場、日本劇場を傘下に収め、日比谷一帯を東宝エンターテイメント劇場に

こうして見てみると、小林一三は箕面有馬電気軌道株式会社が創立された一九〇七年から約三〇年で物流、消費、エンターテイメントにわたって君臨する企業を創り上げたことが分かる。その中で重要なポイントは、やはり神戸線の開通であった。彼の功績について無数の著書があるのでこれ以上は触れないが、阪急は不況と戦争の真っただ中で誕生し、成長を遂げているということを指摘しておかなければならない。

会社名を阪急に改称した一九一八年は、第一次世界大戦中で日本は空前の好景気だったものの、米価の高騰に庶民がブチ切れ、その夏に米騒動が発生した年である。また神戸線が開通した一九二〇年は大正不況の年であり、多くの銀行や会社が倒産し、五月には餓死線まで追い詰められた労働者による初のメーデーが開催されている。その後も関東大震災、金融恐慌、世界恐慌などが相次ぎ、一九三六年の阪急職業野球団の結成に至っては、その数日前に陸軍青年将校らによる二・二六事件が起きている。帝劇を傘下に置いた一九四〇年は日中戦争が泥沼と化し、国家総動員法が人々の生活を徐々に蝕んで翌年に太平洋戦争が始まるという年であった。不況なのに鉄道とエンターテイメント産業が伸びる？　いや、苦境の中だからこそ、人は娯楽を求めるのであろうか。

景気とは、経済の活動のことであり、活発であれば好況、停滞すれば不況と呼ぶ。経済学によれば、好況と不況は循環するものらしい。阪急・東宝グループが発展を遂げた時期は、不況であった。第一次世界大戦の痛手から立ち直った欧米は、再び産業を活性化させ、いっとき世界を席巻していた日本の製品は全く売れなくなった。モノが売れないから運ぶ船も造れず、工場は次々と倒産して経営者が破産し、工場に融資していた銀行も資金を回収できずに潰れてしまい、失業者が巷に溢れ出した。だが、よく考えると「使われなくなったカネ」が何処かに─銀行や保険会社、証券会社、要するに資産家の懐に─溜まっているはずなのである。景気とはカネ回りのことでもあるが、資産家がカネを回そうとしても、製造業に投資すればドブ銭になってしまう。そのため、ここはひとつレジャー産業に投資して儲けよう、と彼らが考えても不思議はなかった。カネは、懐に仕舞っているだけじゃ増えないのだ。早くからレジャー産業に着目した国鉄の職員たちが、旅行代理店であるジャパン・ツーリスト・ビューロー（ＪＴＢ）を設立したのは一九一二年のことである。そして一九二〇年代から三〇年代にかけて鉄道網が整備され、いちいち切符を買い替えなくても乗り換えることができ、風光明媚な景観の地を大勢の観光客が訪れるようになっていた。

阪急はその波に乗ったのである。

―第５場　華麗なる一族と大衆―

●華麗なる一族

当時の資産家と言えば、船成金であった。小林一三は岸本汽船の岸本兼太郎から三〇〇万円の融資を受け、これを阪急神戸線開通の資金に充てた、と殆どの「小林本」に載っている。これらを読むと、小林に関わった船成金は岸本兼太郎だけだと思ってしまうが、実は阪急・東宝グループには他にも有力な船成金が多数関わっていた。

箕有電車から阪急電鉄に改称された当時の主な株主は、大部分が銀行や保険会社だったが、その中で群を抜く個人株主が二人いた。二人とも神戸の船成金で、一人が八馬汽船社長で神戸銀行（後の三井住友銀行）頭取となる八馬兼介、そしてもう一人が松岡潤吉である。

松岡潤吉は芦屋の馬場家で出生し、松岡家の養子となって紡績や貿易で財を築いた。多くの企業の役員に名を連ね、多額納税者として貴族院議員に選出されている。その松岡潤吉の娘・節子と結婚し、婿養子となったのが小林一三の次男、辰郎であった。更に三男の米三には子がいなかったため、辰郎と節子の娘・喜美を米三が養女に迎えるほど、松岡家と小林家の縁は強かった。小林喜美は、三菱財閥の重鎮である三村祢平の子・公平と結婚し、その子である小林公一が二一世紀になって宝塚音楽学校の校長に就任している。

松岡辰郎は、後に松岡汽船と東宝の両方の社長となり、辰郎の長男・松岡通夫が松岡汽船を、次男・松岡功が東宝を引き継いだ。松岡功は、タカラジェンヌの千波《ちなみ》静《しずか》と結婚し、二人の間に生まれたのが元プロテニスプレーヤーで現在スポーツ解説者として活躍している松岡修造である。

小林一三が一九五七年一月に亡くなった際、近親者や関係者が追想録を寄せ、松岡辰郎は実父との想い出を語っている。一三は辰郎を松岡家に送り出す際、「小林家は今は安泰だが、世の中はどんなことが起こるかもしれぬ。一本の樹よりも二本の樹で互いに助け合うほうがより安全だと思う。苦労は覚悟だぞ」と語った。

そして、小林一三の長女・とめ子も東洋汽船社長の吉原政智と結婚した。吉原政智の兄が阪急電鉄の取締役を務め、戦後の宝塚ホテル会長となった吉原政義である。吉原政智は日比谷のパレスホテルの経営者となり、これを現在まで吉原家が代々引き継いでいる。その姉妹ホテルが、皇居を挟んで反対側に建てられたグランドパレスであった。グランドパレス。我々在日韓国人にとって忘れられない、あの金大中氏拉致事件が発生したホテルである。グランドパレスも吉原家が経営していた。こうして阪急・東宝グループは日比谷一帯に君臨していったのであった。

小林家の近親者には、他にも日本郵船や明治海運などの海運業者、鉄道や航空、そしてそれらを司る運輸省（現在の国土交通省）の高級官僚らが集まっており、中にはロッキード事件で疑惑の対象となった若狭得治もいた。まさに華麗なる一族だ。そして楽しいレジャーには食事がつきもの。食事には酒。小林一三の次女・春子は、サントリー創業者である鳥井信治郎の子・鳥井吉太郎と結婚している。

阪急・東宝グループは、鉄道と百貨店、娯楽などのエンターテイメント事業だけでなく、宿泊業や船舶業などの観光旅行まで含めた総合レジャー企業であった。我々のような大衆がレジャーを楽しみたいと思ったら、阪急交通社に行けばよい。それこそ宝塚歌劇団のチケットからホテル、食事、交通手段まで、全て取り計らってくれる。

そう、阪急・東宝グループの相手は「大衆」であった。

●大衆相手に

鉄道、旅行、百貨店、演劇、スポーツ観戦、そして一九二〇年代に急速に勃興しつつあった映画。当たり前の話だが、これらは全て「客」がいないと成り立たない産業である。では、その「客」とは？

大正の頃ともなると、江戸の昔のように旦那衆がお気に入りの遊女らを引き連れて幅を利かせていた芝居小屋や、タニマチ相手の相撲観戦のようなやり方では興業が成り立たない時代になっていた。阪急・東宝グループが伸張した時代の客は「大衆」である。大正から昭和初期は、まさしく大衆文化が花開いた時代であった。

大衆とは、概ね

①都市部に人口が集中し
②その人口には官僚や上流階級、商工業者のみならず労働者、零細民とその家族も含まれており
③それらがマスコミによって様々な事象を共有している

この条件が揃って存在することができる、と社会学者は規定している。

新聞や雑誌は、瓦版の時代とは比べられないほど急速に発展しており、人々の識字率が高いため、号外が発行されると路上でたちまち奪い合いになるのが日本の大衆であった。蓄音機が普及し、ラジオ放送が始まったのは一九二五年三月のことである。新しい商品や映画、楽しいスポーツがマスコミに登場すると、身分も階級も老若男女も問わず人々は瞬時に情報を共有し、皆が欲しい、観に行きたいと思わせる、そんな仕組みが社会に出現してきたのである。もちろん逆も然り、つまらない作品やスポーツは、大衆にそっぽを向かれる。

宝塚大劇場

サービス産業は、それが成功したときは無敵になる。二一世紀の今も同じだが、製造業は原材料の仕入れや製品の取引が手形決済などで後払いになるのが普通である。しかし、サービス産業は基本的

に現金商売であり、遅くても月末の晦日払いで決済が早い。そのため業績が明白で、投資を呼び込みやすく、銀行からの融資も受けやすいのである。だがそれには、できるだけ売れ筋の商品を店頭に並べたり、零細民でもゆったりと観劇・観戦できる劇場や競技場を造り、接客サービスの向上に努めて客寄せしなければならない。小林一三が大学出の社員にも改札口に立たせ、客に頭を下げる特訓を行っていたのは有名である。これは宝塚少女歌劇団も同様であった。パラダイス劇場が火災のために焼失し、一九二四年七月に当時として最大規模の三千人収容の宝塚大劇場が完成した。小林は、チケット料金を安くして、一人でも多くの大衆が観劇できるように工夫したのである。

私事ではあるが、筆者は二〇二三年八月二七日、大阪の梅田芸術場で宝塚歌劇団・雪組公演のミュージカル「愛するには短すぎる」とレビュー「ジュエル・ド・パリ」を観劇する機会を得た。三階の一番後ろの天井桟敷、小林一三が愛した席だ。舞台全体どころか裏方まで覗ける、とても良い席である。贔屓のジェンヌがいても、なあに、オペラグラスがあれば事足りる。チケット料金は何と三〇〇〇円。安い。他の劇団による公演は、同じ席でも五〇〇〇円以上かかる。小林一三の遺訓が今なお健在なのだ。

ちなみに今回のチケットは、出演者の一人である紀城ゆりやさんの父君と筆者との間で親交があり、それを知った友人が回してくれたものであった。人気のある公演はチケットの確保すら難しいので、本当に感謝している。

紀城ゆりやさんのお姉さんは愛海ひかるさん、姉妹でタカラジェンヌである。お二人の父君は、一般社団法人在日韓国商工会議所・兵庫の副会長である新井龍昇氏で、在日韓国人社会のリーダー的な存在の方だ。紀城ゆりやさんの同期が松岡修造氏の娘・稀惺《きしょう》かずとさんである。紀城ゆりやさんは、この六月の新人公演で主役を務めたほどの実力の持ち主で、将来を嘱望されている若手である。

「在日韓国人の姉妹でタカラジェンヌ」と知り、宝塚の歴史研究者である故・鄭鴻永氏が、著書で戦前の朝鮮人姉妹で宝塚音楽学校の生徒であった白雪子、白春子の「歌劇王国に咲いた朝鮮の二少女」（『大阪毎日　一九二六年九月九日』）を紹介していたのを思い出し、これは調べておかねばと思ったのが、本稿執筆の動機の一つであった。

話を戻すが、常に三〇〇〇人もの観客を劇場に集めるのは大変である。特に宝塚少女歌劇団が客としている「大衆」は、その殆どが労働者とその家族であった。大衆は流され易い一方で、シビアでもある。何しろカネを持っていないから、安くてもつまらなければそっぽを向く。逆に優れた作品でも、値が張ると足を遠のかせる。また子どもをターゲットにすると大人が楽しめず、低俗で淫猥な内容だと女性に避けられる。歌劇団の脚本家や振付師たちは、そのギリギリのラインを探って客集めしなければならなかった。そんなプレッシャーに耐え得る指導者を小林一三は探し、抜擢し、育てていたのである。

その土壌の一つが、先述した石井漠や岸田辰彌などの帝国劇場に集まった演劇人であった。そして、彼らの多くがプロレタリア演劇の担い手でもあった。

宝塚少女歌劇団もその影響を受けていく。

次幕では、プロレタリア演劇運動について語ってみたい。

第三幕　主義者の群像

宝塚少女歌劇団で作曲家として活躍した須藤五郎は、共産党のシンパ（主に資金援助者を指す）であった。一九三〇年二月に検挙され、五年の執行猶予がつき、辞職を申し出た須藤を小林一三はこう引き留めた。

「須藤くん、僕は、君の考えが正しいか、自分の考えが正しいか分からないが、とにかく二度と投獄されるようなことだけはやめてくれないか、そうしてもう一度これまで通り仕事をしてくれないか」

と話した。こんな風に諭されて、心が動かぬ人間はいない。小林はその後、密かに須藤をドイツに留学させている。それほど優秀な人材であった。二〇一四年、宝塚歌劇団の百周年記念公演を飾ったのは、須藤が作曲した「花詩集」であった。

東洋音楽学校（現在の東京音楽大学）で教鞭を執っていた須藤五郎が共産党のシンパになったのは、在学中から親しかったソプラノ歌手・関鑑子《せきあきこ》の影響だった。関は、築地小劇場の第一期生で共産党員である小野宮吉《おのみやきち》と恋に落ち、結婚した。彼女は披露宴で「今の音楽がブルジョアに占領されているのを打開して、音楽の民主化運動に邁進したい」と宣言し、お祝いに駆けつけた人たちを驚かすほどプロレタリア芸術運動の闘士に変貌していた。関は一九二六年一〇月、無産者新聞社が主催した「無産者の夕」で革命歌を歌い、客席にいた多くの若者の魂を魅了したのである。影響を受けた若者は、須藤だけではなかった。

その二〇年後、一九四六年五月一九日。阪急・東宝グループの牙城・日比谷にほど近い皇居前広場で開催された戦後初のメーデーで、革命歌「インターナショナル」が流れた。一九二二年、プロレタリア同人誌『種蒔く人』を発行していた種蒔き社が、ロシア革命五周年を記念して大々的に歌おうと計画し、フランス語版を翻訳したのである。『種蒔く人』は、日本プロレタリア文化運動の生みの親になっただけでなく、朝鮮の進歩的な文学者たちにも大きな影響を及ぼしていった。しかし「インターナショナル」は、冒頭の歌詞「起て！」だけで臨席警官に中止を命じられている曲であった。このメーデーが、公式にインターナショナルを歌った最初の集会となり、その指揮者を務めたのが関鑑子であった。須藤五郎もまた一九五〇年、共産党から出馬し参議院議員を務めている。

―第6場　夜明け前―

●平民社の人脈

「……然れども文芸に関する趣味と智識と技巧と手腕に於いては、陶庵侯（西園寺公望）位ひの才子、早稲田伯（大隈重信）位ひの英雄は、我等平民中には沢山ソコラに転がり居れるを信ず……是れ明治の文芸が漸く富貴権勢の幇間たり、人爵門閥の奴隷たらんとするの兆しなれば也、俗化の門を開くものなれば也、堕落の第一歩なれば也、若し今の俳優文士にして上流貴族の玩弄娯楽たるをもって誇りとするに至らば、是れ往時徳川の奥女中に買われし河原乞食、吉原の大尽に奉仕せし戯作者と何の異なる所なければ也……」

（幸徳秋水「文芸上に於ける陶庵侯と早稲田伯」『中央公論』一九〇八年一月号）

早稲田大学の文学部講師で、新劇の創始者であった島村抱月らが「演劇の革新」を唱えて文芸協会を設立したのは、一九〇六年のことであった。会長に就任したのが大隈重信である。そして帝国劇場設立者の一人が西園寺公望であった。この二人の首相経験者に対し、幸徳秋水は「お前ら程度の文芸の才子・英雄は、平民ならそこら中にいるぞ」と皮肉ったのである。一方で芸能人にも刃を向け、「お偉いさんの幇間（タイコ持ち）となってブルジョアに贔屓にしてもらったからと自慢してるようじゃあ、徳川時代の大奥に買われた河原乞食と変わらねえ」と、厳しく批判したのであった。

幸徳秋水は思想家の中江兆民に弟子入りしたが、兆民は自由民権運動を推進するには芝居が有効であると気づき、秋水に脚本を書かせて壮士芝居を各地で上演していた。これが評判となって秋水は新聞記者となり、板垣退助の『自由新聞』『団団珍聞』、黒岩涙香が創刊した『萬朝報』へと渡り歩いて活躍していった。

一九〇三年、『萬朝報』が日露戦争の開戦論に転じたため、幸徳秋水は辞職して平民社を設立、『平民新聞』を発行して戦争反対と朝鮮の植民地化を批判する論陣を張った。平民社は、日比谷にほど近い有楽町に事務所を構えたが、この論文が掲載された頃、皇居のお堀端を挟んだ対岸で帝国劇場が建築中であった。

平民社は大阪でも創設された。創始者は幸徳秋水とともに大逆事件で処刑された森近運平であったが、中心メンバーの一人に高尾楓蔭《たかおふういん》がいた。高尾は大阪日報社が結成した「大阪お伽劇団」に加わり、これが関西における初期社会主義演劇運動の草分けとなったのである。高尾は、帝国劇場の向こうを張って神戸の財界人が総力を挙げて一九一三年に建てた聚楽館の女優養成所で主任教師を務めた後、産声を上げたばかりの宝塚少女歌劇団で振付師となった。第一回公演の「ドンブラコ」の振付担当者が高尾であった。宝塚少女歌劇団には、誕生時点ですでに社会主義者が関わっていたのである。その高尾の同僚が久松一聲《ひさまついっせい》であった。芝居は新派、歌舞伎、剣劇問わず何にでも通じ、日本舞踊の名手でもあった久松は、宝塚少女歌劇団の歴史に必ず登場する振付師であった。

話を幸徳秋水に戻すが、「我等平民中には沢山ソコラに転がり居れる」という、西園寺公望や大隈重信に対する皮肉は、決して誇張ではなかった。一〇代の秋水に影響を与えたのは板垣退助だったが、板垣は一八八二年にフランスに外遊し、小説家のヴィクトル・ユゴーと面会してその著作を数点日本に持ち帰っていたのである。それらが翻訳され、八〇年代半ばには日本で「ユゴーブーム」が沸き起こっていた。そして秋水が所属していた『萬朝報』は、代表作の『レ・ミゼラブル』を翻訳・連載していたのである。

『レ・ミゼラブル』の主人公・ジャンバルジャンは、貧困のためパンを盗んで投獄され、帰りを待っている甥っ子たちを心配して脱走して捕まり、一四年も囚われの身となった。脱獄で得た自由は僅か数時間であったにもかかわらず。一九世紀初頭、ナポレオンによる革命戦争が一〇年以上も続き、フランスでは労働力が不足していた。革命政府は、人々を僅かな罪でも投獄し、強制労働に従事させていたのである。このフランス革命の裏側を描いた翻訳小説は、日清、日露と戦争が続き、明治政府が国民に過酷な負担を強いて、北海道では囚人たちが強制労働をさせられていた時代にブームとなったのである。確かに『人形の家』やトルストイの『復活』などの社会派演劇も、帝国劇場で上演され評判を得ていた。が、それら外国の小説は、とうの昔に優れた知識人によって翻訳されており、それが明治政府に批判的な新聞・雑誌に掲載され、庶民は貪るように読んでいたのである。

読んでから観るか、観てから読むか。幸徳秋水の言う通り、「大隈、西園寺ごとき批評家」は平民にゴマンといた。

―第7場　熱い冬の時代に―

●青踏社と宝塚少女歌劇団

平民社は、当局の度重なる弾圧によって一九一〇年に解散に追い込まれた。幸徳秋水ら主だったメンバーは大逆事件で六月に逮捕され、翌年一月に死刑となった。組織とリーダーを失い、社会主義・無政府主義の運動は冬の時代を迎えた、と歴史の教科書は教える。が、組織が潰されリーダーが処刑されたからと言って、社会の不満が消えるわけではない。日本は、大正デモクラシーという「熱い冬の時代」を迎えるのである。

それは、政治や社会に口出すことを許されず、ひたすら良妻賢母であることを求められた、高学歴の女性たちから始まった。幸徳秋水の処刑から八か月後、平塚明子が「らいてう（雷鳥）」と名乗り、「原始女性は太陽であった」と巻頭言を書いて女性文芸月刊誌『青踏』を創刊したのである。「雷鳥」は、恋人の作家・森田草平と信州で心中未遂事件を起こして静養していたとき、雪山を飛ぶその姿に心を惹かれたのが由来だという。

帝国劇場が完成したのは、青踏社設立の半年前であった。その帝劇で上演されたのが『人形の家』であり、主人公のノラを人気絶頂の女優・松井須磨子が演じた。弁護士と結婚し、なに不自由無く暮らすノラだったが、ある事件を機に、実は人形のように可愛がられていただけだったと気づき、夫と子を捨てて家を出たのである。女性の自立と解放がテーマであるこの作品は、日本で最初の社会派演劇と評されている。

『青踏』は『人形の家』の特集を組み、「結婚して良妻賢母となることだけが女性の幸せではなく、三越の店員になってもいいんだ」などの主張で世間を騒然とさせたのである。平塚らいてうは「日本のノラ」と評されるようになる。

一九一四年、『青踏』に「女に私有財産が認められないのであれば、貞操より食物を優先させるのは当然だ」という、二一世紀の今でも物議を醸しそうな論文『生きることと貞操と』が掲載された。作者は、自身が青踏社員であるにもかかわらず、社に集う女性らを「良家のお嬢」と挑発する生田花世であった。が、その良家のお嬢の一人である安田皐月《やすださつき》が猛然と生田に挑みかかり、「貞操とは、少なくとも女の全般であるはずだ。決して決して決して部分ではない。私は、私を生かすために生きている」と反論したのである。世に言う「貞操論争」である。その安田の結婚相手が、東京音大出身の原田潤であった。原田潤は一九一六年、小林一三に招かれ宝塚少女歌劇団の音楽教師に就任し、作曲も手掛けるようになる。

高尾楓蔭《たかおふういん》といい原田潤といい、社会主義やフェミニズムの影響を受けた講師陣が、草創期の宝塚少女歌劇団を牽引していたのである。

●労働運動と劇団―平沢計七

ここで、日本のプロレタリア演劇運動の始まりについて触れておきたい。

新聞記者として活躍した幸徳秋水だが、彼はむしろ一九〇一年五月に結成され、即日活動を禁止された社会民主党の創立メンバーとしての名が高い。その秋水と共に名を連ねたのが、片山潜であった。片山は、日本最初の労働団体である労働組合期成会の創設者であった。

一八九九年二月、埼玉県の日本鉄道会社（現在のＪＲ）大宮工場で、待遇の改善を求めた労働者が解雇され、反発した機関士四〇〇名がストに突入した。労働組合期成会は応援に駆けつけ、演説だけではなく落語や講談を取り入れ、労働者が楽しみながら争議に参加するように工夫した。そして、おそらく労働運動史上初めてとなる演劇、解雇反対闘争を題材とした『国家の光職工錦』を上演したのである。

大宮争議は労働者側の勝利に終わったが、その現場に平沢という職工がいた。彼の息子である計七は、一三歳になると職工見習教養所に入り、父と同じく大宮の鉄道工員となった。計七は幼少期に父親とともに労働演劇を観てその影響でも受けたのであろうか、一〇代半ばには小説雑誌にペンネームで脚本を投稿するほどの芝居好きになっていた。徴兵後もその情熱は冷めやらず、脚本を書いては有名な作家や劇団に持ち込んでいた。内容は、「軍隊の生活を忌憚なく書いて、何処からか叱られさうなもの」だと言う。確かに台詞にも「軍隊なんて、まるで乞食だ。いや、それよか畜生に近いよ」などとあり、「何処からか叱られ」ても仕方のない内容であった。

軍役を終えた平沢計七は、再び職工生活に戻った。その頃は鈴木文治が提唱した労働者の親睦団体である友愛会の活動が活発な時期であり、各工場に支部が立ち上がっていた。友愛会は後に大日本労働総同盟という労働組合のナショナルセンターに成長するが、計七も江東支部に所属した。彼は持ち前の文章力を発揮し、友愛会の機関誌に帝国劇場で観た新劇『飯』の感想を投稿していた。内容は、現代の私たちが読んでも驚くべきものである。「金ぴかの帝劇は暗い貧乏を嘲笑っており、主人公の松井須磨子は確かに上手いが真実が無い」とバッサリ切って落とし、「(思想家は)『演劇者よ、巷に出でよ、実生活に触れろ』と言うが、それは間違っている、本来は『巷の人よ、芸術的自覚をせよ!』が正しい」と呼びかけた。計七は、エリートによる労働者への啓蒙活動を拒否し、労働者自らが芸術的な素養をもって社会に訴えなければならない、と主張したのである。友愛会の創始者・鈴木文治も東大出身であった。知識人による上から目線の指導を嫌った計七は、友愛会を脱退し、一九二〇年七月に東京亀戸で労働者による労働劇団を結成した。そして初演作『失業』を上演したのである。もちろんプロの劇団として、俳優税も納めながらである。これが日本初のプロレタリア劇団となった。

が、平沢計七は一九二三年に発生した関東大震災の二日後の九月三日、亀戸警察署に連行され、習志野連隊の兵士らに銃剣で刺され、虐殺されてしまった。亀戸事件である。死の直前、彼は「労働者万歳！」と叫んだという。

●伊藤家の人々と小山内薫

労働組合期成会の創設者である片山潜は、幸徳秋水らと知り合う前はキリスト教徒であった。二五歳でアメリカに留学し、社会奉仕活動を実地で学び、帰国後は東京で日本最初の隣保館となるキングスレー館を設立、社会改良事業を始めた。その片山と共にアメリカに留学したのが、伊藤為吉であった。彼は後年、銀座のシンボル・服部時計店のビルを設計したことで知られている。戦後の東宝映画「ゴジラ」では、ゴジラが時計塔をぶっ壊し、有楽町や日比谷周辺で暴れ回ったが、これは一帯を根城にしている阪急・東宝グループの宣伝映画であった。一九三二年のハリウッド映画「キングコング」と同様、完成間もないエンパイヤー・ステートビルによじ登らせて宣伝した手法を使ったのである。

話を戻すが、伊藤為吉の次男である伊藤鼎《かなえ》がキングスレー館で幼稚園を運営し、片山潜とは親密な間柄であった。鼎の弟である圀夫も、幼かった頃は片山の下に出入りしていた。そして伊藤家の長男が世界的なダンサーであった伊藤道郎である。伊藤道郎は一時期、演劇グループ「とりで社」に参加していたが、そのときに一緒だったのが宝塚少女歌劇団の振付師となる岸田辰彌であった。やがて伊藤圀夫も演劇の道を歩み、彼は一九二二年に小山内薫らが創設した築地小劇場の第一期研究生となったのである。

築地小劇場とは、「新劇の父」と評された小山内薫と、その助手で伯爵家出身の土方与志が創設した演劇活動の拠点である。大正演劇史上に燦然と輝く小山内薫は、高校時代に内村鑑三に師事し、キリスト教を信奉したという。そのきっかけが失恋して神に救いを求めたことと伝わっているから、さぞかし彼は繊細で、情熱的な性格だったのだろう。東大卒業後は雑誌を出版し、演劇批評などを盛んに掲載していた。そしてフランス留学時代にリアリズムを追求する自由劇場運動を知り、帰国後の一九〇九年に劇団「自由劇場」を設立したのである。

千田是也

小山内薫は、一九二〇年七月に前述した平沢計七の労働劇団の旗揚公演を観劇していた。平沢が軍役時代に自作の脚本を何度も持ち込みに行った先が、自由劇場の小山内であった。小山内が、一緒に観劇していた土方に「どうだい、面白いだろう」と語ったエピソードは有名である。自由劇場は、帝劇でも公演を成功させていたが、彼は自分がますますプチ・ブルジョアジーに傾倒していくのではないかと感じていた。このまま、幸徳秋水の言うタイコ持ちになるのか……「あと一〇年若かったらプロレタリア演劇の先頭に立っていた」という彼の想いと葛藤。その距離感を暗示する言葉が「どうだい、面白いだろう」であったと語り継がれている。

その小山内薫の下で演劇活動に励んでいたのが、早大で演劇青年となっていた伊藤圀夫であった。

一九二三年九月二日、つまり関東大震災の二日目の夜、國夫は不穏な噂を耳にした。「不逞鮮人が襲ってきたので軍が迎え撃っている」というのである。彼は興奮し、先祖伝来の短刀を持ち出して隣人とともに登山杖を握って警備についていた。しかし何も起きない。業を煮やして千駄ヶ谷駅近くの線路の土手に登ってみると、いくつもの提灯がこちらに近づいてきた。朝鮮人を追っているのだ!「よし、挟み撃ちにしてやろう」と勇んで彼も走り出したが、いきなり腰のあたりを殴られた。「センジンダア、センジンダア!」と、殴ったのは近所に住む白系ロシア人の商人だった。そして彼はぐるりと自警団に囲まれて小突き回され、棍棒を振りかざされながら「アイウエオを言ってみろ」と脅されたのである。もうダメだ、と思ったそのとき、近所に住む日曜学校の知り合いが國夫に気付き、彼は殺されずに済んだ。神の、いや片山潜のご加護であろうか。

最近公開された映画「福田村事件」にもある通り、朝鮮人と間違われて殺された日本人も多くいた。その中で國夫はまだ幸運だったと言えるだろう。が、そもそも彼も朝鮮人を殺そうとしていたのである。國夫は後に朝鮮人の襲撃云々はデマだと知って愕然となり、「あるいは私も加害者になっていたかも知れない。その自戒をこめて、センダ・コレヤ。つまり千駄ヶ谷のコレヤン(Korean)という芸名をつけた」と後年語っている。千田是也《せんだこれや》はその後、プロレタリア演劇界で巨大な痕跡を残していくのであった。

―第8場　盛と衰―

●檄文

読者諸氏には申し訳ないが、しばらくプロレタリア演劇運動の歴史を続けさせていただく。

一九二四年七月、モスクワでコミンテルン（国際共産主義運動、別名第三インターナショナル）の第五回大会が開かれ、その場で無産者階級著述家の会議が開催された。テーマは、世界各国において孤立して活動を続けている革命的著述家たちを結集し、それぞれの国で自分たちと同様の組織を作り、運動の第一歩として相互が通信連絡を取ることが必要だ、という内容であった。そして満場一致で採択されたのが、いわゆる「万国の革命的プロレタリア著述家に檄す」である。ちょうど日本では、プロレタリア文化運動が勃興しつつあった頃である。この檄文をプロレタリア文芸運動で橋渡し役を担っていた雑誌『文芸戦線（関東大震災で廃刊になった『種蒔く人』の後継雑誌）』が発表し、これまで細々と活動してきた日本のプロレタリア文化活動が大きく前進するきっかけを作った。

檄文を発した側、つまりコミンテルンもまた転換期を迎えていた。大会の半年前、ロシア革命を成功裏に導いたウラジミール・イリイチ・レーニンが死去し、「反革命戦争」と「革命の輸出」という体内的、対外的戦時状態がようやく終わろうとしていた。レーニンは、「プロレットクリト（プロレタリア芸術組織）のすべての組織が自分をまったく教育人民委員会の機関の補助機関として見、ソヴィエト政権およびロシア共産党の一般的指導のもとに、プロレタリア独裁の任務の一部分としての自分の任務を実現することを、それを無条件的に義務付ける（レーニン『プロレタリア文化について』）」と述べている。ブルジョアジーを絶滅し、人間による人間の搾取を無くすために、プロレタリア文化運動は階級闘争の精神によって貫かれた共産党の指導の下にあらねばならず、プロレットクリトが自治を云々するのは間違っている、と批判していたのである。檄文が発せられたのは、レーニンの強権が消え、次のスターリンが権力を掌握するまでの束の間のことであった。

日本のプロレタリア文化人たちは、この檄文に応えて一九二五年一〇月に発起人総会を開催し、一二月には東京の牛込矢来倶楽部で各派から八〇名以上（委任状出席者を含めると一〇〇名以上）が参加してプロレタリア文藝聯盟（プロ芸）を結成したのである。プロ芸は、綱領の第一で「黎明期における無産者階級闘争文化の樹立を期す」と掲げ、明確に階級闘争の一翼を担うことを使命としていた。

二一世紀の私たちから見れば、「果たしてプロレタリア文化人が一堂に会する必要があったのか？」と不思議に思うことがある。が、ロシア革命直後のこの時代、混乱がありつつも共産主義運動が国際的な盛り上がりを見せており、日本もまた不況の真っただ中で、労働運動が急速に発展していた。一方でプロレタリア文化人たちは、当局から著作物や脚本を伏字だらけにされ、発表も公演もできず、結果としてカネも集められないという悲惨な状況に陥っていた。そんな中でコミンテルンが「組織を作って相互に通信しよう」と呼び掛けてくれたのである。自分たちの活動は決して間違っていなかった、という自負心が沸き起こり、うまくいけば援助も……と期待を持ったのも当然であった。プロ芸に集った演劇人たちは、その結成直後から要請があれば練習もそこそこに道具を鞄に詰め込み、押っ取り刀で駆けつけて労働争議の応援を行っていた。その先頭に立っていたのが千田是也であった。

●攻防

が、当局がこれらの動きを黙って見ているはずはなかった。

これまでは、検閲を済ませた脚本であれば上演することに問題は無かった（社会的に影響が大きく、いきなり上演禁止を言い渡されることはあったが）。仮に舞台上で役者が不穏当な発言をしても、臨席警官の「中止！」のひと声でストップがかかり、関係者数名がしょっ引かれる程度で事は済んでいた。だが、プロ芸発足と同時期に成立・施行された治安維持法は、全く別次元の弾圧法であった。国体を変革し又は私有財産を否認することを目的に結社を組織したり、組織に加入し、あるいはカンパし、騒擾を協議しただけでも逮捕、ましてや実際に扇動し暴力を行使し、他人の身体や財産に危害を加えれば、なおさら重い罪を被せることができた。また法を執行する側（特別高等警察、検察など）がどうにでも解釈できる内容だった。

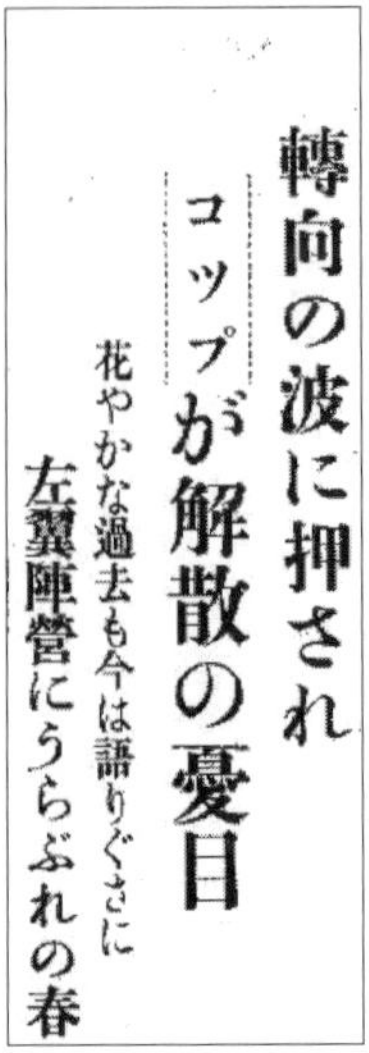
轉向の波に押され
コップが解散の憂目
花やかな過去も今は語りぐさに
左翼陣營にうらぶれの春

コップの解散を伝える記事の見出し（大阪朝日 1934 年 4 月 22 日）

治安維持法が本格的に運用されたのは、一九二八年三月のことである。その前月、日本で初めて二五歳以上の成年男子に選挙権が付与された普通選挙が行われたが、「天皇制打倒」を掲げる共産党は、存在そのものが国体の変革を目的とした非合法結社なので、選挙に参加できなかった。そのため、共産党が取った方法は統一戦線方式、今で言う選挙協力である。他の無産政党から一一名の共産党員を立候補させ、当選後は党内で徐々に実権を握って影響力を強めるという戦術であった。結局は全員落選したが、「当選者を出すためというより、宣伝活動の場として闘ったのだから、落ちて悔いなしというところ（立花隆著『日本共産党の研究』）」という評価が妥当であろう。共産党のビラも公然と社会に出回り、「日本にも遂に共産党が……」と喜んだ人々もいたという話である。

が、政府は無産者勢力の伸長に危機感を募らせていた。この選挙で与党の立憲政友会が野党第一党の民政党と僅か二議席差まで迫られた上、帝国議会では過半数を下回ったのである。しかも無産政党の議員八名がキャスティング・ボードを握っていた。治安当局は、選挙ビラを手掛かりに共産党のアジトを割り出し、全国単位で党員や活動家ら数千名を逮捕・連行したのである。歴史上名高い三・一五事件であった。

共産党への弾圧は、プロレタリア文化運動にも大きな影響を与えた。プロ芸は発足直後から路線を巡って論争が始まり、一九二八年ごろには労農芸術家聯盟（労芸）、前衛芸術家聯盟（前芸）の三つに分裂していた。各々が方向性を模索し、再統合に向け蠢動している矢先に三・一五事件が起きてしまった。三派のうち、プロ芸と前芸は三・一五から僅か一〇日後の三月二五日にプロレタリア芸術戦線の急速な統一を目指して全日本無産者芸術聯盟（ナップ）を結成したのである。

共産党は翌一九二九年四月一六日にも大弾圧を受けるが、その後も息を吹き返し、一九三〇年前後には非合法下で党の活動は最盛期を迎えた。共産党の動きと連動してナップの活動も大きく進展するが、今度は一九三一年九月に起きた満州事変により弾圧が一層厳しくなり、主要幹部らは治安維持法違反で次々と逮捕・投獄されてしまった。ナップは一九三一年一一月一二日に解散に追い込まれたが、僅か二週間後の一一月二七日、名称を日本プロレタリア文化連盟（コップ）に鞍替えして再出発を遂げたのである。見事な偽装転向であった。コップの活動は一九三二年に最盛期を迎えるが、その「顔」とも言えるプロレタリア小説家の小林多喜二が特高による拷問で虐殺され、その後も厳しい弾圧が続き、一九三四年四月、遂にその命脈は尽きてしまうのである。

このプロ芸結成からコップ解散まで、プロレタリア演劇運動の最前線で活躍していたのが、村山知義であった。

―第9場　新劇の巨人―

●村山知義登場！

明治の初、福島県中部の田村郡から、三浦義純という青年が青雲の志をもって上京した。実家は古着屋だったが、彼は苦学して医学を習得し、東京神田にあった病院の院長にまで上り詰めた。その彼に縁談話が持ち込まれた。相手は伯爵・有馬家に仕えていた奥女中の高村幸である。義純は「車夫と二人暮らしの身には釣り合わない」と断り続けていたものの遂に承諾し、気位の高い女性と結婚することになってしまった。幸は幼少時から「お金は汚いもの」と教え込まれ、生涯触ったことがなかったという。

結婚後、三浦義純は独立して医院「三春堂」を開業したが、夫婦には長男と娘二人の三人の子ができた。その名の通り幸は、家業にも家庭にも多福をもたらしてくれたのである。そして長女が医者と結婚し、娘婿が義純の後継者となった。次女・元子は、お茶の水女子高等師範学校で首席を続けるほどの秀才であった。負けず嫌いのガリ勉女学生だったらしい。その元子が、村山知二郎と結婚した。知二郎もまた代々仙台藩医という家柄の出で、帝国大学で医学を学んでいた。ボート部所属のスポーツマンであったが、結婚後に肺結核に冒されてしまう。元子の父である三浦義純は、軍に頼み込んで知二郎を形ばかりの海軍医にしてもらい、夫婦は空気の良い沼津に移り住んだ。何とか食っていけた。その知二郎と元子の間に生まれたのが、村山知義であった。

知二郎は知義が一〇歳の時に亡くなったが、裕福な医者の家系の親族から支援を受け、彼は開成中学、第一高等学校を経て東京帝国大学哲学科に合格することができた。「帝大の学士様」になって卒業後はようやく安泰、と母の元子が思っていたところ、いきなり知義は「ドイツに留学したい」と言い出したのである。その理由を彼は色々並べたが、要するに高校時代からの知人がヨーロッパに留学して、「負けられない」と思ったから、だった。負けず嫌いは母親譲り。ため息をつく元子。彼女は羽仁もと子が創業した婦人之友社の記者となって生計を立てていたが、息子の留学のため、また親戚中に頭を下げて金を工面しなければならなくなった。元子は息子に対し、留学体験記を毎月送ってその原稿料で生活費を工面するように婦人之友社と話をつけたから、と告げた。喜ぶ知義。が、結局彼は原稿を数回送っただけで約束を果たさなかった。後年村山知義が有名になっても、婦人之友社だけは彼に原稿を依頼しなかった、とか。

こうして母の絶大な援助を受け、村山知義がドイツ留学のため横浜港から船に乗ったのは、一九二一年一月のことであった。しかし、到着すると肝心の哲学はそっちのけ。当時のドイツは第一次世界大戦の敗北で痛手を被り、恐ろしいほどのインフレーションに苦しめられていた。そんなことも全く知らずに知義はドイツに来ていたが、暴落したマルクに対し円は強く、彼はそのおかげで経済的な余裕ができ、「(この年に)ベルリンで開かれた舞踊発表会で私の観なかったものはない」と豪語するほど劇場に通い、アトリエや絵画展に足を運んでは芸術三昧の日々を送ったのである。全部母がこしらえた金だが。

が、単に遊び惚けていたのではない。戦争で負傷した廃兵が街角でマッチを売る様子や、ストライキ中の労働者が兵士に撃ち殺される場面、豚のように太ったブルジョアが淫売婦と戯れる姿などを描いたドイツ絵画を見て、彼は「これまで社会の矛盾と出会いながら気づかなかった私が、芸術を通じて根本的な点に目を向けるようになった」という。舞踊も然り。テーマを決めて音楽を選択し踊るのではなく、「まず音楽に全く身を任せ、音楽から必然的に流れ出るような独創的なポーズと豊富な動きができるようなダンスができ、次に音楽を助け手としてダンサーの理念と感情と感覚が独創的に流れ出てこそ、真の舞踊芸術である」という、ドイツの「舞踊の神髄」を彼なりに摑み取っていた。

こうしてベルリンの地でヨーロッパの芸術に大いに感銘を受けた村山知義は、「学ぶべきものは学んでしまった」から、一刻も早く日本で美術の一流派を開きたい(要するに日本で目立ちたい)、と思い立って帰国したのである。

●MAVO(マヴォ)

母はあきれていた。ドイツから帰ってきたものの、東京帝国大学への復学を拒み、酒も煙草も飲むようになって、頭はボサボサの長髪。訳の分からない絵を描いて、果てはドイツで創った作品を自宅に並べて個展を開くと言い出す始末。が、蓋を開けてみれば個展は訪問者が絶えず、著名な美術評論家もやってきた。いつの間にか彼女は、お茶の配膳係をしていた。

個展の成功で自信をつけた村山知義は、一九二三年七月に前衛芸術集団「MAVO（マヴォ）」を立ち上げ、音楽、絵画、そして演劇の世界に強い影響を及ぼしていった。マヴォ結成から二か月後、関東大震災が起きる。震災直後の混乱もどうにか収まると、マヴォに仕事が舞い込むようになった。地震で古い建物が倒壊したということは、街が新しくなるということでもあった。アヴァンギャルド（前衛）で名を馳せたマヴォには、店の看板やショーウィンドウの作製、壁面装飾のみならず建物の設計までひっきりなしの問い合わせ。村山は、それこそペンキを肩に瓦礫の中を走り回ったのである。

その依頼の一つに劇場があった。一九二四年一〇月、小山内薫が創設した築地小劇場の舞台装置を任されたのである。「本当の家三軒分の予算」で創られた舞台が評判を呼び、これが村山知義を演劇にのめり込ませるきっかけになった。

斬新な舞台装置の照明を担当したのは、岩村和雄という劇団員であった。彼の家系もまた圧巻である。祖父は土佐出身で初代北海道長官の岩村通俊で、北海道の殖産と移住者増に尽力し、教科書に載るほどの政治家であった。が、読者諸氏の推察通り、岩村通俊は財界とも関係が深いというか、財界そのものの人物であった。従兄弟には、三菱財閥総帥・岩崎弥太郎に見込まれて日本鉄道株式会社（現在のＪＲ）の設立主任に抜擢された小野義眞がいた。もう一人の従兄弟が、板垣退助とともに行動した自由党の闘士・竹内綱である。自由党は明治政府から厳しい弾圧を受け、竹内は一八八七年に保安条例によって東京追放の身となり、横浜のシンパである吉田健三の家に身を寄せた。その縁であろう、吉田は竹内の子・茂を養子としたのである。その茂が後に外務官僚となり、戦後に首相となった吉田茂であった。

村山知義

竹内綱はやがて政治家となり、後に実業界に転じたが、一八九七年には朝鮮に赴き、当時設立されたばかりの京仁鉄道株式会社（ソウル—仁川間）と京釜鉄道株式会社（ソウル—釜山間）の役員に就任した。彼は自由党時代から培った剛腕で両社を統合し、朝鮮の大動脈となる鉄道を完成させ、日本の朝鮮支配を推し進めたのである。そして岩村通俊も一九〇一年、京釜鉄道株式会社の常務理事に就任した。つまり岩村通俊も竹内綱も、現在の韓国鉄道公社（KORAIL）の生みの親ということになる。

その岩村通俊の孫が岩村和雄であった。学習院時代から演劇や舞踊に関心を持ち、土方与志らの「ともだち座」に在学中から参加した。学習院中退後はアメリカで舞台照明と舞踊の修行に明け暮れ、帰国後に岩村舞踊研究所を立ち上げた。続いてドイツに留学した岩村は、小林一三に招かれて宝塚音楽学校の教授に就任したのである。彼の舞台と照明が一九三〇年代、宝塚少女歌劇団の黄金期を飾るのであった。どん帳を降ろさず、照明とカーテン、ロープのみで幕を暗転させ、舞踊、装置、照明を総合的に構成するというレビューは、この時期に岩村和雄と岸田辰彌の後継者である白井鐵造が完成させたのである。

岩村和雄は三〇歳の若さで病気のため夭折してしまうが、宝塚歌劇団のレビューの舞台装置を創った人物として、その名が関係者の胸に刻まれている。

●プロレタリア演劇への道

話を村山知義に戻す。

村山知義の母・元子は内村鑑三に師事した女性で、家計が苦しくても貧しい隣人に施しをしていたほどのキリスト教徒であった。その影響を受けた知義も社会的弱者に目を向け、プロレタリア演劇に傾倒していった、というのが後世の評である。彼はドイツ留学の際、途中で寄港した香港に上陸して映画館に入った。まだサイレント映画の時代である。たった三人のホンコン・オーケストラが、映像に合わせて楽器を演奏していた。映画が終わり、客席が明るくなるや否や、大きな音で再び楽器を鳴らし始めた。英国国歌である。すると三〇名ほどの中国人観客が一斉に起立して直立不動の姿勢を取った。が、当のイギリス人観客は座ったままである。「さすがに、政治的に無知蒙昧だった私も、初めて『植民地』なるものを膚で感じて、席を蹴って映画館を後にした」ほどの正義感。また同じくマレーシアのペナン島に寄港した際も、日本人と同じ顔、同じ皮膚の色の少年たちが船の周りに群がり、船上の外国人が海に投げ入れた小銭を沈まぬうちに拾っている光景を「そのバカにされている東洋の植民地人の姿を見て、またもや腹の底から憤りが湧いてきた」のが彼であった。航海中、村山は難しそうな本を読み、一緒に乗船してきたロシア人たちと仲良くしゃべっていたが、日本人の船員らに「お前は国旗掲揚の時も直立不動になっていない、日本人と交わらずロシア人とばかり吊るんでいる！」と難癖をつけられ、殴られそうになった。第一次世界大戦の戦勝国民としての驕りと昂ぶりと、国粋主義の日本人。村山に殴り掛かった日本人船員たちもまた、ペナンで群がる少年たちに対して他の外国人乗船客と一緒になって海に小銭を投げて遊んでいた。村山は「何かが狂っているのは確か」と厳しい眼差しを向けていた。

村山知義は、築地小劇場の舞台創りで知り合ったメンバーらとともに、一九二五年一二月に結成されたプロレタリア文藝聯盟（プロ芸）の美術部に加わり、資金集めのため街頭で似顔絵描きを行った。売上は八九円。色紙代を除いて全額寄付した。これが「プロレタリアートの闘いのために、私の芸術を役立てた最初の行為だった」という。そして村山は、無産者新聞社が一周年記念事業として一九二六年一〇月に開催した「無産者の夕」でも舞台装置を担当した。そのステージに、桃色の絹の服とリボンを身に着けて登場したのが、第三幕の冒頭で紹介したソプラノ歌手の関鑑子であった。彼女はドイツ民謡に日本語の歌詞をつけた労働歌「くるめくわだち」を歌ったが、これが村山にとって「その夜の出来事を永久、私の記憶から消えないもの」になった。彼女の歌で彼のその後の人生が決定したのである。一緒に聞いていた多くの若者もまた、同じであった。音楽は人を変える。

村山知義が選んだ道――それは哲学でも前衛美術でもなく、プロレタリア演劇の道であった。新劇の巨人、村山知義の誕生である。

●熱海での出来事

一九二八年三月一五日、共産党が大弾圧を受け、党員とそのシンパの集団であったプロ芸も被害を被った。村山知義は党員ではなかったが、「とにかく難を避けよう」と熱海に向かった。熱海で彼を匿ってくれたのは、前年に小説『伊豆の踊子』を大ヒットさせた気鋭の作家、川端康成である。『伊豆の踊子』は川端自身の体験小説であったが、彼もまた同人批評雑誌『文藝時代』の発起人でもあり、前衛芸術家やアナキストのたまり場で、国民的俳優の榎本健一《えのもとけんいち》が主宰していた浅草の劇団カジノ・フォーリーに出入りしていた文化人であった。その体験を元に書かれたのが『浅草紅団《あさくさくれないだん》』である。カジノ・フォーリーには、後に東宝文芸部の嘱託となり、戦後の宝塚歌劇団で多くの作品の脚本、演出を手掛けた菊田一夫もいた。川端康成は、プロレタリア文化人とは一線を画しつつも、広い意味での左派文芸人であった。そして危機が迫った村山たちを匿うほど、親しい間柄でもあった。

川端康成の家に泊まった二日目の夜のこと。近くで大きなトンネル工事が行われており、そこには朝鮮人労働者のための小料理屋があった。そこで食事を取った村山知義は、初めて「朝鮮服を着た娘さんというのもの」を見たのである。そして日本語をまだ知らない彼女から「アリラン」や「トラヂ」などの朝鮮民謡を聴いた。「村山知義と朝鮮」を語る際、誰もが引用するシーンであるが、筆者もその慣例に倣って彼の『演劇的自叙伝』の一部を紹介してみる。

「日本によって植民地にされ、日本人からひどい目に会わされ、ことにあの関東大震災であのような大虐殺を受けたこの人たちに対して、私は征服者の一人としての大きな罪悪感を感じ、何とかして特別の親愛の感じを表そうとした。そのことの中にはロマンティックな、しかも性的な吸着力すら感じたのであった……朝鮮という国とその人々に対する、私のその後の特別な愛着の心、関心のそもそもの始まりは、この時だったと思う……」

朝鮮料理の店があった熱海のトンネル工事と言えば、おそらく丹那トンネルのことであろう。一九一八年から始まったこの鉄道工事は、大幅に工期が遅れて一九三四年に完成したが、ここでも多くの朝鮮人労働者が犠牲となっている。

●中心人物として

三・一五事件の僅か一〇日後に、プロレタリア文化戦線の統一を目指して全日本無産者芸術連盟（ナップ）が結成されたことは前述したが、持ち前の反骨精神と数日間の熱海での朝鮮人娘との出会いが村山知義を掻き立てた。彼は単なる部員ではなく、今度はナップの中心人物となったのである。そしてナップの下、プロレタリア演劇は築地小劇場を発信基地として演劇界を席巻していった。小林多喜二の『蟹工船』が帝劇で上演され、中国の鉄道工事ストで軍閥が暴力団を雇って組合リーダーを虐殺した事件を扱った村山知義脚本の『暴力団記』や、東京・共同印刷の大争議を取り上げた『太陽のない街』など、歴史に残る作品が次々とヒットしていった。その中の一つが、ドイツ人作家エーリッヒ・マリア・レマルク原作の『西部戦線異状なし』であった。この脚本も村山知義が手掛けた。

第一次世界大戦下のドイツ。詩や戯曲を愛する一八歳のパウルは、志願兵となってフランスとの最前線に送り込まれた。毒ガス、突撃、スパイ、そしてパウルが銃撃されて死んでも「西部戦線異状なし」と流れる無線……前線の兵士の姿をリアルに描いたこの作品は、世界中で反響を呼んでいた。村山知義の脚本は、「軍隊モノだから」という理由で、警察ではなく憲兵隊によってズタズタに検閲され、稽古で集まっても無断集会だと取り締まられる始末だった。それでも何とか上演にこぎつけ、会場は連日満席となったのである。

そのレマルクの原作を「丸木砂土《まるきさど》」のペンネームで翻訳したのが、三菱合資会社に勤務していた秦《はた》豊吉《とよきち》であった。秦は、マルキ・ド・サドをもじったペンネームの如く、一九二〇年代終盤から三〇年代初めにかけてのエロ・グロ・ナンセンスの時代に活躍した性の文学者であった。彼は翻訳した『西部戦線異状なし』がベストセラーとなった後に三菱商事を退職し、東宝に転職した。ちょうどその頃、有楽町に四〇〇〇人収容の日本劇場が完成していたが、わずか二年で経営難に陥ってしまい、東宝に吸収されていた。その日劇で秦はダンシングチームを育て上げるのである。日劇ダンシングチームは、戦時下に『レビュー春香伝』を上演している。

戦後になった一九四七年。まだまだ性風俗に対してお上の目が厳しい時代、秦豊吉は東宝傘下の帝国座でステージに額縁を備え付け、「名画複製」と銘打ってその中に半裸の女性を立たせる額縁ショーを開催した。「これは絵です」の司会で幕が開いた、日本初のストリップショーである。観客は定員の五倍の二〇〇〇人という大入り。そのストリップショーの産みの親である秦が、一九五〇年に上流階級が集う帝国劇場の社長に就任したのだ。東宝は何とオモシロイ会社なのだろう。

ともかく、『暴力団記』や『西部戦線異状なし』などのヒットのおかげで、プロレタリア演劇運動の興業収益はこれまでとは比較にならないほど大きくなった。そして村山知義は、彼の収入の半分を共産党にカンパしていたのである。が、今度は容赦無し。治安維持法が村山に牙を剝いた。彼は一九三〇年五月に逮捕され、六か月間投獄されてしまうのである。

●転向と新劇団結成

警察での拘留中、自分がカンパしたカネの流れが詳細に記してあった警察のメモを見せられ、「誰かが自供したか、スパイがいる」と動揺し、ガックリした村山知義。が、その程度のことで彼の正義感は揺るがなかった。出所するや否や、再び演劇活動に邁進し、貧しい少女がプロレタリアートの現実に触れるまでの過程を描いた『志村夏江』を世に出したのである。彼はもはやシンパではなく、「モノホン」の共産党員となっていた。

プロレタリア文化運動は、既にナップがコップ（日本プロレタリア文化連盟）に鞍替えしており、村山知義は傘下団体である日本プロレタリア演劇同盟（プロット）の中央執行委員長に就任した。そのため彼は、共産党員として一九三二年四月に再逮捕されてしまったのである。

村山知義は、「マルクス主義は正しいと思うので社会主義的芸術運動は続けるが、政治活動はしない」と転向を宣言し、一九三三年一二月に出所した。貧乏性とでも言うべきか、溢れ出る創作意欲を監獄で腐らせてしまうのは、彼にとって拷問でしかなかった。転向は、芸術活動再開のために耐え切れずのことであった、と弁明している。が、転向は彼に限ったことではなかった。村山に先立つ半年前、共産党のリーダー格であった佐野学や鍋山貞親が、獄中から転向を表明し、他の党員たちも次々と転向していたのである。「左翼」や「プロレタリア」などの名を冠した文化団体も、一九三四年までにほぼ解散に追い込まれていた。共産党に至っては、スパイとリンチで内部から崩れ、この年までに事実上壊滅していた。

村山知義は、出所すると声明通り「政治活動はしないが芸術活動は続けて」いった。それが社会主義的演劇でも食っていける新たな劇団、新協劇団の創設である。彼は、小林多喜二が「ブルジョワ的」と評した島崎藤村のベストセラー小説『夜明け前』や、新選組など大衆に人気のある明治維新後の歴史モノを題材として取り上げた。土方歳三などの歴史の敗者をクローズアップさせ、社会矛盾や理不尽な世の中を訴えていったのである。

その村山知義と新協劇団の集大成ともいうべき作品が、春香伝であった。そこには、プロレタリア演劇運動を通じて村山と交流を深めた朝鮮人が、数多く関わっていたのである。

第四幕　春香伝から淑香伝へ

「女の子ばっかりの劇を見に行こうか」

まだ五歳で幼稚園児だった香村菊雄は、叔母の咲《さき》にこう誘われた。叔母と言ってもまだ一〇代、「咲姉ちゃん」と呼んでいたらしい。聞けばこの度、摂津小浜村の宝塚というところに新しくできた温泉で、婚礼博覧会が開かれているという。つまり咲姉ちゃんの嫁入り道具を見に行くのが目的だ。当時の温泉は男の遊び場か「連れ込み」だったが、宝塚は女性や子ども向けのイベントで家族連れが楽しめる温泉場だった。けれど、いくら鉄道が通ったとはいえ、おさげ髪の取れない娘が一人で電車になぞ乗れない時代でもあった。博覧会の余興で少女歌劇が上演されているから、それを口実に菊雄は腰巾着として咲姉ちゃんに連れていかれたのである。

梅田まで出て、箕有に乗って、淀川を渡ると十三駅。周辺は畑で、電車は走っても走っても田園風景とわらぶき農家。しかし商家で育った船場っ子の菊雄にはそれが珍しく、靴を脱いで車窓にかぶりついていた。宝塚駅に到着して、かつて武庫川の堤防だった並木道（現在の花の道）を歩いていると、突然アラビアンナイトのような建物が見えてきた。パラダイス劇場である。やがてカランカランという鈴の音と「少女歌劇がはじまりまっせ〜」という呼び声が館内に響き渡ると、客たちは一斉に走り出した。咲姉ちゃんも菊雄も負けじと走り、観客席へなだれ込んだ。博覧会と温泉の余興だから夕ダ。関西人にとって、まことに響きが良い。始まったのは「ドンブラコ」、桃太郎！「幼稚園で教えてもらったやつだ、知ってる！」

菊雄はたちまち宝塚少女歌劇団の虜になってしまった。推しは何と言っても主演を演じた高峰妙子。

大正三年（一九一四年）四月、宝塚少女歌劇団の第一回公演のことであった。

その二〇数年後、香村菊雄は宝塚少女歌劇団の脚本家となった。彼が幼い頃に憧れた高峰妙子は、音楽教師となって生徒たちに声楽を教えていた。その彼が、劇団初の朝鮮モノ、淑香伝の脚本を手掛けていくことになるのである。

―第10場　広汎な大衆を相手に―

●新協劇団の誕生

一九三三年末、「政治的活動はしないが社会主義的芸術活動は続ける」と宣言して釈放された村山知義。家族や身辺の整理を終えて、活動を再開したのは翌年の四月ごろからである。偽装とは言え転向した自分が、これまでのように演劇運動のリーダーになる資格は無い、小説でも書こう……としたが、そんなに大人しい村山ではなかった。検挙され自分が抜けた後の劇団の公演を観て、これじゃあいけない、ダメだ、と昔の仲間と大ゲンカしてしまったのである。そして村山は、優秀な演劇人によって進歩的で観客に追随せず、かつ演出上に統一性のある新劇を目指す、とぶち上げた。端的に言えば「優秀で進歩的な演劇人よ、村山の旗の下に集まれ」と呼び掛けたのである。しかも優秀か否かは、村山が決めるという。かつての仲間たちは反発した。村山逮捕後、リーダー不在になりながらもズタボロになって演劇活動を続け、左翼的な名称も右寄りに「中央劇場」と改称してまで頑張ってきたのだ。ブタ箱に入る前は革命だ何だとかで散々煽って引っかき回したくせに、何を今さら転向者が偉そうに……といった具合である。それでも一九三四年九月、村山の下に約三〇名が集結し、新協劇団が誕生したのであった。

村山知義は、大同団結を提唱する中で「卑俗的でなく、反動的でもなく、芸術的に良心的なものの中に何らかの意味において進歩的な点を見出し、それを強調し生かすように努めるべき」と語り、「我々の演劇は、勤労大衆及びインテリゲンチャの広汎な大衆を観客として吸収しなければならぬ（『演劇論』）」と論じた。広汎な大衆。この数年前、コップが「あらゆる特権を有するインテリゲンチャと、有しない労働者を（大衆として）平等に扱ったことはブルジョワ的平等であり、間違っていた」と総括したのとは正反対の「大衆」の捉え方であった。村山は、アジプロ（アジテーションとプロパガンダ、宣伝と扇動）臭の強い演劇で労働者を啓蒙するのではなく、大衆の現場の中から進歩的なものを見出すことを提唱したのである。

●東宝の誕生

だが、村山知義の言う「卑俗的にならず、芸術的で良心的な演劇」も、「広汎な大衆相手の良心的な演劇」も、既に一九一〇年代から実践されていたことであった。図式化は避けたいところではあるが、「芸術的で良心的な演劇」は、『人形の家』や『どん底』などで社会派演劇として帝国劇場や各地で上演されており、「広汎な大衆相手」は、何と言っても宝塚少女歌劇団であった。

一九三〇年代、岸田辰彌、白井鐵造が持ち込んだレビューにより、宝塚少女歌劇団は一段と飛躍の時期を迎えていた。何しろ劇場も劇団員も、さらにはオーケストラも自前で持っている劇団など一つも無かったし、二一世紀の現在もタカラヅカしかない。が、それは宝塚の地から離れられない、ということでもある。ファンたちは今も愛情を込めて宝塚を「聖地」とか「ムラ」と呼んで特別に扱っているが、全国からはるばる大劇場に来られても、客を捌き切れないのである。

その頃、日比谷交差点の近く、帝国ホテルの隣にあった東京電燈（現在の東京電力）の倉庫用地が売りに出た。当時、東京電燈の重役であった小林一三は即座にこれを買った。そこを東京の宝塚少女歌劇団の常設公演劇場にするためである。東京宝塚劇場、現在の東宝の誕生である。こけら落としは一九三四年九月一日。新協劇団の結成とほぼ同時であった。

●新協と東宝の接近

新協劇団は、さすが前衛芸術家・村山知義の主宰らしく、斬新な取り組みを数多く行ったが、その最初が映画とのコラボであった。劇団結成の翌月にはトーキー制作会社のPCL（ピクチャー・ケミカル・ラボラトリー）と契約している。PCLは、まだサイレント映画全盛の時代、山梨県出身の植村泰二らが録音を請け負う会社を発足させ、やがて自社で映画制作を手掛けるようになった。泰二の兄が、戦後に経団連の会長となった植村甲午郎である。

PCLは、京都で時計製造や映画撮影機の輸入などを扱っていた大沢商会が設立したJ.O.スタジオとともに、本格的なトーキー映画を制作していた。そのJ.O.スタジオの撮影技術所に所属していたのが圓谷一、戦後、「ゴジラ」を撮る円谷英二であった。そして一九三七年八月、東宝傘下の東宝映画配給株式会社、PCL、J.O.スタジオが合併して東宝映画株式会社となり、一九四三年には東京宝塚劇場との合併を果たして東宝株式会社となったのである。

前述したように、新協劇団はPCLと早々に業務契約を結んで関係を築いていた。そして小林一三は東宝劇場を宝塚少女歌劇団だけでなく歌舞伎や新劇、バラエティーなどを総合的に上演して、低所得の大衆が演芸を気軽に楽しめるアミューズメントセンターにしようと構想していた。ここに、「芸術的で良心的な演劇」と「広汎な大衆相手」を掲げる村山知義と利害が一致したのである。

東宝の雑誌『東宝』の一九三七年一月号には、プロレタリア劇作家の久保栄、『種蒔く人』の創刊者の一人である金子洋史、村山知義、千田是也らの論文が掲載され、各々が新劇の大衆化や現代大衆劇について語っている。思想的には断固たる保守主義者の小林一三が、逮捕歴のある村山を含めてこれらプロレタリア演劇人を自陣営のブルジョワ雑誌に登場させたのである。これが、興業界で頂点に立つためには優秀な人材なら思想は右でも左でも構わないという小林のプラグマティズムなのか、若い頃の破天荒に自己を重ねて彼らに共感したのか、その判断は難しい。

ともかくこの新協劇団と阪急・東宝グループの接近が、日本における春香伝と淑香伝の上演につながっていくのである。

そこには、朝鮮人のプロレタリア演劇活動家たちの姿があった。

―第11場　カップとコップ―

●朝鮮プロレタリア芸術家同盟の発足

話が色々と飛んで申し訳ないが、ここで朝鮮の状況について説明しておきたいと思う。

一九二五年八月一五日、ソウルで火曜会、北風会などによる思想大講演会が開催された。火曜会は一九二三年に結成された新思想研究会が名称を変更した団体で、参加者の一人が後に南朝鮮労働党の指導者となる朴憲永《パクコニョン》であった。「新思想」とは、共産主義を指す。そして北風会は、日本留学中に日本社会主義同盟に参加して堺利彦や山川均らと交流を持ち、朝鮮で共産主義運動のリーダーとなった金若水《キムヤクス》が結成した団体である。思想大講演会開催の四か月前にはソウルで火曜会、北風会を母体とする朝鮮共産党が結成されていた。金若水は人事部の責任者、朴憲永は傘下団体である高麗共産青年会の責任秘書であったというから、講演会は事実上、朝鮮共産党の主催であった。

講演会のゲストスピーカーは、片山潜が創設した労働組合期成会の機関誌『労働通信』の女性記者としてスタートし、平塚らいてうと共に日本初の婦人団体である新婦人協会を立ち上げた女性運動家の奥むめを。そしてもう一人が、小説家の中西伊之助であった。

私生児として出生した中西伊之助は、苦学を重ねながら大学に進学し、新聞配達夫、機関車の掃除夫、南満州鉄道の社員など、職を転々としながら労働運動にも関わっていた。一九〇九年、韓国併合前の朝鮮に渡った彼は、平壌日日新聞の記者となり、寺内正毅の武断統治を厳しく批判する記事を執拗に掲載していた。一九二二年、中西は初の長編小説『赭《あかつち》に芽《め》ぐむもの』を発表した。日本による土地収奪に抵抗することもできず、身を崩して無力に没落していく朝鮮農民と、藤田組による朝鮮人炭鉱労働者の虐待を記事に書いて厳しく批判し、監獄送りとなった中西自身の体験を重ね合わせた小説である。

この作品は、朝鮮人の間でも評判を呼んだ。中西伊之助の小説を読み、「自分は、朝鮮人でありながら朝鮮の現実を日本人よりも正確に把握していないこと」に気づき、「自国民を見る目が日本人よりも確かでないとは恥ずべき」と感じたのが、若き日の金基鎮《キム・キジン》であった。

一九〇三年六月、忠清北道清原郡で郡守の次男という比較的裕福な家庭に生まれた金基鎮は、ソウルの培材高等普通学校在学中に三・一独立運動に参加して逮捕され、三日間拘留された。学校は再開されていたが、卒業間際に見切りをつけて早稲田大学に留学した。彼はかねてから同胞の貧困を無くすためには朝鮮の工業化が不可欠だと感じており、日本でその見聞を広めたい、と考えていたのである。が、もともと高校在学中から詩の同人誌を発行するほど文学的指向が強い金は、兄や友人らと相

赭土に芽ぐむもの

談の末、文学の道を選んだ。昼は大学に通いながら夜はフランス語とドイツ語を学び、日本以外の先進国の文学を原語で読んで自ら徹底して咀嚼した。そんな折に雑誌『改造』に掲載されていた中西伊之助の一連の作品群と出会い、衝撃を受けたのである。またプロレタリア同人誌『種蒔く人』のメンバーともこの頃に接し、フランスの最新思想に関心を持って、ますますプロレタリア文学にのめり込んでいった。

留学中の金基鎮の下宿先は、熊本利平が朝鮮苦学生のために建てた寄宿舎だった。熊本利平は、九州から中部地方にまたがって電力を供給していた東邦電力の副社長・松永安左エ門の義弟であり、その人脈を生かして朝鮮で巨大な農場を経営して成功を収めた人物である。金基鎮は、寄宿舎で毎週土曜日に詩の朗読会や絵画鑑賞会と称する「酒飲み会」を開催していた。その頃、東京の朝鮮人留学生と労働者の同友会が、会館設立のための巡回公演を朝鮮各地で行い、大成功を収めていた。酒飲み会のメンバーも同友会の活動に刺激を受け、明治大生の朴勝喜が「大衆の中に食い込んで大衆を目覚めさせるには、演劇が最も効果的だ」と熱弁し、一気に劇団結成へと進んだのである。一九二二年一〇月、「現実（土）に足を踏んで立ち、理想は明月のように」という意味を込め、劇団名を「土月会」と名付けたのは金基鎮である。こうして、韓国近代演劇史に金字塔を打ち立てた土月会が誕生したのであった。

猛稽古を積んだ土月会は、数々のトラブルに遭遇しながらもソウルでの公演を成功させた。しかし金基鎮は土月会を脱退し、かねてからの目的であった文学活動に専念する道を歩んでいく。「文学思想が現実から逃避するものでない以上、人間尊厳と自由・正義・真実を追求して、その実現のためにペンで戦うのが文筆家の理想的な任務」とは彼の言葉である。金は日本への留学中、大日本労働総同盟の政治部長である麻生久と親交を持ち、「朝鮮をいつまで（プロレタリア文芸運動の）未開拓の地として放っておくのか」と問われ、演劇ではなく文学をもって朝鮮で種蒔く人になろう、と決意したのである。

土月会は、金基鎮が抜けた後、朴勝喜が座長に就任した。初代駐米朝鮮公使であり、総理大臣となった朴定陽の三男として生を受けた彼は、以後一九二〇年代から三〇年代にかけて朝鮮の演劇界をリードしていくことになるのである。

金基鎮は朝鮮に帰国した後、仲間ともにサークルを作り文芸活動に励み、思想大講演会の主催者の一人となって中西伊之助を招聘したのである。一日目、中西は春香伝について語ったが、二日目は右翼団体の日本国粋会朝鮮支部による妨害で中止に追い込まれてしまった。しかし、この中止がきっかけとなって朝鮮のプロレタリア小説家たちが集い、朝鮮プロレタリア藝術家同盟（カップ）が一九二五年八月二三日に創立されたのである。

そしてカップは、日本にも支部を結成した。

●一国一党の原則

朝鮮プロレタリア藝術家同盟（カップ）と日本プロレタリア文化連盟（コップ）の関係を語るには、

どうしても当時のコミンテルンに触れなければならない。が、詳細を述べる余裕は無いため、読者諸氏には専門書を読んでいただければと思う。乱暴ではあるが、ここでは筆者が教科書にしている立花隆氏の『日本共産党の研究』で得た「解釈」でご勘弁願いたい。

思想大講演会を開催し、ソウルのど真ん中で公然と活動を始めた朝鮮共産党であったが、厳しい弾圧を受けて一九二八年七月に壊滅してしまった。ちょうどそのとき、第六回大会を開催していたコミンテルンは、朝鮮共産党の承認を取り消してしまったのである。各国の共産党は、国内で組織を立ち上げ、コミンテルンつまりロシア共産党のお墨付きを得て正式に認められるという仕組みになっていた。ロシア共産党から承認を得るためには、厳しい要件を満たさなければならない。よく言われる「ロシア共産党〇〇国支店」である。続く同一二月、コミンテルンの朝鮮委員会は「朝鮮革命農民及び労働者の任務に関する決議（一二月テーゼ）」を発表した。簡単に説明すると、朝鮮共産党はこれまでインテリだけの集まりで、派閥争いに明け暮れてスパイの潜入を許してしまったから、今後は労働者農民を獲得して共産党を再建し、階級闘争に邁進しなければならない、という内容であった。しかしその一方、コミンテルンは先の第六回大会で既に「一国一党の原則」を採択していたのである。

コミンテルンは、一九二〇年の第二回大会で「民族問題と植民地問題に関するテーゼ」を採択し、国境を跨いで世界中の労働者から搾取するブルジョワジーを絶滅するためには、世界各国の共産党が労働者の先頭に立って革命を起こさなければならず、植民地と化し圧迫を受けている諸民族も支援しなければならない、と決議した。ロシア革命は世界革命の第一歩であり、欧米先進国のみならず、遅れた社会の植民地も解放されなければならないと訴えていた。いわゆる「世界革命論」である。抑圧されている民族のリーダーたちはこの呼びかけに奮い立ち、朝鮮でも共産党が結成された。しかし、一九二〇年代を通じてこのテーゼはズルズルと後退し、「社会主義革命は世界中で起こらずとも、一国でも可能」という「一国社会主義論」がコミンテルンを支配していった。「一国」となると、圧迫民族と被圧迫民族、例えば日本人と朝鮮人という民族対立ではなく、その国の「王侯貴族やブルジョワジー vs.労働者」という階級問題に変化する。更に朝鮮は日本の植民地だから日本国内であり、そこには日本共産党があるから朝鮮共産党は解党して合流せよ、ということになる。銀行で言えば、支店の統廃合である。ムダを省いて業務の効率化を図ろうとしたのだ。その一方で、もし朝鮮人が自力で客（つまり労働者農民）を集めることができたら、また支店を認めてあげましょうというのが「一二月テーゼ」であった。

コミンテルンについて今も研究が続けられており、筆者の「解釈」も正確とは思っていないが、一国社会主義論も一国一党の原則も、かなり乱暴な理屈であることは間違いない。

それにしても、今日から見て異常なのはコミンテルン、つまりロシア共産党の権威である。この乱暴な理屈に、当時の共産主義者たちは従ったのだ。これは、どの国の王もひれ伏した中世ヨーロッパのローマ教皇の権威でも想像すればよいのであろうか。一国社会主義を唱えたヨシフ・ジュガシビリ・スターリンの時代、世界革命を主張した者は「トロツキスト」とされ、政治的なライバルは「異端」や「背教者」「教条主義」「修正主義」など、宗教と同じ用語でありとあらゆるレッテルを貼られ、粛清されていった。「民族問題」など、口にすることさえできなくなっていたのである。

この一国一党の原則は、当時の朝鮮の労働運動団体やプロレタリア文化運動にも計り知れない影響を与えた。一九二五年二月に結成された在日朝鮮人労働運動のナショナルセンターである在日本朝鮮労働総同盟は、左派が徐々に影響力を強め、一九三〇年に解散して日本共産党指導下にある日本労働組合全国協議会（全協）に合流することを決めた。そして今後は、朝鮮人労働組合員は全協朝鮮人委員会により「共産党指導の下、朝鮮の独立のために天皇制を打倒しなければならない」という方針に従わされることになったのである。つまり、朝鮮人であるが故に賃金で差別され解雇されているにもかかわらず、民族問題を後回しにして、まず天皇制打倒のための実行部隊になれ、と指導されたのである。当時の在日朝鮮人労働運動のリーダーたちは、相当混乱したであろう。

一方、朝鮮プロレタリア藝術家同盟（カップ）はどうであったか。

●カップ東京支部

カップもまた、総督府の弾圧に次ぐ弾圧により細々とした文学運動を除いて朝鮮国内で殆ど活動できない状態だった。が、カップは比較的自由な空間を保つことのできる日本にも支部を作っており（一九二七年）、その中心人物が李北満《イ・ブンマン》であった。李北満は一九二八年一一月、昭和天皇即位の御大典で治安上の理由から朝鮮に強制帰還させられた際、親友のプロレタリア詩人・中野重治に「李よ、さようなら」と詠われた人物である（『雨の降る品川駅』）。そしてカップ東京支部の機関誌『芸術運動』の編集者は、東京帝国大学の学生運動団体である新人会出身の金斗鎔《キム・ドゥヨン》であった。金斗鎔は、先述した在日本朝鮮労働総同盟の解散と全協への合流に中心的な役割を果たした人物であった。

当時の状況をカップ東京支部の側から眺めると、朝鮮の本部は相次ぐ弾圧で壊滅状態にある一方、日本のプロレタリア文化運動は共産党指導の下で大きく前進していた。そこにコミンテルンによる朝鮮共産党の承認取り消しと一国一党の原則が重なったのである。こうしてカップ東京支部もまた一九三二年二月に日本のコップに合流することを決定し、カップ東京支部のメンバーはコップ朝鮮委員会の指導を受けるようになるのである。中心は金斗鎔。しかし、それはあくまでも「組織の話」であった。コップ朝鮮委員会の指導力がこの時期、どの程度だったのかは今後の研究テーマであろう。

そしてこのコップの時代、朝鮮人の演劇活動家らが日本近代演劇史の表舞台に急浮上してきたのである。

●日本のプロレタリア劇団で活躍する朝鮮人

最初に、コップ傘下の日本人主体のプロレタリア劇団で活躍した朝鮮人を紹介する。

村山知義は、二度目の逮捕の直前の一九三二年一月、築地小劇場で「赤色バラエティー全一四景」を上演した。その一一番目の演目「泥棒」は朝鮮語劇で、李春男、金鳳鐘の二人の朝鮮人俳優が出演している。朝鮮語劇ということは、脚本や翻訳を朝鮮人が手掛け、観客に朝鮮人がいたということである。この作品は、果樹園で盗みを働いた失業中の朝鮮人が、日本人の農民に問い詰められて「確かに俺は梨を盗んだが、お前たちに国を盗まれて土地を取り上げられ、イジメられてクビを切られたんだ」と逆ギレし、最後に農民は梨を食べるように勧め、貧乏人同士仲間だ、チャンチャン、といった内容の寸劇であった。村山は、この頃から朝鮮人俳優を積極的に登場させていた。

村山が逮捕されてしまうと、今度は入れ替わるようにその前年末にドイツから帰国した千田是也がプロレタリア演劇運動を牽引していった。千田はかつて移動劇団を結成して各地を飛び回った経験を生かし、すぐさま移動演劇集団であるプロレタリア演芸団に参加、名称をメザマシ隊に改称して小公演や屋外集会を開き、労働争議の現場や朝鮮人集落などで巡回公演を行った。隊名の由来は、妻のイルマがドイツで所属していた劇団「赤いめざまし」から取ったという。メザマシ隊は青いユニフォームで統一され、千田の指導で演技は格段に向上し、人気を博した。在日朝鮮人運動史の研究者である外村大氏は、『二〇世紀前半の日本の演劇と朝鮮・朝鮮人』で、メザマシ隊のステージには朝鮮人の俳優が登場し、日本人俳優とともに朝鮮語でアリランを歌い、朝鮮人集落の慰安会では、観客がお返しにアリランを合唱したというエピソードを紹介している。その他の日本人主体のプロレタリア劇団にも朝鮮人が所属しており、また、唯一生き残った朝鮮語劇団である三一劇場とも活発な交流があったものと推測される。一国一党の原則のため、民族問題より階級闘争を優先させなければならなかった時代でも、日本のプロレタリア劇団は朝鮮人や朝鮮語をおろそかにしていなかったのである。

●三一劇場

日本当局の厳しい弾圧とコミンテルンの方針により、風前の灯となった朝鮮人主体のプロレタリア劇団。だが、彼らはなおも命脈を保ち、しぶとく活動を続けていった。

留学生の多い東京は、朝鮮人の演劇運動が最も活発な地域であった。そこでは朝鮮語劇団、東京朝鮮プロレタリア演劇研究聯、東京朝鮮語劇団など、一回限りしか公演できなかった劇団も含めて多くの朝鮮人主体の劇団が存在していた。それらの中で、東京朝鮮語劇団がコップの構成団体である日本プロレタリア演劇同盟（プロット）に加盟し、一九三二年一二月に三一劇団（三一劇場とも）と改称して発展していった。そして「鮮人の文化運動の領域に於ける行動は最近頓に進出し来れるは注目を要すべきものあり」と特高に記録されるほど、活発な活動を展開したのである。当時のプロットの中央執行委員長が、村山知義であった。彼は「我々は民族的芸術を尊重し、その十分な発展を援助しなければならない」と主張し、一国一党の方針で迫る共産党中央に頑として「朝鮮語劇団は別」と譲らず、朝鮮人自らの手による演劇活動を全面的にバックアップしたのである。

しかし、村山知義もまた共産党には命がけで入党したのである。この狭間の中で、ギリギリの決断を下し、行き場を失いかけた朝鮮人の演劇活動家たちに表舞台を与え続けた村山知義と千田是也を、私たちは絶対に記憶しておかねばならないだろう。

●朝鮮の夕

三一劇場は村山逮捕後も存続し、一九三三年二月には「労働者素人演劇大会」と「極東民族演劇の夜」を築地小劇場で主催した。続いて一二月に「朝鮮演劇の夜」を開催し、二日間の公演に九五六名が訪れ、その殆どが朝鮮人の観客だったという。そして一九三四年も精力的な活動を続け、二月には「在京朝鮮人慰安の夜」を、一〇月には洪水で大きな被害を受けた本土救済のための音楽舞踊会「朝鮮の夕」を本所公会堂（現在の両国公会堂）で開催した。このイベントの最大の目玉は、半島の舞姫・崔承喜である。会場は朝鮮人観客の陶酔と熱狂に包まれた。

この「朝鮮の夕」の会場に、その三週間前に新協劇団を立ち上げたばかりの村山知義の姿があった。

崔承喜の伝統的民族舞踊に熱狂する在日朝鮮人の観客を目の当たりにした村山知義は、沸き起こってくる思いを抑えられなかった。国を奪い、民族の誇りを傷つけた側に立っているという罪悪感は、常に彼につきまとっていた。この罪悪感を払しょくするために、自分は何を為すべきなのか。まずは日本文化の母体となった朝鮮の伝統的文化を発掘し、その発展に尽力しなければならない。そしてもう一つ、差別され、蔑まれた朝鮮の人々が、自国の優れた伝統芸能に触れて誇りと自覚を取り戻す、その援助をしなければならない。しかし、三一劇場はこの「朝鮮の夕」を最後に解散してしまう。母体であったプロットも、既に当局の圧力でこの三か月前に解散していた。朝鮮人が自らの演劇で民族の誇りと自覚を取り戻す道は、既に断たれていたのである。

村山は、「自分がやらねば……」と痛烈に感じた。では具体的に、何を？

ちょうどその頃、日本と朝鮮で「春香伝ブーム」が起きていた。一九三五年にはレコードが発売され、朝鮮を代表する女優・文藝峰が春香を演じた映画が封切りされていた。春香伝の映画化は、一九二三年のサイレント映画に続き二度目であった。翌一九三六年一月には、プロレタリア演劇活動家の柳致眞が『戯曲　春香伝』を新聞に連載し、それを朝鮮人学生たちが演劇にして上演し、人気を呼んでいた。またソウルの東洋劇場で上演された春香伝は、ラジオで生中継されて日本でも放送されたのである。村山が春香伝に関心を持ったのは、そのような雰囲気が社会にあったからであろう。

韓国併合から四半世紀。日本で生まれ、あるいは幼くして渡日してきた若い朝鮮人の中には、自国の言葉や文化を知らない者も多い。彼らのために日本語の春香伝を上演すれば、相乗効果で日本人にも朝鮮の伝統芸能を紹介できるチャンスになる、と村山知義は考えたのである。

──第12場　新協劇団版の春香伝

●張赫宙

春香伝は朝鮮の伝統芸能だ。それを在日朝鮮人だけでなく日本人の大衆にも通用する、日本語の脚本に仕上げねばならない。となると、朝鮮の伝統芸能にも、朝鮮語にも日本語にも通じている脚本家が必要なのだが、誰か……いた！　最近になって日本に移住し、日本人女性と結婚して、創刊されたばかりのプロレタリア雑誌『文学案内』の編集顧問となった張　赫宙《チャンヒョクチュ》、彼だ！

張赫宙は、貯水池工事で過酷な労働を強いられた上に給料をピンハネされ、争議寸前になって連れ去られた労働運動のリーダーを奪い返そうとした朝鮮の農民を描いた小説『餓鬼道』が、雑誌『改造』の懸賞で入選し、日本での文壇デビューを果たしていた。朝鮮で小学校の教員をしていたときの体験に基づいたものと言われている。これだけだと「流行の朝鮮人プロレタリア作家」だが、彼は数々の朝鮮文学を日本語に翻訳して紹介し、それがさらに中国語に翻訳され、大陸や台湾で広まっていた。国境を越え、朝鮮文学を世界中に発信したい、という強い思いが彼にあったのである。絵に描いたようなコスモポリタンだ。村山知義は『文学案内』が企画した彼の歓迎会ですでに面識があり、共に作品の推薦審査員も務めて知己を得ていた。

村山知義にとって、春香伝の脚本の執筆者は張赫宙しかいなかった。

●春香伝

全羅北道・南原で妓生《キーセン》の娘として生まれ、代官の子・李夢龍《イ・モンヨン》に見初められ、百年の契りを結んだ春香《チュンヒャン》。二人は仲睦まじく暮らしていたが、夢龍の父が出世し、ソウルに帰ることになってしまった。閉じ籠もって泣き暮らす春香。ところが新しく赴任してきた代官は、彼女の評判を聞いて無理矢理に我がものにしようとした。頑なに拒否する春香。怒った代官は、彼女に首枷を嵌めて牢屋に放り込んでしまう。

春香の処刑日。この日は代官の誕生日でもあり、彼は大勢の客を呼んで盛大な宴を催した。そこに、少しでも酒食にあやかろうと乞食がやって来た。初めは追い返そうとしたが、彼はどうやら没落した貴族の裔であるらしい。代官の意地悪さがムクムクと頭をもたげ、からかってやろうと考えたのである。長さの揃わぬ箸を出し、お膳はガタガタ、粗末な料理。その上、余興で詩合わせを始めた。イッヒッヒ、無教養で乞食のお前さんにできるかな？　すると乞食は筆を取り、真っ先に一首。

「金の樽の美酒は千の民の血、玉膳の肴は万民の膏《あぶら》、ロウソクの灯が落ちるときに民の涙も落ち、妓生の歌声が響けば民の怨みの声もまた高まる……」

周囲の者たちは「大変なことになった！」と慌てた。この乞食は暗行御使《アメンオサ》（秘密裏に地方代官の不正を調査する官吏）だと気づく間も無く、捕盗庁（警察）の役人が「暗行御使のお出ましだ！」と宴席に踏み込み、代官らを次々とひっ捕らえていったのである。そして牢屋にいた春香も、御使の前に引っ立てられた。聞けば、代官の命令に背いてぶち込まれたのだという。御使は「どうだ、私の言うことなら聞くか？」と意地悪く尋ねた。春香はあきれ果て、「中央から来た役人は揃いも揃って名官賢夫とは知らなかった」とたっぷり皮肉を込めて言い放ち、「いっそ一思いに死なせよ！」と叫んだ。すると、御使は急に優しい声で「春香、顔を上げて私を見よ」と言った。春香が見上げると、何とそこには夢龍が……。彼はソウルで科挙の試験を首席で合格し、暗行御使となってこの南原に帰って来たのであった。こうして春香は救われ、二人は後々まで幸せに暮らしたとさ、めでたし、めでたし……。

春香伝は、不正官僚を懲らしめ、「女性は二夫に仕えず」という儒教倫理を描いた勧善懲悪の古典小説である。この小説は、伝統芸能のパンソリで演じられていた。パンソリは唄手と、リズムを取って相槌を打つ鼓手の二人で演じられるが、春香と夢龍の夜の営みなども巧みに盛り込み、演者らは各地で人気を競い合った。村祭りともなると、人々が車座になって演者を取り囲み、一緒に笑い、泣き、喝采を送った。

諸事ご政道批判と風俗の乱れを嫌う朝鮮王朝下でも春香伝が唄い継がれてきたのは、何よりも庶民に人気があったためである。パンソリは一九世紀に最盛期を迎えたが、二〇世紀に入ると登場人物ごとに唄い手が分かれ、身振り手振りを交えながら演じる唱劇に発展し、劇場でも上演されるようになっていた。

一九一〇年の韓国併合により、大勢の日本人が海を渡ってきたが、同時に娯楽も朝鮮半島に上陸してきた。その中の一つであるオペラもソウルの日本人街で上演されていたが、担い手たちは唱劇を観て驚いた。朝鮮には既にオペラがあった！　と。

●春香伝の上演

村山知義は、張赫宙に脚本を依頼する傍ら、朝鮮へ渡って一年がかりで衣裳や舞台装置を買い集め、一九三八年四月に春香伝を上演した。春香は市川春代、夢龍は赤木蘭子が演じた。男性役を女優が演じたのである。市川春代は当時「和製コリーン・ムーア」と称された日活の映画女優である。赤木蘭子は一九二九年、プロレタリア演劇「何が彼女をそうさせたか」に若干一五歳で初舞台を踏んだ新劇女優であった。不幸な身の上で騙され、職を転々とし、やっと結婚したが生活苦で夫と心中を図るも生き残ってしまい、預けられた教会は腐り切った偽善の塊、最後は主人公が建物に火をつけて燃え盛る炎に「何が彼女をそうさせたか」のタイトルが浮かび上がる……赤木はプロットに籍を置き、村山知義の下では「赤色バラエティー」で子ども芝居に出演した。千田是也のメザマシ隊では巡回公演にも参加し、新協劇団が創設されると真っ先に村山の下に駆けつけたのである。

新協劇團の「春香傳」

春香伝の上演を報じる大阪朝日（1938年4月29日）

この映画界とプロレタリア演劇界の二大女優が演じるという前評判のおかげで、チケットは完売であった。大阪朝日会館での公演では、若いときに故郷でパンソリを観劇したことのある在日朝鮮人一世の年寄りや、「親から話を聞いたことがある」という二世らの若者で連日満席となった。村山としても、「子連れの貧しい労働者の妻君なども いて、客席がみかんの皮で一杯になっている（『京城日報』）」という光景は、初めての体験であったろう。インテリ相手のプロレタリア演劇では、このような雰囲気は味わえなかったに違いない。

●新協劇団の朝鮮人演劇活動家たち

村山知義の助手を務め、春香伝公演の成功に寄与した団員として、赤木蘭子とともにその栄誉を称えられたのが安英一《アン・ヨンイル》であった。安は一九二九年に日本大学を中退し、プロレタリア演劇の道を歩んだ。一国一党の原則がプロレタリア演劇界に及んだ頃、安は金斗鎔らとともにコップ朝鮮委員会で幹部となったが、一方で三一劇場の結成にも参画して中心メンバーとなり、巡回公演や「朝鮮の夕」を精力的にこなしていた。三一劇場の分裂後も、後継である朝鮮芸術座のリーダーを務めていたが、一九三六年一〇月に他の朝鮮人演劇活動家らと治安維持法違反で逮捕されてしまう。出獄後、彼は村山知義の新協劇団に参加した。そして新協が春香伝を取り上げたことを心から喜び、上演に向けて全力を注いでいったのである。

東京外国語大学国際日本語研究所の特任研究員である曺恩美《チョ・ウンミ》氏の『張赫宙の日本語文学』によれば、新協劇団には安英一の他にも許勲《ホ・フン》、李康徳《イ・ガンドク》、趙宇植《チョ・ウシク》らの朝鮮人演劇活動家が参加していた。新協は朝鮮本土でも春香伝の公演を行ったが、現地では多くの文化人が「少しでも朝鮮を知るように」と協力している。これも曺恩美氏の研究からの引用だが、衣裳は朝鮮最初の民族系デパートで、鐘路にあった和信百貨店が無償協力している。村山は、公演パンフレットで「今度の公演が、もしこの朝鮮的であろうとする意図において見るべきものがあったとしたら、この京城で骨を折って下さった諸君と、東京で稽古中に助けてくれた演出家の安英一君とその妻君、作者張赫宙、舞踊家裵亀子《ペ・クジャ》、小説家金史良《キム・サリャン》、及び学生芸術座の諸君の努力の賜物である」と謝辞を送った。裵亀子は市川春代と赤木蘭子に舞踊指導を施していた。後に反日文学者として名を馳せる若き日の金史良は、朝鮮での公演を裏方として支え、春香伝の上演に奔走していたのである。

そして、大阪の朝日会館での公演の際、入場券のモギリのバイトをしながら春香伝を観劇し、「これをタカラヅカで演ろう!」と心に決めたのが、第四幕の冒頭に紹介した香村菊雄であった。そのきっかけは、赤木蘭子が男性役を演じ、いかにもタカラヅカ風だったから、というだけではなかった。

実家が朝鮮米のブローカーであったという香村菊雄は、少年時代に二年ほど釜山の叔父の家に預けられたことがある。そのとき、龍頭山公園で本場の春香伝を観劇したのである。華やかな民族衣裳、分かりやすいストーリーと素晴らしい唄声。春香伝はオペラの要素満載であり、宝塚少女歌劇団こそ演じるにふさわしい、と彼は常々考えていたのであった。

さっそく公演終了後、舞台監督の安英一に相談すると、「春香伝を宝塚で取り上げてくれるのは大変嬉しいが、異本の淑香《スッキャン》伝の方が宝塚的だろう」とアドバイスされた。その上、その場で衣裳や舞台セットの貸与も約束してくれたのである。

こうして宝塚版の淑香伝が、いよいよ動き出したのであった。

―第13場　宝塚版の淑香伝―

●淑香伝

韓流TV時代劇を観ていると、周りからいじめられていたみなしごの少女が、実は罠に嵌まって王宮から追放された両班（貴族）の娘で、成長する過程で様々な仲間と出会い、恋愛あり友情あり、武侠もあってハラハラドキドキで悪い敵を倒し、最後は心優しい青年と結ばれ幸せになってめでたしめでたし、というパターンが多い（筆者が単に「長琴《チャングム》の誓い」と「億如《オクニョ》」しか観ていないだけかもしれないが）。それは朝鮮王朝時代に激しい権力争いを繰り広げた貴族を描いているからだと思っていたが、もしかすると、古典小説として庶民に愛されてきた淑香伝もその源流になっているのかもしれない。

戦乱のため五歳で両親と生き別れ、養女にしてくれた丞相（総理大臣）のお屋敷で過ごすうち、嫉妬した使用人に泥棒の濡れ衣を着せられてしまい、何度も死のうとする淑香。その都度不思議な力で助けられ、布袋山にたどり着いて老婆と一緒に暮らした。そこで素敵な男性、李仙《イ・ソン》と出会い結婚する。しかし、李仙の父親は身分が違うと怒って代官の金栓《キム・ジョン》に淑香を捕えさせた。面倒を見てくれた老婆は、悲しみのあまり死んでしまった。だが、実はその金栓こそ生き別れた父親だった。そうとは知らずに鞭打とうとする金栓。ところが、何故か鞭が言うことを聞かない。やがて金栓は、彼女が身に着けていた持ち物から実の娘だと気づくのである。そして離れ離れになった李仙とも再開した。難関の科挙試験に合格した李仙だが、国王から病で伏せる皇太后のために仙薬を採ってくるように命じられた。神の導きで薬を得た李仙。国王の信任はますます厚くなり、淑香は実の親にも、育ての親である丞相にも孝行し、夫と末永く幸せに暮らしたとさ……。

淑香の数奇な運命は、彼女の実の父である金栓が、浪人時代に仙女の使いである亀を助け、仙女がそのお礼に数々のピンチを何度も救ったという、壮大な恩返しの物語であった。

これだけのストーリーである。パンソリの演者たちは人気を得ようと様々なアレンジを施したに違いない。小説の淑香伝も春香伝と同じく、多くの異本がある。

●ドンピシャの配役

宝塚の「朝鮮モノ」は、淑香伝が初めてであった。衣裳や舞台セットは新協劇団に借りることができても、足袋や靴は新調しなければならない。あれやこれやを含め予算は三千円にまで膨れ上がった。当時の三千円は、「ゆったりした土地に二階建ての家が建つほどの金額」であったという。しかも「朝鮮モノ」を次いつやるか分からない。よくもまあ当時の宝塚少女歌劇団がアルバイトの脚本にこれだけの予算を付けたものだと感心するが、結果的に淑香伝は中劇場や東京宝塚劇場でも続演され、大成功を収めたのである。

大劇場での初演は一九三八年九月。主な配役は以下の通り。

・淑香　　　　　櫻　緋紗子
・李仙　　　　　葦原　邦子

・金栓（淑香の実父）　秋風多江子
・チャン丞相（育ての父）　汐見洋子
・丞相の妻（育ての母）　尾上さくら
・老婆　園井恵子

脚本家は、演じる俳優を想定して台詞を書き上げるという。香村菊雄は、配役のイメージが「ドンピシャだった」と自伝で語っている。櫻《さくら》緋沙子《ひさこ》は、岸田辰彌に抜擢され一気にスターダムに駆け上った娘役で、李仙役の葦原邦子《あしはらくにこ》は、小夜福子《さよふくこ》と並ぶ戦前の男役のトップスターであった。

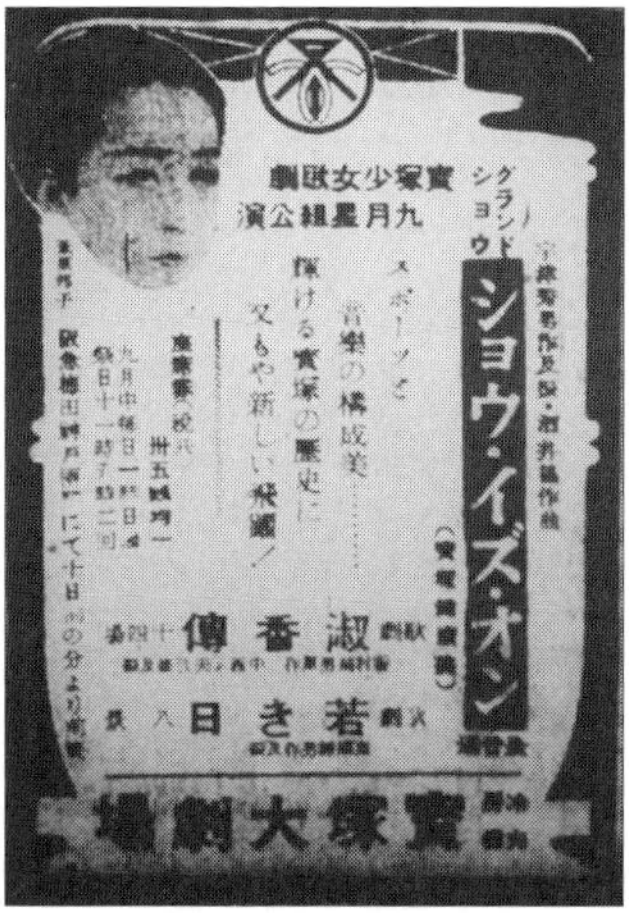

宝塚少女歌劇団の大阪朝日の広告記事（1938年9月）

温泉客の余興から始まった宝塚少女歌劇団は、一九二〇年代には大胆な露出とレビューで世の男たちを虜にしていた。高らかに脚を上げるラインダンスの場面では、男性社員まで客席に行ってしまい、舞台裏がカラになったという。そしてレビューの演出で必要になってくると、ジェンヌたちは劇団から厳しく咎められても次々に髪を切って専属男役に徹したのである。これが世の女性から圧倒的な支持を得た。「男装の麗人・川島芳子」の時代でもあった。一九三六年の宝塚音楽学校の競争率は一気に一五倍に膨れ上がり、セクシーさではなく健康美を売りにした宝塚少女歌劇団は、女性たちの憧れの的となったのである。その一翼を担ったのが葦原邦子であった。

淑香伝のステージでの櫻緋沙子と葦原邦子の絶唱のデュエットは、「涙を押さえるのに困ったほどであった」と香村菊雄は書き残している。そして香村は、老婆役の園井恵子《そのいけいこ》についてこう記した。「至極抑えた演技ながら、ひしがれた民族のうめきにも似た怨念を感じさせ、それが二人の主役をより大きく引き立てていた功績は大きかった。この人の芸はもうプロ級だと思った」。

●戦争と宝塚

宝塚版の淑香伝は反響を呼び、翌一〇月には中劇場でも続演された。淑香役は、新人の海原千里《うなばらちさと》が務めた。

その千秋楽を迎えた一〇月二七日、日本軍が中国の武漢を完全占領した。

一九三七年七月に起きた盧溝橋事件により、日中は全面戦争に突入していた。人々は、上海で勝てば（一九三七年八月）、南京が陥落すれば（同年一二月）、徐州作戦が成功して、中国軍を殲滅できれば（一九三八年四～六月）と、その都度日中戦争の終結を期待していた。そして今度こそ、武漢さえ占領すれば……号外が飛び交う。日本軍の勝利だ！　提灯行列と旗行列が街頭を埋め尽くした。やっと戦争が終わる、と期待した矢先、中国の国民党政府はさらに奥地の重慶に首都を遷し、徹底抗戦を宣言したのである。

戦争は終わらなかった。日中戦争は、泥沼と化した。

落胆する人々の背中に、今度は国家総動員法の波が覆い被さってきた。国家総動員法は政治、経済のみならず文化にもその影響が及び、タカラヅカも例外ではなかった。この非常時に婦女子の如き弱々しい名前はけしからん、と、劇団名は「少女」を削られて「宝塚歌劇団」に改称させられた。社会派の作品などもってのほか、純文学だの愛だの恋などもまかりならぬ、舞台には戦闘機をセットせよ、演目は「大空の翼」で人々の戦意を高めよ！　と。戦争はなおも続き、劇場も軍に明け渡すことになった。劇団員は国防婦人会に加盟させられ、戦地で慰問活動を続けた……そんな時代に突入していったのであった。

が、タカラヅカは最後まで粘った。淑香伝は一九三八年一一月から東京宝塚劇場で上演され、「朝鮮モノ」では一九四一年六月に豊穣歌《プンヤンガ》を上演した。主演は、戦前から戦後にかけての大スター、春日野八千代が務めた。

そして日中戦争の泥沼化は、宝塚歌劇団の裏方にも影響を及ぼした。男性社員が徴兵に取られ、職場から去っていったのである。その埋め合わせは女性の役目。宝塚歌劇団出版部も、男性編集者が徴兵された。出版部が白羽の矢を立てたのは、いつも機関誌の『歌劇』に熱心に投稿してくれる一人の女性読者だった。憧れの宝塚。神戸女学院を卒業したばかりで、家計を助けたい彼女にとって、出版部から声がかかったのは願ったり叶ったり。

後に大作詞家となる岩谷時子が宝塚歌劇団に就職したのは、一九三九年のことであった。

終幕

―第14場　内鮮一体―

一九三〇年代後半の春香伝をはじめとする、日本での朝鮮ブームを語る際、避けて通れない問題がある。それは、何故この時期に朝鮮ブームが起こったかというテーマである。もちろん、民族芸能を磨き上げてきた朝鮮人たちの不断の努力があり、村山知義や千田是也、崔承喜を愛してやまない川端康成など、朝鮮びいきの日本の文化人らが情熱をもってこのブームを支えてきたことは、これまで語ってきた通りである。が、一方で時局の問題も大きかった。それがあの厄介な「内鮮一体」であった。

第八代朝鮮総督の南次郎が最初に提唱したとされる内鮮一体は、朝鮮人を忠良な皇国臣民に仕立て上げ、対中戦争に協力させ、果ては朝鮮半島を日本の兵站基地にすることを目的としていた。そのため、朝鮮人に対して日本の生活様式と日本語の使用を強制したのである。一方で、日本人に対しても朝鮮人を差別待遇せず、一視同仁の姿勢で臨むようにと諭した。新協劇団の春香伝は、朝鮮人の張赫宙が日本語で脚本を書いている。日本政府にとって、まこと内鮮一体と一視同仁の方針に適った作品だったのである。日本に住む在日朝鮮人の若者が、自国の文化に接することで民族の誇りを取り戻すきっかけになれば、と春香伝の上演に情熱を注いだ村山知義。朝鮮の知識人たちに「原語でなければその良さが伝わらない」と批判されても、春香伝を台湾、中国でも通じる作品にしたいと願っていた張赫宙。彼は宝塚少女歌劇団の淑香伝の公演に続いて日劇ダンシングチームが「ショウ春香伝」を上演したことを「これは私の功績としてではなく、我々の民族の功績であることはむろんであった」と心から喜んだ。村山知義や張赫宙を含め、春香伝や淑香伝の上演に携わった人々の熱い想いを、日本政府は内鮮一体に利用したのである。新協劇団の春香伝は朝鮮本土でも上演されたが、日本人と朝鮮人が共に客席で笑い、喜び、悲しんでいたという。実に感動的なエピソードではあるが、朝鮮の伝統芸能を日本語で演じ、朝鮮人と日本人が席を共にしているのは、日本当局としても実に好ましい光景であったに違いない。仮に、これらの文化運動によって村山の目指す「民族意識の覚醒」があったとしても、危険ならば取り締まればよいだけの話だった。

解放後、内鮮一体ひいては日本の戦争に協力したとして、多くの朝鮮の進歩的知識人が「親日派」のレッテルを貼られて迫害を受けたのは、悲劇としか言いようが無い。内鮮一体は、今もなお実に厄介な問題として我々の中に残っている。

閑話休題。

話を変えよう。終幕である。本来のエンディングならば、出演者全員が登場してお祭り騒ぎでフィナーレを飾ったり、あるいは「レ・ミゼラブル」のように砦の上で旗を振って革命歌を全員で合唱、などが恒例である。最後は座長がマイクを持って「次回もよろしく……」と挨拶して幕を閉じる。しかし本稿では、とても全員に揃ってもらうスペースが無い。読者諸氏にとっても、次々に現れる登場人物に「結局誰がどれで、なに?」と戸惑った方も多かったことに違いない。素人演出の哀しさ、一人ひとり、その人物像を描き切れなかった筆者の力不足である。心からお詫びしたい。

そのため、ここでは村山知義を含め春香伝や淑香伝の上演に携わった人々を中心に、その後のエピソードを紹介して締めくくらせてもらおうと思っている。

最初は、淑香伝で老婆役を演じた園井恵子から始めたい。

―第15場「その後」の数々―

●さくら隊散る

園井恵子が女学校時代に家庭の事情のため岩手県から北海道の小樽に移り住んだのは、一九二七年のことであった。小林多喜二が小樽における共産党大弾圧事件『一九二八年三月一五日』を発表し、その翌年には『蟹工船』を書いたという時代状況であった。多感な少女であった園井に、こんな時世が大きな影響を与えたと思われるが、彼女は築地小劇場の小樽公演を観劇し、女優になろうと誓ったのである。そのステップとして選んだのが、幼い頃から憧れていた宝塚少女歌劇団であった。親の反対を無視して家を飛び出し、受験年齢オーバーでも合格するほどの美貌と才能の持ち主だった。ステージでは奥方、老婆など何でもこなすバイプレーヤーだったというから、香村菊雄が「プロ級」と感じたことも頷ける。

淑香伝出演の後、しばらくは新設の宝塚映画で女優を務めていたが、会社に強く引き留められたにもかかわらず、三〇歳手前で退職金を辞退してまで退団した。そしてプロレタリア演劇の流れを汲む苦楽座に入団し、新劇の道へ進んだのであった。

苦楽座には丸山貞夫がいた。丸山は築地小劇場の出身で、彼もプロレタリア演劇の洗礼を受けてプロットに参加したが、プロットが当局の弾圧で解散すると出演の場を失い、極貧生活に陥ってしまった。彼は同棲生活をしていた女性の看病のため、コメディアンに転身して榎本健一と組み、様々な映画に出演しては糊口を凌いでいた。一九四〇年に新協劇団が解散に追い込まれ、丸山を含め多くの役者は行き場を失ったが、かつての仲間が立ち上げた苦楽座に参加し、演劇活動を続けていた。そこに入団してきたのが元タカラジェンヌ、園井恵子であった。

園井恵子

苦楽座は戦局悪化の影響で解散してしまったが、演劇活動を続けたいという想いを持っていた丸山貞夫と園井恵子ら一七名は「さくら隊」を結成し、内閣情報局が奨励する移動演劇聯盟に加入した。一九四四年のことである。丸山は隊長となってさくら隊を牽引し、戦時下で巡回公演を続けたのである。

一九四五年三月、東京は大空襲を被った。交通事情からして、もはや巡回公演は不可能であった。六月、さくら隊の疎開先は広島と決まった。軍都であるにもかかわらず、広島は大阪や神戸のように大規模な空襲に遭っていない。「かえって危険なのでは」という声もあり、園井恵子は周囲から反対されたが、彼女は広島行きを決意する。しかし七月には丸山貞夫が病に倒れてしまった。先の見通しが立たなくなったさくら隊のメンバーは、一旦静養することになった。再招集は八月五日。神戸の知人宅に身を寄せていた園井は、その日に広島へ戻った。原子爆弾の投下は、翌日のことであった。

彼女は何とか助かった。八月一五日の玉音放送を聞いて、「これで思いっきり芝居ができる！」と仲間と喜び合った。しかし急激に放射線が彼女の身体を蝕み、八月二一日、園井恵子は永年の眠りについたのであった。享年三二歳。

さくら隊の悲劇として、今も宝塚歌劇団で語り継がれる事実である。私たちも、淑香伝の名演技で好評を博した園井恵子の名を心に留め、この悲劇を語り継いでいきたいと思う。

●村山知義のその後

日本人が日本語で演じる春香伝。新協劇団の春香伝の朝鮮公演ツアーは、賛否両論と批判を呼び起こしながらも、興業的には成功した。この成功を受け、朝鮮映画株式会社（朝映）が村山知義を監督に迎え、映画化する企画を立てたのである。朝映はまた朝鮮、満州を含めた日本の勢力圏全域での上映を目指し、東宝と提携して春香伝を共同で制作することを発表した。春香伝の映画化に向けて、村山は全力で走り出した。ロケハンを兼ねて朝鮮に渡っては旧跡などを巡った。さすがは元前衛芸術家らしく、芸術品の日本との類似性やその独自性について彼なりに研究し、雑誌に投稿したり講演なども精力的にこなしていた。

新協劇団は、一九三九年一一月に開催した創立五周年記念「観客の夕」でその絶頂期を迎えた。演目の一つが趙沢元《チョ・テグォン》の僧の舞「袈裟胡蝶」であった。朝鮮伝統舞踊の担い手である趙沢元は、モダンバレエの第一人者・石井漠の舞踊に魅了されて弟子入りしていた。つまり崔承喜や裵亀子の同門であった。この趙を、村山知義が春香伝の李夢龍役に抜擢したのである。趙沢元は一九四〇年一月に日比谷公会堂で開催した新作舞踊公演で、村山知義演出の「バレエ春香伝」を踊った。

映画・春香伝は男性の主役も決まり、資金も徐々に集まっていたが、一九三九年ごろから「朝鮮服を着て舞台に立つことは面白くない」という当局の圧力が強まっていたこと、「日本の映画会社がカネを出すのは良いが、監督は朝鮮人にすべき」という朝鮮側の横ヤリなどで制作が遅々として進まないところに、村山知義が治安維持法違反で検挙されたのである。当局は「社会主義思想を基調とする演劇団は認められぬ」として、主要メンバー百名以上を検挙した。新協劇団は解散に追い込まれ、映画の話は頓挫してしまったのであった。

村山知義は一九四三年九月に出所し、翌年四月、懲役四年・執行猶予五年の刑が確定した。出所しても彼が活動する場はもはや日本に無かった。そんな時、「村山の才能をこよなく愛した判事」が彼に声をかけた。「戦況はますます不利で、日本は敗戦を予想して、君たちのようなサヨクを収容所に送って皆殺しにしてしまう予定だ、そうなる前に戦場になる可能性が低い朝鮮に行かないか。僕が話をつけておくから」と。村山は怯えたであろう。二〇年前の関東大震災で朝鮮人と社会主義者が虐殺されたが、彼の自宅にも兵士と自警団が押しかけ、危うく殺されそうになったことがあった。村山に囁いたのは、このテのヤリ口で何人もの思想犯を転向させた実績のある判事だった。村山はこの話に乗り、一九四五年三月、朝鮮に渡った。与えられた肩書は、総督府傘下の朝鮮演劇文化協会の嘱託。まあ、生活費にはなった。転向して当局に飼いならされたヤツ、という非難は覚悟の上だったろう。滞在先は趙沢元の家。村山とともに検挙された安英一は先に帰国しており、何かとソウル滞在中の彼の面倒をみていた。安は解放後、朝鮮演劇建設本部の書記長に就任し、一九四八年には越北して朝鮮民主主義人民共和国の最高人民会議第一期代議員に選出されている。この時期、村山の下をよく訪れていたという崔承喜も越北し、かの地で舞踊研究所を設立した。

村山知義がどのくらい朝鮮演劇文化協会の仕事をしたのかは不明だが、趙沢元の家で彼はもっぱら「オペラ春香伝」のテキスト執筆に集中していた。公演は八月二〇日を予定していた。が、その五日前に日本は無条件降伏を受け入れ、彼の夢は再び頓挫してしまったのである。

村山知義が夢をようやく実現させたのは、一九四八年一一月に在日本朝鮮人連盟（朝連）が有楽座で上演した「グランドオペラ・春香伝」でのことであった。彼はここで演出、脚本、美術を担当したのである。李夢龍役は戦前「世界的テナー歌手」として名を馳せた永田絃次郎（本名：金永吉《キム・ヨンギル》）、春香役は「オペラ界のシンデレラ」と称された新人の大谷洌子《おおたにきよこ》が演じた。村山は公演に寄せて、「やがて何回か繰り返し上演される機会が恵まれるならば、より完成度の高いものになっていくであろう」と期待を込めて語った。しかし「何回か繰り返し上演」は実現しなかった。朝連は一九四九年九月、ＧＨＱにより強制解散されてしまったのである。

●植田紳爾

最後に幾つか、語っておきたいエピソードがある。

一九六〇年代から七〇年代にかけて、宝塚歌劇団は低迷期に陥っていた。大劇場の客席はガラガラ、タカラジェンヌたちは阪急・東宝グループの「ドラ娘」とまで蔑まれていた。この苦境期に脚本を担当していたのが、植田紳爾《うえだしんや》であった。一九四六年、神戸の滝川中学校に通っていた彼は、タカラジェンヌの弟である級友からチケットを貰い、大劇場に足を運んだ。ステージには「豊穣歌」の主演を務めた春日野八千代の姿があった。植田は言った。「そこには色があった」と。外はまだ廃墟とカーキー色の世界だった。

植田は演劇の世界に魅かれた。早稲田大学に進学すると、演劇青年のまま宝塚歌劇団に就職して専属の脚本家となった。紹介者は、淑香伝で李仙を演じた葦原邦子である。現役時代、男役で「アニキ」と慕われていた彼女は、退団して画家の中原淳一と結婚し、東京で洋装店を営みながらタカラジェンヌのプロマイドを販売し、現役、卒業生、社員など男女問わず面倒を見ていた。早大の演劇学生たちにレッスンをつけていた彼女は、植田紳爾と出会い、彼の才能を見出し、宝塚歌劇団に推挙したのである。もしかすると、同じ神戸出身ということで親しみを覚えていたのかもしれない。

この若き脚本家が、低迷していた宝塚歌劇団を救ったのである。

赤字を垂れ流す劇団。小林一三の三男で、社長の小林米三はある日、思いつめた様子で植田紳爾の手を取って大劇場のステージに上った。そして三階席を指さして「あそこまでどうしたら客が入るねん」と呟き、肩を落としながらステージから降りていった。株主から総攻撃を受け、精神的に一番大変な時期だった、と植田は振り返っている。植田は、どうしてもあそこまでお客さんを入れる仕事をしないと申し訳が立たない、と決意した。

大劇場がこのままでは倉庫と化すという危機感を持った植田は、直木賞を受賞した伊藤桂一の小説『落日の悲歌』を原作にして、脚本「わが愛は山の彼方に」を書き上げた。主演は当時トップの鳳蘭、安奈淳、大原ますみ。内容は一〇世紀、女真国と高麗を背負う武将二人が、一人の姫を巡る恋愛を描いた悲劇、つまり「朝鮮モノ」であった。これが何とか成功し、評判を得たのである。以後、小説や映画などの脚本化は、宝塚歌劇団で当たり前となっていった。それを決定づけたのが『ベルサイユのばら』であった。植田はベルばら成功の後、歌劇団の理事長に就任した。

宝塚歌劇団は今、三階席でもチケットの入手が難しい。

●金剛山歌劇団

「春香伝なら観たい」

二一世紀になっても、筆者より若い世代でも在日韓国人、特に女性たちは目を輝かせながらこう話す。これは朝鮮戦争や南北分断という、どんなに悲惨な目に遭っても優れた民族芸能は引き継がれていくという証拠でもある。

先述したように、日本におけるモダンバレエの第一人者・石井漠の門下には、崔承喜、裵亀子、金敏子《キム・ミンジャ》、趙沢元らの朝鮮人舞踊家がいた。裵亀子は、宝塚少女歌劇団と同じく少女だけの歌劇団を結成して人気を博し、ソウルで夫とともに演劇の殿堂・東洋劇場を建設した人物である。金敏子は朝鮮のオーケーレコード社の社長である李哲が設立したオーケー舞踊学院の教師に就任した。オーケー舞踊学院は日本の宝塚音楽学校と同じような性質で、オーケーグランドショーのバックステージで生徒たちを踊らせていた。春香伝が日本で人気を得ていた一九三〇年代後半、オーケーグランドショーは吉本興業に招聘され、「朝鮮楽劇団」と改称して日本公演を果たし、各地で人気を集めた。

そしてもう一人の石井の門下生。崔承喜に憧れ、一九四九年に日比谷公会堂で開催された祖国解放記念祝賀会で披露された舞踊に魅了され、くぎ付けになって舞台を観ていた朝鮮人少女がいた。彼女は崔承喜と同じ道を進もうと意を決し、石井の門を叩いた。東京朝鮮学校高等部で舞踊部を創設した任秋子《イム・チュジャ》である。しかし、この時代には日本と朝鮮を自由に行き来することはできなくなっており、彼女が伝統舞踊を極めるのは困難な状況であった。そこで彼女は兄弟子である趙沢元に師事するようになった。趙沢元はその頃、日本を拠点に世界中で公演活動を行っていた。戦争中に朝鮮総督府に協力した彼は親日派扱いされ、韓国では住みにくかったのであろう。趙は任秋子の実力を認め、フランス公演に同行させたいとまで言った。

憧れのフランス！　パリ！　バレエ！　しかし任秋子の国籍欄は「朝鮮」。海外など行けない。父親に「国を売ってまで行きたいのか！」と叱られ、その言葉で目が覚めた彼女は以後、日本で舞踊活動に邁進し、金剛山歌劇団の舞踊部長となって自ら舞い、後身を育てていったのである。筆者の妻や周囲の女性たちが「観たい」と言ったのは、任秋子が育てた金剛山歌劇団の春香伝である。

朝鮮の伝統芸能パンソリから始まった春香伝は、日本において石井漠を介し趙沢元、任秋子が引き継ぎ、現在に至っている。

これを不滅の芸術というのであろう。（終）

参考文献

以下の文献を参考にさせていただきました。またウェブ上の様々な情報を活用させていただき、大変感謝しています。

書籍

『愛と哀しみのルフラン』（岩谷時子著、講談社文庫、一九八六年）
『逸翁自叙伝』（小林一三著、阪急電鉄㈱、一九七九年）
『愛しのタカラヅカへ』（香村菊雄著、神戸新聞総合出版センター、一九八四年）
『海鳴りやまず』第一部（神戸新聞社、一九七八年）
『演劇的自叙伝』（村山知義著、東京芸術座出版局、一九七一年）
『街道をゆく―本郷界隈―』（司馬遼太郎著、朝日文庫、二〇〇九年）
『革命芸術プロレタリア文化運動』（中川成美、村田裕和編、森話者、二〇一九年）
『歌劇の街のもうひとつの歴史―宝塚と朝鮮人―』（鄭鴻永著、神戸学生青年センター、一九七七年）
『韓国演劇運動史』（柳敏榮著、津川泉訳、風響社、二〇二〇年）
『関東大震災朝鮮人虐殺の記録――東京地区別一一〇〇の証言』（西崎雅夫編、現代書館、二〇一六年）
『韓流ブームの源流』（高祐二著、社会評論社、二〇一二年）
『九月、東京の路上で――一九二三年関東大震災ジェノサイドの残響』（加藤直樹著、ころから、二〇一四年）

『暗い谷間の労働運動』（大河内一男著、岩波新書、一九七〇年）
『西園寺公望』（岩井忠熊著、岩波新書、二〇〇三年）
『歌に恋して評伝・岩谷時子物語』（田家秀樹著、ランダムハウス講談社、二〇〇八年）
『春香伝』（許南麒訳、岩波文庫、一九五六年）
『松竹と東宝』（中川右介著、光文社新書、二〇一八年）
『白井鐵造と宝塚歌劇団』（田畑きよ子著、青弓社、二〇一六年）
『新劇』（下村正夫著、岩波新書、一九五六年）
『新劇史の人々』（戸坂康二著、角川新書、一九五二年）
『青鞜の時代』（堀場清子著、岩波新書、一九八八年）
『徐兄弟獄中からの手紙』（徐京植著、岩波新書、一九八一年）
『宝塚』（川崎賢子著、岩波現代文庫、二〇二二年）
『宝塚百年を越えて　植田紳爾に聞く』（植田紳爾、川崎賢子、国書刊行会、二〇一四年）
『治安維持法』（潮見俊隆著、岩波新書、一九七七年）
『張赫宙の日本語文学』（曺恩美著、明石書店、二〇二一年）
『帝国劇場開幕』（嶺隆著、中公新書、一九九六年）
『帝国の狭間に生きた日韓文学者』（李修京著、緑蔭書房、二〇〇五年）
『東宝五十年史』（東宝五十年史編纂委員会、東宝、一九八二年）
『日清戦争』（藤村道生著、岩波新書、一九七三年）

『ニッポンエロ・グロ・ナンセンス』（毛利眞人著、講談社選書、二〇一六年）
『日本現代演劇史　明治・大正篇』（大笹吉雄著、白水社、一九九〇年）
『日本現代演劇史　大正・昭和初期篇』（大笹吉雄著、白水社、一九九〇年）
『日本現代演劇史　昭和戦前篇』（大笹吉雄著、白水社、一九九〇年）
『日本共産党の研究』（一）～（三）（立花隆著、講談社文庫、一九八三年）
『日本近現代史入門』（広瀬隆著、集英社、二〇二〇年）
『別冊1億人の昭和史・昭和舞台俳優史』（毎日新聞社、一九七八年）
『別冊1億人の昭和史・タカラヅカ』（毎日新聞社、一九八一年）
『村山知義の演劇史』（井上理恵著、社会評論社、二〇二二年）
『明治大正の民衆娯楽』（倉田喜弘著、岩波新書、一九八〇年）
『吉本興業と韓流エンターテイメント』（高祐二著、花伝社、二〇一八年）
『ラストダンスは私に　岩崎時子物語』（村岡恵理著、光文社、二〇一九年）
『レーニン文学論』（ウラジミル・イリイチ・レーニン著、蔵原惟人・江川卓編訳、青木書店、一九五四年）
『レ・ミゼラブル』（ビクトル・ユーゴー著、豊島与志雄訳、岩波文庫、一九八七年）

論文

安都根「金基鎮のプロレタリア階級文学の原基とその契機」（『愛知県立大学大学院国際文化研究科論集』、二〇一三年）

李修京「植民地中期における朝鮮社会と知識人たち」（『立命館産業社会論集』、二〇〇〇年）
イオ編集部「始まりのウリハッキョ編№38　朝鮮舞踊サークル」（月刊『イオ』、二〇一八年）
池山一男「プロレタリア活動家・李北満の生涯と著作」（『同志社グローバル・スタディーズ』、二〇二二年）
海老良平「明治末から大正期における宝塚歌劇の成立とその背景―小林一三の娯楽事業の礎石」（『神戸学院大学経済学論集』、二〇一四年）
呉皇禪「中西伊之助と朝鮮文壇」（第一六回国際日本文学研究集会、一九九二年）
加藤秀俊「ある地方名望家の思想と生活」（『人文学報』（京大）二四号、一九六七年）
姜漢永「パンソリとは何か」（季刊『三千里』三〇号、一九八二年）
金仁徳「在日朝鮮人の民族運動における文化闘争と闘争文化」（韓国国立中央博物館）
申銀珠「〈朝鮮〉から見た中野重治」（『国際日本文学研究集会会議録』、一九九四年）
菅井幸雄「千田是也の『手記』をめぐって―一九三〇年代の新劇運動の特徴」（明治大学人文科学研究所紀要）
鄭炳浩「一九二〇年代朝鮮半島における在朝日本人の階級言説と文芸欄の中の階級闘争」（『跨境：日本語文学研究』、二〇一五年）
外村大「二〇世紀前半の日本の演劇と朝鮮・朝鮮人」（日本演出者協会、二〇二二年）
萩原健「アジプロ隊〈メザマシ隊〉の演劇について」（『演劇学論集 日本演劇学会紀要』、二〇〇九年）
梁仁實「一九三〇年代日本帝国内における文化『交流』：映画『春香伝』の受容を中心に」（『立命館言語文化研究』、二〇一三年）

キム・ヨンジャ　世界に羽ばたく不死鳥伝説

高祐二

序章　朝の国から

一九八九年の大晦日、毎年恒例の紅白歌合戦に韓国人女性歌手が出場した。キム・ヨンジャ（金蓮子）が歌ったのは「朝の国から」で、前年に行われたソウル・オリンピックのテーマ曲でもあった。当時、韓国の曲といえば、趙容弼《チョヨンピル》の「釜山《プサン》港へ帰れ」に代表される「演歌」に他ならず、日本の音楽シーンにおいてもメジャーな存在ではなかった。

しかし、キム・ヨンジャの歌う「朝の国から」は演歌ではなくポップスで、軽快なノリに歌詞もオリンピックを契機に先進国の仲間入りを果たした上り調子の韓国を象徴するかのような明るい内容であった。

ソウル・オリンピック以前の韓国歌謡は、長い軍事政権時代を反映してか、暗い内容の歌詞に重たいメロディーの曲が多く、若者のウケはよくなかった。もちろん、「K-POP」などの用語もなく、演歌好きな一部のコアなファンが聴いていたマイナーなジャンルであった。もっともその頃の日本人の韓国に対するイメージは、軍事独裁政権に学生デモというマイナス面ばかりで、韓国歌謡のみならず韓国に関しては無関心というのが圧倒的多数を占めていた。

そんな「近くにあるのに遠くに感じた韓国」を身近に感じさせたのが、ソウル・オリンピックであり、この頃から「日韓新時代」という用語が聞かれ始めた。明るくなった韓国を印象付けたのがキム・ヨンジャの歌う「朝の国から」であり、紅白歌合戦ではチマ・チョゴリ姿の女性がバックで歌に合わせて「扇の舞」を踊る中、キム・ヨンジャは他の歌手に引けを取らない歌唱力で存在感を見せつけた。

日本の歌謡界に彗星の如く現れたキム・ヨンジャ、しかしそれは日本デビュー一〇年目にしてつかんだ晴れの舞台であった。日本と韓国の「近くて遠い」時代から、「近くにはなったが、いまだ両国間の政治の壁は高い」現在まで、歌を通して両国の歴史を歌い続けてきたキム・ヨンジャの歌手人生を辿ってみる。

第一章　歌の花束

キム・ヨンジャと歌

一九九八年二月二五日、韓国の首都ソウルの国会議事堂前で金大中《キムデジュン》大統領の就任式が行われた。

前大統領の金泳三《キムヨンサム》政権の失政によるＩＭＦ危機と呼ばれた経済破綻で、韓国経済が深刻な不況に見舞われた中での政権船出であった。そうした状況にあっての新政権誕生ともあって、人々の期待はひとしおであった。

金大中に多くの韓国民が熱い眼差しを注いでいたが、とりわけ金大中の地元、全羅道《チョルラド》の人々の支持は度を越えて強かった。父親が金大中の熱狂的な支持者であったキム・ヨンジャもそのうちの一人であった。

キム・ヨンジャの生い立ちは、金大中が韓国独裁政権との対峙で何度も死地をさまよったのと同様、波乱の道を歩んできた。キム・ヨンジャは金大中の強力な支持基盤であった全羅南道光州《クァンジュ》市で、一九五九年に誕生した。父親は理髪業を営んでいたが、実家は貧しさと隣り合わせであった。

「中学校の時、弁当の中にはご飯とキムチしか入っておらず、おかずはなかった」とキム・ヨンジャは後に述懐している。しかし、こうした貧乏な暮らし向きは何もキム・ヨンジャの家だけでなく、当時の韓国の人々の多くが貧困にあえいでいた。

貧しさの中にあってキム・ヨンジャの救いになっていたのが、歌であった。キム・ヨンジャが子どもの頃、韓国国内では「トロット」と呼ばれる歌謡曲が流行っており、キム・ヨンジャは街のレコード店から流れてくる流行歌を耳で覚え、それを口ずさむことが唯一の楽しみになっていた。歌の喜びを知ったキム・ヨンジャの才能を、いち早く見抜いたのが父親であった。キム・ヨンジャの父親は経営する理髪店の客に自慢して、彼女をみかん箱の上でよく歌わせた。貧しかったが、客に好きな歌を披露することで、キム・ヨンジャにとっては幸せな時期であった。しかし、多感な少女期に両親が離婚し、母と二人で苦労することになる。そんな時でも、キム・ヨンジャの支えになったのが、歌であった。幸せな時も歌、苦しい時も歌、歌はキム・ヨンジャにとって、人生そのものであった。

才能の開花

一九六〇年代、当時の韓国では歌謡曲のヒットに相まって、街中に歌謡教室が氾濫しており、キム・ヨンジャは学校の帰り道、教室の窓越しから歌のレッスンを眺めるのが日課であった。キム・ヨンジャが小学校四年生の時、いつものように歌謡教室の前で生徒が歌う歌に合わせて歌っていると、講師から中に入るよう促された。

講師はキム・ヨンジャに「歌ってみて」と声をかけ、オルガンで伴奏を弾き始めた。指示された通り歌を歌い終えると、講師はキム・ヨンジャにこう誘いかけた。

「これから歌謡教室に通ってみない？」

キム・ヨンジャは突然の申し出に驚き、目を丸くしたが、「家にお金がなく、レッスン料を払えない」と断った。講師は笑いながら、「お金はいらない。ただでレッスンしてあげる。あなたには歌の才能がある」とキム・ヨンジャの目を見て言った。顔は笑っていたが、目は本気であった。

キム・ヨンジャの歌の才能が開花した時、それは光州市内の一角にある歌謡教室からであった。

新天地、日本へ

歌謡教室に通い始めたが、相変わらず暮らしは一向に好転する兆しはなかった。

「赤貧洗うが如くの生活から抜け出したい」

そのためのキム・ヨンジャの武器は、自らの肉体を使って表現すること、歌であった。歌をヒットさせて、お金を稼ぎたい。キム・ヨンジャはもう、居ても立っても居られない心情であった。

一四歳になる頃、キム・ヨンジャは歌手となるため、叔父を頼ってソウルへと旅立った。そして一五歳の時、テレビの「全国歌謡スターショー」に出演し、見事優勝を果たす。彼女の歌手としての第一歩であった。

しかし順調なスタートとは裏腹に、その後のキム・ヨンジャの歌手活動は鳴かず飛ばずのイバラの道であった。レコードデビューはしたものの、まったくヒットせず、ドサ回りのナイトクラブでの出演の日々が続いた。それでも一九七七年の「全国男女歌謡新人コンクール」に優勝し、大手プロダクションのスカウトの目に留まったことが転機となった。

キム・ヨンジャの歌は玄人を唸らせる本物さがあり、それが歌謡賞を総なめした実力を裏付けていた。大手プロダクションの意向は、李成愛《イソンネ》が日本で「離別《イビョル》」や「カスマプゲ」をヒットさせた二番煎じで、日本のレコード市場をターゲットにした戦略であった。「第二の李成愛」として白羽の矢が立ったのがキム・ヨンジャで、彼女にとって日本での活動は選択の余地がなかった。

とはいえ、日本語は全く分からず、日本には知り合いもいない。不安だらけであったが、このまま韓国で下積みを続けるよりも、捲土重来を期しての賭けに打って出たのであった。

キム・ヨンジャにとって日本という新天地での活動は願ったり叶ったりで、韓国歌謡界で「ポンチャック」と呼ばれた韓国風演歌を歌わされることにうんざりしていた。若いキム・ヨンジャはポップス調のテンポの速い歌を歌いたいという希望を持っていたが、韓国で歌手を続けるならばそれは許されない道理で、所属事務所の意向は絶対であった。

ところが、キム・ヨンジャの日本行きに思わぬ障害が立ち塞がった。キム・ヨンジャが歌手になることを共に夢見ていた両親が猛反対したのであった。

「見知らぬ国に、大事な娘を行かせるわけにはいかない」

日本による朝鮮植民地支配を受けた時代に生まれ育った両親にとって、日本に対する敵意にも似た感情は嘘偽りのない本心であった。両親の娘を思いやる心からの反対にも拘わらず、キム・ヨンジャは自らの意思を貫き通した。

「日本にこそ、自分が活動できる場所がある。自分はここで終わりたくない。このチャンスをものにしたい」

ジャパン・ドリームに身を託したキム・ヨンジャの不退転の決意に、両親の説得は通じなかった。キム・ヨンジャの頑なまでの意思の頑強さは、親から受け継いだ全羅道の反骨精神が宿っている、彼女はそう自分に言い聞かせた。

キム・ヨンジャと全羅道

全羅道は古代の百済国《ペクチェ》があった地域で、高句麗《コグリョ》・百済・新羅《シルラ》の三国時代に新羅が百済を滅ぼして以来、受難の歴史を歩んできた。日本に植民地支配される李《リ》王朝時代の全羅道は朝鮮半島一の穀倉地帯であったことから、中央権力に徹底して収奪されてきた。そのため民衆の反乱が絶えず、李王朝末期には全羅道で支持された「東学《トンハク》」という宗教勢力の影響を受けた農民と李王朝軍が戦争状態になり、一時農民軍が王朝軍を退け全羅道全域で自治を行ったこともあった。

そうした経緯から、全羅道は伝統的に中央権力に対する反抗心が強く、それが金大中やキム・ヨンジャらの全羅道出身者に受け継がれていった。金大中自身、「自分の恨《ハン》は全羅道出身であること」とまで言い切った。ここでいう「恨」とは日本語の「恨み」ではなく、自らの境遇に対して嘆き悲しむことで終わらせず、それを生きる力に昇華させる魂の根源を意味する。

キム・ヨンジャは全羅道出身者の気質について、こう語っている。

「全羅道の人は、男も女も負けず謙いで気が強い。特に男は頑固一徹で、他の韓国の地方の人からは、『座った後には雑草も生えない』なんて言われる。でも、団結心があるし、正義感が強いし、温かいしね」

キム・ヨンジャの歌に対する極限までの思い入れからは、全羅道出身者に共通する恨に満ちた思い入れが彼女を突き動かしているように感じられる。また、彼女の歌には人に対する情の深さも感じられる。それも全羅道気質に由来するのか、キム・ヨンジャの歌唱力には聴く者を圧倒すると同時に、どこか温もりのようなほのぼのしさも同時に与えるように聞こえてくる。

日本での挫折

キム・ヨンジャは日本に活動拠点を移したが、順風満帆とは言い難いスタートであった。住居は東京都心の一ＤＫのマンションに一人住まいで、知人・友人などの親しい人間関係は皆無であった。言葉も分からない異国に、たった一人取り残されたという孤独感に絶望を感じることもしばしばであった。

そうした追い詰められた境遇に輪をかけたのが、日本の芸能界の習慣であった。ヒットに恵まれなかったが、韓国でキム・ヨンジャは歌では誰にも引けを取らない実力派と自他ともに認めていた。それが日本では「新人」扱いで、それがキム・ヨンジャのプライドをいたく傷つけた。

運よく舞台に出演が決まっても、「新人」としての務めで、自分より年下や下手な歌手に対して楽屋に毎度挨拶に行かされるのが、何にもまして億劫であった。誰よりも早く会場入りし、先輩歌手が楽屋入りするところを待ち受けて、楽屋の戸をノックする。「どうぞ」の声を聞いてドアを開けるや、朝でもないのに「おはようございます。本日も宜しくお願い致します」とテンションを上げつつ馬鹿丁寧に挨拶させられるのが日課であった。

まだ、「お早う、今日も宜しくね」と応えてくれるのならまだしも、化粧しながら面倒くさそうに「ああ」とだけ返されることも少なくはなかった。極めつけはあからさまに無視されることで、そんな時は侮辱された怒りを押し殺しながら戸を閉め、惨めさに打ちひしがれて楽屋を後にするのであった。

キム・ヨンジャは、自分が嫌がらせのように扱われるのは、韓国から来た歌手であるからと思い込むようになった。そんな鬱屈した思いをマネージャーにぶつけてはみたものの、軽くあしらわれるのが常であった。そんな時キム・ヨンジャは「今に見ろ、自分には実力がある。いつかヒットを出して見返してやる」と自分に言い聞かせるのであった。

日本で活動して半年、少しずつ日本語を理解し話せるようになり、日本の芸能界の「しきたり」にも次第に慣れてきた。しかし肝心の歌はヒットするどころか、売り上げチャートにすら名前が挙がらなかった。

日本で活動した三年間で、シングル六枚とLP二枚のレコードを出したが、全くと言っていいほど売れなかった。やがて芸能ビザが切れて、韓国に一時帰国したが、レコード会社からの通知は「契約更新せず」であった。「歌手として売れなかった」という負い目はあったものの、非情な通知に少なからぬショックを受けた。

「歌では誰にも負けないのに、認められなかった」

日本に行って得たものは異国で歌手として大成することの難しさを味わったこと、そして残されたのは日本で歌手として受け入れられなかったという無力感であった。

韓国、激動の時代

キム・ヨンジャが韓国に戻った時、それは韓国の激動の時代の幕開けであった。一九七九年一〇月二六日、一八年間の長期独裁政権の座にあった朴正熙《パクチョンヒ》大統領が腹心の部下である韓国中央情報部長金載圭《キムジェギュ》に射殺されるという衝撃的な事件が起こった。

長年にわたる独裁政権は民心から離反を招き、また第二次石油ショックの追い打ちで韓国は深刻な不況に見舞われていた。そうした状況下、朴政権の支持基盤である釜山《プサン》と馬山《マサン》で暴動が起き、朴大統領は徹底鎮圧を命じた。それに対し金載圭は従来通りの力による弾圧では、もはや鎮静化させることは無理と進言した。朴正熙にとって金載圭の煮え切らない態度は弱腰と映り、酒席の場で金載圭を激しくなじった。すると金載圭はやにわに拳銃を取り出し、朴正熙を射殺したのであった。

絶対的な独裁者の死で、韓国では一気に民主化への期待が膨らんだ。そうした中、危機感を持ったのが全斗煥《チョンドゥファン》らの少壮軍人で構成された新軍部勢力であった。彼ら新軍部は朴正熙なき韓国の体制が民主化することで北朝鮮への警戒心が薄れることを危惧し、軍政時代の再来を企図して一二月一二日、粛軍クーデターを決行し、軍の実権を握った。

軍のトップに躍り出たのが全斗煥であり、全は高まる民主化運動を徹底鎮圧する方針に打って出た。一九八〇年五月一七日、全斗煥は韓国全土に非常戒厳令を宣布し、議会を解散し、政治家や学生運動のリーダーを次々と逮捕した。そして一気に政権を掌握する軍事クーデターを敢行したのであった。

逮捕された中には金大中も含まれており、金大中は「内乱陰謀」容疑の首謀者として収監されたのであった。軍事クーデターによる銃剣で沈黙を余儀なくされた韓国国内にあって五月一八日、金大中の支持基盤である全羅南道光州市で唯一「軍政反対」の学生デモが巻き起こった。

このデモに対し全斗煥はベトナム戦争で悪名を馳せた空挺部隊を投入し、丸腰の学生に対し銃剣と棍棒で殺戮を行った。学生の平和的なデモに軍事力を投入したことで、光州市民は怒りに燃え、自ら武装することで軍と市民による市街戦が繰り広げられた。

市民軍は一時戒厳軍を市街に追いやり、光州市を解放、市民による自治が行われた。しかし光州市内を包囲することで孤立させた戒厳軍は反撃に打って出、九日後の二七日、市内に戦車と武装ヘリコプターを投入し、市民軍を制圧した。この光州市における軍と市民の衝突で約二〇〇〇人が死亡したとされたが、その真相はいまだ明らかとなっていない。

光州事件とキム・ヨンジャ

光州市での惨劇について、キム・ヨンジャは後にこう回想している。

「当時は両親もソウルに住んでいたが、親戚の多くが光州で暮らしていた。電話はつながらず、ニュースでも報じられなかった。しばらくして、知人が死んだとの知らせが入った。けれど光州事件については、話をすることもできない状況に韓国はなってしまった」

故郷が血の海となり、知人も軍によって殺されたという現実に、暗澹たる気持ちに陥ったキム・ヨンジャが巡り合ったのが、「歌の花束」という曲であった。先輩歌手が歌った三〇もの韓国の歌謡曲をワンコーラスずつディスコ風のリズムに乗せて、メドレーで歌うユーロビートの先駆けでもあった。「歌の花束」でキム・ヨンジャは、日本で身に着けた演歌の歌唱技術を披露し、それがヒットの原動力となった。

日本の演歌は韓国では「親日的」とタブーとされたが、それを逆手にとってキム・ヨンジャは独自の境地を開拓したのであった。日本では鳴かず飛ばずであったが、それでもタダでは転ばないバイタリティーをキム・ヨンジャは持ち合わせていた。日本での挫折をバネに、キム・ヨンジャは新たな飛躍を見せていく。

「歌の花束」は題名通り、名曲のオンパレードをキム・ヨンジャが独自の解釈と歌唱によって繰り出すことでゴールド・ディスクとなり、前人未到の三六〇万枚が売れるという快挙となった。日本でも最も売れた曲は「およげ！たいやきくん」の約四五〇万枚であるが、韓国の人口が日本の半分以下という比較から、「歌の花束」の三六〇万枚がいかに大きな数字かは推し量れるであろう。

復活のキム・ヨンジャ

日本デビューが散々な結果で終わり、さらには故郷で起こった光州事件で失意のどん底にあったキム・ヨンジャであったが、歌手として見切りをつける瀬戸際でリリースした「歌の花束」が空前のヒットとなり、見事再出発を成し遂げた。韓国は軍事政権が再び執権する暗い時代を迎えることになったが、一九八一年はキム・ヨンジャの歌手人生の転機となった年であった。

トロット女王キム・ヨンジャ

翌一九八二年、「歌の花束」のヒットを受けて、キム・ヨンジャは韓国史上初のレコード会社と一億ウォンの専属契約料を結ぶことになった。押しも押されぬスターとなったキム・ヨンジャは歌を稼ぐ目的だけでなく、社会に還元しようと積極的にボランティア活動を展開するようになる。

キム・ヨンジャが支持していた金大中は、光州事件の背後操縦者として「内乱陰謀罪」で有罪となり、国外退去処分でアメリカに追放の身にあった。一九八四年、韓国では融和局面として政治的締め付けが一部緩み、金大中の政界復帰が期待されていた。

そんな時、キム・ヨンジャは金大中の出身地である木浦《モッポ》市の孤児院「共生園」に「愛の音楽堂」を建設する資金集めのため、日韓両国でチャリティーコンサートを開催した。尾羽打ち枯らすように日本を後にしたキム・ヨンジャであったが、日本での久々のステージで復活を印象付けた。

その後は日本と韓国のみならず海外にも進出し、一九八六年にはブラジルでの公演を実現し、翌八七年にはTBS東京音楽祭にゲスト出演を果たす。そしてこの時期、キム・ヨンジャは自身の代名詞となる歌と巡り合うことになる。

朝の国から

「歌の花束」の勢いに続く次のターゲットが、一九八八年開催のソウル・オリンピックのテーマ曲であった。「朝鮮」の語源となる「朝の国から」という詩に曲を付けたのであったが、作曲したのは吉屋潤であった。

吉屋潤（本名：崔致禎《チェチジョン》）は一九二七年、平安北道《ピョンアンプクト》寧辺《ニョンピョン》郡で生まれた。北朝鮮の核開発で知られることになる、あの寧辺である。一九四七年に平壌《ピョンヤン》高等普通学校を卒業後、歯科医を目指してソウルに渡り、京城歯科医学専門学校に入学した。そこで太平洋戦争で敗戦した日本軍の武装解除のためソウルに駐屯したアメリカ第八軍のクラブでジャズに触れ、音楽に目覚めたことから、楽団のギター奏者となる。その後、サックス奏者に転向し、楽団の花形として名を馳せた。一九四九年、専門学校を卒業し、翌年に米軍キャノン機関所属の実兄の支援で日本に密航した。そして弟子入りしたピアニストである小沢秀夫の勧めで、田端義夫の専属楽団で活動する。この頃、小沢が命名した吉屋潤の日本名を用い、一九五二年に「吉屋潤とクルーキャッツ」を結成、サックス奏者として高い評価を得た。

吉屋は一九五八年に日本で新人歌手のリンダ・キム（後のパティ・キム）と出会い、一九六〇年、東京スイングオーケストラを率いてソウルで凱旋公演を行った。演奏だけでなく吉屋は作詞・作曲の才能も開花させ、一九六二年ヒョンミが歌う「ネ・サランア」を初の楽曲として提供する。

一九六六年頃に韓国に戻り、同じくアメリカから帰国したパティ・キムと再会し結婚した。吉屋夫妻は新婚旅行を兼ねた東南アジア演奏旅行中、戦時下にあったベトナムで韓国軍の慰問公演を行った。一九六七年に長女が誕生し、長女に捧げた曲「一九九〇年」を夫婦でデュエットし、韓国ではロングヒットした。

一九七三年、パティ・キムが歌った「離別」が韓国のみならず、日本でもヒットしたが、同年夫婦は離婚した。離婚後も二人はタッグを組み続け、翌年吉屋が作詞・作曲し、パティ・キムが歌う「愛は永遠に」が第三回東京音楽祭で銅賞を受賞した。一九七五年、新人歌手ヘウニを発掘し楽曲を提供、以後ヒット曲を次々と誕生させた。

吉屋は、一九八六年ソウルで開催されたアジア競技大会の開会式・閉会式の音楽監督を務める等、韓国の国家行事に関与する音楽家へと飛躍した。そして韓国が先進国への仲間入りを宣言した一九八八年のソウル・オリンピックを機に、吉屋は世界に韓国を訴えようとして五輪公式ソングに選定された「朝の国から」の作曲を担当したのであった。

「朝の国から」はオリンピックの開催前年の一九八七年韓国でヒットし、キム・ヨンジャは韓国健全歌謡大賞を受賞する。

日本での成功

五輪公式ソングには「朝の国から」を含め三曲が候補に挙がったが、国民投票でトップに選ばれたのは下馬評通り「朝の国から」であった。しかし、そこは軍事政権下の韓国で、「クーデター」によりあっさりと民意は否定された。一度は「朝の国から」が五輪公式ソングに決定したが、「世界中に通用する曲を採用する」との組織委員会の突然の方針変更により、土壇場でコリアーナの「ハンド・イン・ハンド」が正式公式ソングに選ばれた。そのため「朝の国から」は、ソウル・オリンピック本番では閉会式のみ歌われることになった。

当時の裏事情についてキム・ヨンジャは、「難しいことが一杯あったようです」と悔しさを隠そうとせず述懐した。「ハンド・イン・ハンド」を作曲したのは世界的なシンセサイザー奏者で、大ヒットした映画「フラッシュダンス」の音楽を担当したジョルジオ・モロダーであった。韓国政府としては日韓だけで知られている吉屋潤よりも、世界の檜舞台であるオリンピックには知名度がある作曲家の手になる曲の方がアピールできるのではないかとの政治的配慮があったとされた。

屈辱をバネにしたキム・ヨンジャは「朝の国から」の日本語版をレコーディングし、日本で再デビューすることになる。しかし、続く二作目以降はさほどヒットせず、日本初デビューの苦い思いがキム・ヨンジャの脳裏に走った。

「このままでは、初めての訪日の時と同じことを繰り返してしまう」

キム・ヨンジャは在日コリアン歌手、都はるみの助言とプロデュースを得て「暗夜行路」を発表し、これが日本で初めてとなる大ヒットを記録する。「暗夜行路」のヒットの余勢をかって、同年に行われた第四〇回NHK紅白歌合戦に初出場する。

ただ、「暗夜行路」については当初、キム・ヨンジャは気に入らなかった。テンポがゆったりとし、演歌調というのが理由で、「朝の国から」はアップテンポのポップスなのに、また演歌を歌わされるのかという抵抗があった。しかし、「演歌でなければ日本で売れない」現実があり、その後は日本の芸能界の「しきたり」に彼女なりに慣れながら、地道に日本を活動拠点に定めていった。

サハリンでの活動

一九八八年、韓国大統領に就任した盧泰愚《ノテウ》は「北方政策」を打ち出し、共産主義国との関係正常化に努めた。そして一九九〇年、韓国とソ連は国交を樹立し、冷戦時代により途切れていた人と物資の交流が行われ始めた。キム・ヨンジャは国交回復と同時に、それまで韓国人が足を踏み入れることのできなかったソ連のサハリンで屋外コンサートを開催した。

サハリン島は日露戦争で日本が勝利したことにより南半部が日本領となり、「樺太」と表記されるようになった。第二次世界大戦で日本がアメリカと交戦したことにより、日本は総力戦に突入し、サハリンでの炭鉱や製紙工場では深刻な労働力不足に陥った。その穴埋めとして朝鮮半島から朝鮮人が労働力として徴用され、サハリンで働かされた。一九四五年の日本の敗戦時、サハリン在住のコリアンは約四万人に上ったが、彼らは祖国に帰れる状況にはなかった。

サハリン在住の日本人約三〇万人は、一九四六年に成立した「ソ連地区引き上げ米ソ協定」に基づいて帰日できたが、在サハリンのコリアンは米ソの対立、朝鮮戦争の勃発という東西冷戦によってそのまま留め置かれた。サハリンのコリアンは望郷の念にも拘わらず、現実政治の前に半世紀もの間、故国の地も踏めず、家族との音信も途絶えたままになっていた。そうした状況下、韓ソ国交樹立でサハリンと祖国をつなげる一筋の光がコリアンを照らし出した。その希望の使者がキム・ヨンジャであった。

キム・ヨンジャはサハリンのコンサートを「涙のアリラン」と命名し、その名の通り、キム・ヨンジャが歌う祖国の懐かしいメロディーで、会場は感涙の滝となって「アリラン」を全員で熱唱したのであった。その後、キム・ヨンジャはサハリンに取り残されたコリアンを韓国に招く等、海外で困難な生活をしている同胞に温かい手を差し伸べた。

歌は国境を越える

キム・ヨンジャは歌という自らの才能を単に披露するだけでなく、その歌でもって人々を勇気づける活動を展開していく。一九九一年五月、長崎県の雲仙普賢岳が噴火し、麓の島原市で四三名もの命が犠牲となった。キム・ヨンジャはいち早く支援に乗り出し、被災者を招いての自主コンサートを開催した。

今では災害における復興の一環としてアーティストがボランティア活動を行うのは珍しくないが、外国人歌手が率先して被災者を歌で励ましたことは、日韓の相互理解に大きな役割を果たした。

一九九二年には自らの音楽をどん欲に高めるべく、新たな境地を開拓していった。キム・ヨンジャの音楽は日本では演歌、韓国ではトロット（歌謡曲）に分類されるが、そうしたカテゴリーに安住することなく、積極的に新たな音楽の地平を切り開いていった。東京のサントリーホールで開かれたコンサートでは、山本直純指揮の「新星日本交響楽団」と共演を果たし、クラシックの調べに乗せて歌を歌えることを証明した。

キム・ヨンジャの世界を股にかけた快進撃は続く。一九九二年は三度目のブラジル公演と二回目の島原市民の慰問公演を成功させた。翌九三年には、三度目になる島原での復興支援コンサートとベトナムのハノイ国立オペラ劇場での公演を実現させた。

韓国はソ連に続いて、共産主義国との関係正常化に動き出し、中国に続いてベトナムと一九九二年、国交を樹立した。しかし、ベトナムにはベトナム戦争において韓国は軍隊を派兵した経緯があり、ベトナム人の韓国に対するイメージは決してよくはなかった。そんな状況下でもキム・ヨンジャはベトナムで公演を行い、「親善大使」としての役割を果たし、歌の力で両国の関係を友好的なものにした。まさに世界を駆け巡る「歌姫」として、キム・ヨンジャは国境を越えて自らの歌を多くの人々に届け、感動を与えたのである。

そして一九九四年には四度目となるブラジル公演を行い、そのままの勢いで二度目となる第四五回紅白歌合戦に出演した。

この年の紅白歌合戦で、キム・ヨンジャは美空ひばりの「川の流れのように」を熱唱した。キム・ヨンジャにとって美空ひばりは憧れであり、目標とする歌手であった。ただ、キム・ヨンジャ自身、美空ひばりにあったことはなく、コンサートにも行ったことはなかった。CDやビデオで美空ひばりの歌やパフォーマンスを見聞きし、その完成度の高さに圧倒された。

「美空ひばりのようにステージで歌いたい」

そんな願いが美空ひばりの最後のシングル曲を晴れの紅白で歌うことができて、キム・ヨンジャは感無量であった。

阪神大震災における復興コンサートの開催

一九九五年一月一七日、阪神・淡路大震災が発生。死者が六〇〇〇人を超える大災害となり、被災地は壊滅的な打撃を受けた。未曽有の大災害となったことから被災地の復旧・復興に全国から支援の手が差し伸べられ、一九九五年は「ボランティア元年」と呼ばれるようになった。

雲仙普賢岳の噴火によって被災した島原市の復興に尽力していたキム・ヨンジャもいち早く被災地入りし、被災者救援のミニコンサートを開催した。震災でも特に被害の大きかったのは神戸市長田区で、地場産業のケミカルシューズ業には多くの在日コリアンが従事していた。地震直後、長田区では複数の地域で出火が起こり、接着剤等の可燃物が集積しているケミカルシューズ工場は瞬く間に火の海になり、区内の南部全域が焼け野原になった。被災した在日コリアンは職場や自宅を失い、また家族が犠牲になることも少なくなかった。

震災によってこれまで築き上げてきた苦労の結晶を失った在日コリアンの悲嘆は想像以上に深く、その傷は癒えることはなかった。キム・ヨンジャが被災地入りしたのは震災から一三日目の一月二九日で、瓦礫や焼け跡が手付かずのまま残されていた。キム・ヨンジャを被災者支援のために招請したのは兵庫の在日韓国人青年会で、被災者激励のショウが企画・運営された。キム・ヨンジャの歌を聴こうと、当日にわか作りの会場となった民団西神戸支部の前の道路は人が鈴なりになって集まった。キム・ヨンジャの力強い歌声は、復興に向けた歩みを再度踏みしめていこうとの被災者の決意を後押ししたのであった。

翌九六年にもキム・ヨンジャは阪神・淡路大震災の被災地で「やすらぎコンサート」を開催し、避難活動が長期化し疲れ果てた被災者を勇気づけた。同じ年、プロ野球の中日ドラゴンズに韓国野球界のスーパースター、宣銅烈投手が入団した。宣は光州市出身で、キム・ヨンジャは同郷の後輩にエールを送る意味を込めて応援歌、「BIG DON DONG YOL」をリリースした。

一九九七年は朝鮮半島の人々がメキシコに移住して一〇〇年を迎える年であって、キム・ヨンジャは記念公演を現地で開催し、喝采を得た。また九七年はキム・ヨンジャ日本再デビューから一〇年を数える記念すべき年で、本来ならば大々的なメモリアル・リサイタルを開きたいところであったが、折しも韓国ではＩＭＦ危機により空前の経済不況に見舞われていた関係上、自粛せざるを得なかった。

金大中政権による日本文化開放

ＩＭＦ危機という困難な時代の中、船出した金大中政権はまず日本と韓国の関係をより緊密なものとする政策を打ち出した。苦境に陥った韓国経済の再生には日本の支援が緊要であり、従来の日本による朝鮮植民地支配からもたらされる「反日」一辺倒政策では経済危機からの脱出は不可能であった。

金大中大統領は日本に対するこれまでの対応を改め、大胆にも日本文化に対する門戸開放を実施した。一九四八年の建国以来、韓国では日本の文化流入を極度に警戒し、「倭色」として厳しく排斥していた。特に日本語の歌に関しては規制が厳しく、日本語のレコードについては海賊版として一部市中に出回る程度であった。

金大中大統領による日本語の歌解禁により、韓国でも日本の歌がメディア等で流れるようになったが、韓国人でいち早く日本語で歌を歌ったのがキム・ヨンジャであった。キム・ヨンジャは日本再デビューでレコーディングしていた「美空ひばりを歌う」や「古賀メロディーを歌う」などの日本語のアルバムを韓国でもリリースし、日本語の歌の普及に努めた。

一九九九年九月、韓国政府は観客席が二〇〇〇席以下の屋内会場において、日本語の歌での公演を許可すると発表した。翌一〇月には初の日本人コンサートとして、ソウルで沖縄のミュージシャン、嘉納昌吉が大ヒットした「花」などを熱唱した。その数日後、キム・ヨンジャは故郷の光州市で、韓国人として初めてとなる日本語の歌を公演で披露した。最も大きな拍手を浴びたのが、一九八〇年に五輪真弓が歌って大ヒットした「恋人よ」であった。

「恋人よ」は日本発売後、韓国でもカセットテープで録音された海賊版が出回り、多くの人々が耳にしていた曲であった。切ない歌詞に、哀愁を帯びたメロディーが韓国人の琴線に触れ、軍事政権の暗い時代の世相を反映した曲として馴染み深かった。

その「恋人よ」を日本語で観客の前で歌う、時代は確実に変わったと最も感じたのはキム・ヨンジャ自身であった。大きな拍手で日本の歌が観客に評価された当時の心境について、キム・ヨンジャはこう語っていた。

「感激しました。これから韓国でも日本のいい歌を、日本語・韓国語両方で歌っていきたい」

日本と韓国で活動してきたキム・ヨンジャならではの決意であり、以降両国の「文化親善大使」としての役割を積極的に果たしていくことになる。一九九〇年代を振り返り、キム・ヨンジャは「最高の一〇年だった」と感慨深げに回想した。日本と韓国だけでなく、ベトナムやキューバなど、「反共」を国是としてきた韓国にとってのかつての敵対国家でもキム・ヨンジャは歌で友好と親善を訴えた。歌でなら、思想・信条を超えて、人と人とが分かり合える。この間の公演活動を通じて、キム・ヨンジャはその思いを一層強くした。そしてそのキム・ヨンジャの歌に対する信念がこの時期、真骨頂を迎えることになる。大統領、金大中の南北関係改善の願いを共にすることで、キム・ヨンジャは新たな道を歩んでいくことになる。

キム・ヨンジャ、政治のステージへ

キム・ヨンジャは二〇〇〇年を迎えるにあたって、これまでの歌手活動について、こう振り返った。

「私の歌手としての歴史は複雑なの……」

成功と挫折を繰り返しながら、天性の歌唱力に甘んじることなく歌手として研鑽し、たとえドサ回りであってもプロ根性でステージに立ち、観客を唸らせた。歌手としての努力は怠ることなく、それがヒットに恵まれない忍従の毎日であっても、プライドを捨てることなく懸命に歌い続けた。そんなキム・ヨンジャの人生の軌跡は、不思議と同郷の政治家、金大中と重なる。

金大中は政敵・朴正熙大統領による暗殺未遂や日本からのソウルへの拉致、一九八〇年の光州事件で権力を握った全斗煥政権による死刑判決、アメリカでの亡命生活、そして三度の大統領選挙での敗北とその生涯は苦難の連続で、その都度不屈の精神で挫折から再起した。

金大中が一九九七年、大統領に当選した時、キム・ヨンジャは我が事のように喜んだ。そしてキム・ヨンジャは金大中政権の下、ある重要なミッションに関わることになる。

金大中にとってキム・ヨンジャは、政治家の自分にはない才覚を備えている存在であり、金大中はそれを利用することになる。「歌手」キム・ヨンジャの「政治」という新たなステージでのデビューは、金大中の登場によってお膳立てされたのである。

第二章　夜明け前

キム・ヨンジャ、平壌公演の道

歌手として世界各地を公演し、ボランティア活動に邁進してきたキム・ヨンジャに熱い眼差しを向ける男がいた。北朝鮮の最高権力者、金正日《キムジョンイル》である。金正日は単にキム・ヨンジャのファンではなく、キム・ヨンジャに可能性を見出していた。理由は、彼女が日本で活動している韓国人歌手であるということであった。

キム・ヨンジャを何としてでも平壌《ピョンヤン》で公演させたい。最高権力者の鶴の一声で、事態は動き出した。しかし、南北分断状況での韓国人歌手の北朝鮮招聘は、そうたやすいものではなかった。様々な紆余曲折があったが、やはり運命の糸に導かれるかの如く、キム・ヨンジャの平壌公演は偶然と必然が重なり合って、実現の道へと進んでいく。

キム・ヨンジャの平壌コンサートの運営を担ったのは、在日コリアンでプロデューサーの李喆雨《リチョルウ》であった。李とキム・ヨンジャとの出会いは、二〇〇一年平壌公演の四年前にさかのぼる。李喆雨が企画した一九九七年三月一九日の「アリランの旅フェスティバル」に、キム・ヨンジャがゲスト出演したことがきっかけであった。キム・ヨンジャの夫である岡宏（金好植《キムホシク》）と李喆雨は、それ以前の頃からの知り合いという関係にあった。

伝説の音楽家の夢

キム・ヨンジャの平壌公演は、全く別のイベント企画から棚ボタ式に実現した想定外の事態であった。アリラン・フェスティバル終了後、李喆雨の元に孫牧人《ソンモギン》から連絡が入った。孫牧人は朝鮮半島が日本の植民地であった時期に、「他郷暮らし」や「木浦《モッポ》の涙」等の大ヒット曲を作曲した韓国における伝説的な音楽家であった。孫は韓国独立後も日本で作曲家として活動を続け、「久我山明」のペンネームで「カスバの女」や「弥太郎笠」、「ハワイの夜」等の名曲も手掛けていた。孫牧人はそれまで韓国ではあってないが如くの著作権の確立に尽力し、その関係で一九八〇年に入って年末毎に来日していた。

孫牧人は日本に来るたびに旧知の李喆雨の事務所に立ち寄り、李も歓待の席を設けていた。一九九一年、李喆雨と孫牧人が会うや、孫は「吉屋潤が六本木でバーを経営しているから、会いに行こう」と誘った。

前に書いたとおり、吉屋潤は本名を崔《チェ》致《チ》禎《ジョン》といい、韓国と日本の歌謡界で数多くのヒット作を生み出した作曲家であり、サックス奏者であった。吉屋は副業として東京でバーを経営しており、そこは日韓のミュージシャンのたまり場となっていた。孫牧人は戦前、吉屋潤は戦後と日本と朝鮮半島の懸け橋となって音楽活動を行ってきた。孫は吉屋と李にこう持ち掛けた。

「日本で南北朝鮮の歌謡祭ができないか？　その後、ソウルと平壌でも歌謡祭を開催したい」

南北歌謡祭の実現に向けて

本来ならばソウルか平壌で開催したいのだが、すぐには実現しそうにもないので、東京に南北の歌手が一堂に集まり、歌謡ショウであれば可能だとの孫の判断であった。韓国側の歌手は孫と吉屋がブッキングするとして、問題は北側の歌手をいかにして東京に招くことであった。そこで白羽の矢が立ったのが李喆雨であったが、李は北朝鮮の歌手を日本に招聘することに「自信がない」と答えた。李喆雨は朝鮮総連の中央音楽部長を長らく務めていたが、その職を辞してからは南北朝鮮の音楽ルーツである「アリラン」の発掘のため韓国へも研究活動の一環で訪問していた。そのため朝鮮総連とは関係が希薄となり、北朝鮮の歌手を日本に招聘するという大業には責任が持てなかった。

しかし、孫牧人の熱意に根負けし、とりあえず朝鮮総連中央議長の韓徳洙《ハンドクス》に連絡だけはすることになった。李喆雨が韓徳洙に電話をし、「孫牧人があなたに会いたがっている」と伝えた。

韓徳洙は朝鮮総連の終身議長であり、北朝鮮とも強いパイプのある「政治家」であるが、元は声楽を勉強するため戦前に朝鮮半島から日本へ渡航した経歴がある。また、詩作を発表する等、芸術家肌のある人物であった。その韓にとって、「他郷暮らし」や「木浦の涙」を作曲した孫牧人は憧れの存在であり、韓にとってもぜひ会っておきたいところであった。

しかし、朝鮮総連議長ともある自分が、韓国籍の孫牧人においそれと会いに行くこともできない。韓は電話口で李喆雨にこう切り出した。「外で会うのは自分の立場上無理だから、朝鮮会館に来てくれないか。そこだったら会える」

李の横で通話の様子をうかがっていた孫牧人は、李からそう聞かされて即座に答えた。

「じゃ、明日行こう」

韓国に住む孫牧人が北朝鮮を支持する朝鮮総連の最高幹部と会うことは、孫の立場を危うくする恐れがあった。韓国は北朝鮮を反国家団体が「国」と僭称する地域であるとして認めておらず、韓国政府の許可なくして北朝鮮や朝鮮総連所属の人間と会うこと自体、国家保安法に違反する罪とされている。孫牧人にとって韓徳洙を訪ねて話をするのはリスクがあったが、南北歌謡祭の開催という夢の実現のためには背に腹を変えられぬ選択であった。

朝鮮総連の関連団体が入居する朝鮮会館へは李喆雨が同行し、孫牧人と韓徳洙の会談が実現した。

この場で孫牧人と李喆雨から韓徳洙に南北歌謡音楽祭の趣旨説明がなされ、大筋で韓も合意した。そして吉屋潤と李喆雨が具体化に向けて動き出したが、その過程で李喆雨は岡宏と知り合うことになる。岡はキム・ヨンジャの夫ということで、韓国を支持する立場の在日コリアンであった。彼は「コリアトーンズ」というフルバンドを率いており、李喆雨とは民団、朝鮮総連という所属を超えて、在日の音楽仲間として協力し合った。そのことがキム・ヨンジャの「アリランの旅フェスティバル」への参加、平壌公演の実現と結びついていくことになる。

南北歌謡祭の挫折

南北歌謡祭は、朝鮮総連の韓徳洙議長が前向きな姿勢を見せたことで、支障なく実現に向けて動き出すかに見えた。しかし当時の韓国は保守的な盧泰愚《ノテウ》政権で、ソ連や中国とは国交を結んだが、北朝鮮とは関係改善に動くことはなかった。むしろ、自民党の金丸信元副総理が一九九〇年に北朝鮮を訪れ、日朝が国交正常化に向けて接近したことに韓国は警戒感を抱いた。

そのため日韓関係は一時ぎくしゃくし、その後明らかとなった北朝鮮の核開発で南北関係はもとより、米朝・日朝関係は一気に緊張が走った。そんな状況下で、南北歌謡祭を行うことは夢物語となり、開催は遠のいた。実際のところ、開催に向けて運営を行うにしても、韓国側への根回しや北朝鮮の歌手の日本への受け入れ等、仔細な問題が山積みで、南北両政府と日本政府の協力なくしては実現不可能であった。

李喆雨は南北歌謡祭以前にも韓国や海外在住の韓国系コリアンの音楽家を集めて「ハンギョレコン

サート」開催のプロデュースを行ったが、そこでもひと悶着が巻き起こった。韓国から人間国宝級の朝鮮半島伝来の歌唱「パンソリ」の名人を東京に招聘したが、韓国では「日本から北朝鮮に拉致される」というあらぬ噂が広がった。李喆雨が長く朝鮮総連で音楽活動に携わり、北朝鮮から「功勲芸術家」の称号を与えられた経緯が誤解されたのかもしれなかったが、南北の不信感は想像以上に厳しいという現実が待ち構えていた。結局のところ時間だけが過ぎてしまい、南北歌謡祭は立ち消えとなった。

しかし、韓国を代表する歌手の人選には、孫牧人、吉屋潤、李喆雨ともキム・ヨンジャを推薦し、その間の経緯は北側に伝えられた。南北歌謡音楽祭は幻と終ったが、開催に奔走した三者がそろってキム・ヨンジャを候補として挙げたことで、北朝鮮はキム・ヨンジャという歌手に目を向けることになる。三年後のキム・ヨンジャ平壌公演の伏線は、ここから始まったのである。

紆余曲折の中での平壌公演

一九九八年、金大中が韓国大統領になり、北朝鮮に融和的な「太陽政策」を打ち出した。南北両政府は北朝鮮の名勝、金剛山《クムグァンサン》の観光開発等で交流を活発化させ、朝鮮半島の雪解けは加速度的に進んだ。そんな中、韓国の歌手が北朝鮮を訪れて、公演を行う話が持ち上がった。

キム・ヨンジャもエントリーされたうちの一人であったが、現実はそう簡単ではなく、一九九九年平壌に行く直前に中止せざるを得なかった。韓国のマスコミが大々的にキム・ヨンジャの平壌公演に関して報道するや、様々な方面から圧力が加えられた。日本の新聞でも「時期尚早」という形で報じられたが、当のキム・ヨンジャは平壌公演を終始一貫して熱望していた。

そんな状況が一変したのが、二〇〇〇年六月の南北首脳会談であった。韓国の大統領が初めて北朝鮮を訪れるという快挙に後押しされて、キム・ヨンジャの平壌公演も一気に現実味を帯びた。それでも周囲には、北朝鮮での公演は「北の宣伝に利用されるだけ」という否定的な声があり、反対意見も根強かった。そんな中、平壌公演を決定づける決定打が放たれた。

南北首脳会談の際、金正日総書記が朴智元《パクチウォン》文化観光長官に会ったとき、北朝鮮に招聘する韓国の歌手について直接名前をあげて招請したのだが、その中の一人にキム・ヨンジャが含まれていた。キム・ヨンジャ北朝鮮公演のお膳立ては、まさにこの時に行われたのであった。

第三章　北のアカシヤ

平壌に降り立つ

二〇〇〇年の金大中《キムデジュン》大統領と金正日《キムジョンイル》国防委員長による初の南北首脳会談から一年。金大中と同様、平壌《ピョンヤン》の順安《スナン》空港に韓国から来た一人の女性歌手が降り立った。キム・ヨンジャである。

キム・ヨンジャは毎年四月に平壌で開催される一九回目の「春の親善芸術祭典」に招かれ、公演二日前の四月五日に到着したのであった。キム・ヨンジャ一行の心配事は、舞台運営や楽団員の全員が日本人スタッフで占められ、当時の日朝関係から日本人の北朝鮮入国ビザがなかなか降りないことにあった。そのため出発当日までやきもきしたが、「たぶん出るだろう」という楽観的な憶測でともかく日本を出立した。そうした中、経由地のウラジオストックで全員にビザが発給され、ホッと胸をなでおろした。

順安飛行場到着時からキム・ヨンジャは身じろぎもせず、辺りに目を凝らして一点を凝視し続けた。初めての北朝鮮という緊張のためか、どこか不安げな表情であった。機内からは、夜目にも歓迎する多くの人々が見えた。団長の岡宏は「ウラジオストックから同乗したサッカーチームの歓迎ではないか」と他人事のように言っていたが、キム・ヨンジャ一行の歓迎と聞いて一同は仰天した。

空港では祭典組織委員会副委員長の宋錫煥《ソンソッカン》文化芸術部副大臣が直々に出迎え、北朝鮮側の歓迎の熱意が伝わった。到着セレモニーを終え、空港貴賓室で宋副大臣ら北朝鮮関係者とお茶を飲みながら談笑する中で、少しずつキム・ヨンジャに笑みが戻り、リラックスした表情になった。

キム・ヨンジャと金正日総書記（2001 年 4 月 11 日、咸興招待所にて）。中央に写るのはプロデューサーの李喆雨（写真提供：李喆雨）

キム・ヨンジャは「夢のようだという言葉があるが、これが本当に夢のようです。そしてやっと念願がかない、感無量です」と、興奮気味に話した。北朝鮮側も「熱烈に歓迎します。南の歌手一行がワンマンコンサート形式で行うのは初めてで、平壌市民の関心も非常に高く、期待しております」と語った。平壌市内は四月にしてはまだ肌寒く、インドネシアから贈られた金日成花《キムイルソン》の開花が一週間ほど遅れていた。

平壌到着直後、キム・ヨンジャは自分の歌が果たして北の人々に受け入れられるのだろうかと危惧していた。キム・ヨンジャ自身、北の歌手のように正規の音楽教育を受けたことがなく、いわば野生の花のように自己流で歌を歌ってきたことが心配の種であった。しかし、空港での熱烈な歓迎を受けて、そうした悩みはいつの間にか吹き飛んでしまっていた。

ただ実際の公演となると経験豊富な日本や韓国と違い、未知の北朝鮮ということで、舞台の感触がつかめないでいた。到着後、早速ステージの準備やスケジュール調整等、明け方まで入念な打ち合わせが行われた。キム・ヨンジャ一行が一番心配していたのは、用意した曲目等のプログラムであったが、北朝鮮側は「何でも自由にやって下さい」とのことで、ちょっと拍子抜けのような感じになった。

しかし、その中でもやはり、キム・ヨンジャが歌の間に入れるMCの内容が気掛かりであった。トークの中で日本や韓国ではウケても、北朝鮮には通じない言葉をどう表現するかということで頭を痛めた。例えば「ユーモア」や「ファン」といった外来語をどう言い換えたらいいのか等で、「韓服」は北では通じず、「朝鮮オッ（服）」と表現しないと伝わらなかった。また、北朝鮮の呼称は「共和国」で統一する等々、北朝鮮に配慮する文言に一同は苦慮した。それでもとっさの機転でアドリブを効かせ、その場を盛り上げるキム・ヨンジャの頭の回転の良さには、全員が改めて脱帽した。

歌に北も南もなく

キム・ヨンジャが平壌のステージで歌った全三〇曲は、北の「パンガプスムニダ（お会いできてうれしいです）」から始まり、ラストも北の「また会いましょう」まで、一時間四〇分のワンマンコンサート形式であったが、二回の衣装替えの時以外はトークを交えながら一人で歌い切った。衣装替えの際に演奏されたのは、ビックバンドによるクラシックメドレー、そしてグレンミラー楽団のオリジナルで有名な「イン・ザ・ムード」であった。これも当時の北朝鮮で西洋音楽が演奏されるのは異例のことであった。

コンサートのプログラムでキム・ヨンジャ一行が意図したのは、南北分断以前に歌われていた「懐メロ」を歌うことで、まず朝鮮半島全土で知られている歌によって民族の同質性を確かめようとしたことであった。次に分断後、南北で歌われてきた名曲を歌い、これから一緒に歌える曲を増やしていこうとのことであった。

内容的に見れば、南北が分断する前にヒットした「涙の豆満江《トゥマンガン》」、「他郷暮らし」等の懐かしのレパートリーとアリラン民謡、「セタリョン」、そして北朝鮮の誰もが知っている「口笛」「女性は花よ」「我が国が一番」「リムジン江」等の七曲、南でよく知られている名曲「ホルロアリラン」「七甲山」「美しい江山」「離別」等であった。

初公演は四月七日、フェスティバル委員長の張徹《チャンチョル》ら参席の下、青年中央会館（約一五〇〇名収容の会場）で行われ、成功裏に終えた。キム・ヨンジャ公演のうわさが広まったことで観客を収容しきれなくなり、第二回の四月九日の公演は、もっと規模の大きいピョンヤン国際映画センター（二〇〇〇人）で行われ、これも大盛況であった。

キム・ヨンジャ一行には北朝鮮の最高級クラスである高麗《コリョ》ホテルの一等室が提供され、特別食堂で食事のもてなしを受けた。さらに移動には乗用車二台とバス一台を提供され、招待された芸術団の中では破格の待遇であった。韓国からはキム・ヨンジャ以前に歌手や芸術団も公演で北朝鮮を訪れていたが、このような特別待遇はキム・ヨンジャが初めてで、北朝鮮の彼女に対する熱意と敬意の表明が感じられた。

キム・ヨンジャの平壌公演をサポートしたのは、彼女が所属する芸能事務所の社長で夫の岡宏と彼女の音楽をプロデュースしてきた在日朝鮮人の李喆雨《イチョルウ》の二人であった。気心の知れた二人が同行したこともあって、キム・ヨンジャは四月七日と九日の公演はリラックスして歌うことができた。

キム・ヨンジャ平壌公演が北朝鮮で画期的であったのは、西側資本主義社会では当たり前のプロデューサー制度を導入したことにあった。北朝鮮での文化の発露は、ただ最高権力者を褒め称えることにある。個人が音楽を、芸術を楽しむという文化風土は北朝鮮には存在しない。そこに国家の介入を排したプロデューサー制度を取り入れたことで、北朝鮮伝来の文化政策に風穴を開ける契機となった。困難な北朝鮮との交渉役を一手に引き受けたプロデューサーの李喆雨の存在なくして、キム・ヨンジャの平壌公演成功はなかったと言える。李喆雨は数年間かけてキム・ヨンジャの北朝鮮公演計画を練り上げ、独自ルートで折衝を繰り返していた。

李喆雨が首尾一貫して通した立場は、文化交流をビジネスの手段にしたり、特定団体主導のもとに行うやり方ではなく、民間主導で行うことに徹したことであった。南北の文化交流については過去、中間に政治家や企業家が介入していた。そのため南北双方が「政治的思惑があるのでは」「カネ儲けが目的なのでは」という誤解や不信感が渦巻いていた。李喆雨はあくまでも民間主導で、しかも採算度外視で北朝鮮公演を実現させたことで北朝鮮側の信頼を得ることになり、翌年もキム・ヨンジャ公演を平壌で開催する礎を築き上げた。

キム・ヨンジャの公演は、北朝鮮の人々に新鮮さと衝撃を与えるものになった。とりわけ北の人々を驚かせたのは、キム・ヨンジャが「ワンマンショウ」の形式をコンサートに取り入れたことであった。日本や韓国では歌手のソロコンサートは当たり前であるが、北朝鮮の公演は複数の歌手が出演し、司会者が進行を担当する形式であった。それをキム・ヨンジャは歌を歌いながら、MCとして司会をこなし、客席まで降りて直接観客と接した。コンサート時間も一時間四〇分間の公演を一人でやり切った。これは従来の北朝鮮にはない公演スタイルであり、北朝鮮の音楽シーンに新たな旋風を起こしたことになった。

突然の御前公演要請

四月一〇日、公演の合間に行われた宴席で唐突な提案がキム・ヨンジャ一行に伝えられた。提案というよりは「指示」に近いニュアンスで、別室に呼ばれたキム・ヨンジャと岡宏、李喆雨の三人は北朝鮮の担当者から「明日、地方で公演をしてほしい」と言い渡された。

キム・ヨンジャら三人はその「提案」が何を意味するのか、即座に理解した。互いに顔を見合わせて、表情をくみ取られないよう、視線で相槌を打った。

「最高指導者の前で、歌を披露する」

最高の栄誉であるとともに、最高のプレッシャーが一同に降りかかった。親善祝典には北朝鮮国内のみならず海外からも計七〇以上の芸術団体が参加したが、金正日と接見するのはキム・ヨンジャただ一人であった。

キム・ヨンジャはデビュー以来、場末の酒場から大舞台まで数々のステージをこなし、その都度最高のパフォーマンスを披露してきた。舞台で緊張することはあっても、自分の歌に絶対の自信を持っていたので、「失敗」という重圧を感じたことは皆無であった。しかし今回は、これまでとは事情が異なった。北朝鮮の最高指導者に直接歌を聴かせるのである。

キム・ヨンジャは韓国を代表する歌手として平壌を訪れたのであり、万一金正日を失望させることがあっては、韓国の体面を汚すことになる。それだけでなく、進行中の南北対話に影響を与える可能性もあり、失敗は許されないミッションであった。否、失敗しないことがキム・ヨンジャに求められていたのではなく、いかに最高指導者を自らの歌で楽しませることができるのかが求められた。歌の世界においては何ら恐れることはなかったキム・ヨンジャであったが、今回ばかりは勝手が違った。

不安はあったが、金正日の御前公演を予想しなかったわけではなかった。しかし、突然「明日公演せよ」とのお達しは想定外で、心の準備もないまま明日の公演に臨まねばならないあわただしさであった。そんなキム・ヨンジャの心情を察するわけでもなく、北朝鮮の担当者は「北に親戚はいるのか」や「夫はどんな酒が好きか」と公演には直接関係ない質問を投げかけた。キム・ヨンジャはそれどころではなく、ただ最高指導者が臨席する公演に向けて気を巡らせるばかりであった。

将軍様との接見

心の整理がつかないままその日のうちに、バックバンドと関係者を含んだ総勢三〇名のキム・ヨンジャ一行は、車とバスに分乗して平壌駅郊外の「特別駅」に向かった。「特別駅」から「特別列車」で、行く先を告げられないまま出発した。

「特別列車」はその名の通り特別編成で、金正日が現地指導に向かう際に使用するお気に入りの列車と思われた。列車には、金正日の儀典責任者と朝鮮労働党の宣伝扇動部長も同車した。列車には食堂車が連結されており、夜行にもかかわらず、豪華な食事が提供された。

列車は夜通し七時間を走破し、翌一一日の早朝、平壌から北東に四〇〇キロ離れた咸鏡南道《ハムギョンナムド》の咸興《ハンフン》特別駅に到着した。咸興は東海《トンヘ》（日本海）に面した沿岸都市で、日本の植民地統治時代の一大工業地帯であった。また、一九五九年からの在日朝鮮人帰国事業で北朝鮮に帰還した在日朝鮮人が多く住む地域でもあった。

キム・ヨンジャ一行は列車を降りた後、公演場所である咸興市内の劇場へと移動した。

歓談するキム・ヨンジャと金正日総書記（2001 年 4 月 11 日、咸興招待所にて）。金正日の奥に座るのは鄭夏哲北朝鮮宣伝扇動部長兼書記（写真提供：李喆雨）

駅から劇場の沿道には、咸興市在住の全ての人が集まったと思えるほどの人波がキム・ヨンジャ一行を出迎えていた。人々は手に花を掲げて、「マンセー（万歳）」や「祖国統一」のスローガンを叫んでいた。劇場に入るとリハーサルがあると思いきや、キム・ヨンジャと夫の岡宏、李喆雨の三人だけが警備担当者から呼び止められた。

「こちらに来てほしい」

警備担当者は相変わらず行く先を告げずに、三人を車に乗せて、咸興市郊外の坂道を登って行った。坂道の先には塀を巡らせた建物があり、車はその門の前で停車した。キム・ヨンジャら三人が車を降りるや門は開けられ、その瞬間に眩いばかりのストロボフラッシュの砲列が彼らを貫いた。ストロボのシャワーの向こうに、その人物は立っていた。金正日、その人であった。

建物内に通されたキム・ヨンジャら三人は、大きな机の前に座らされた。その前には金正日と列車に同乗していた宣伝扇動部長が着座していた。

金正日とキム・ヨンジャの対話は、こうして始まった。

朝鮮半島クライシス

キム・ヨンジャが金正日と対面した四月一一日、モスクワ発の重要な発表が世界を駆け巡った。モスクワの外交筋がインターファックス通信に対し、四月後半に予定されていた金正日総書記のロシア公式訪問が延期になったと明らかにした。延期の理由については明らかにされず、ただ北朝鮮側の事情としか分からなかった。

金正日の訪露は、二〇〇〇年にプーチン大統領が平壌を訪問した際に合意された国家間の正式な取り決めで、一〇日程前の急なキャンセルは異例とも言える事態であり、様々な憶測がささやかれた。

金正日がプーチン大統領との約束を反故にしてまで選択した重要な事項、それがキム・ヨンジャの北朝鮮公演であった。その背景には、南北間の駆け引きに加えて、アメリカと中国との微妙な関係が影を落としていた。

二〇〇〇年に行われた史上初の南北首脳会談で、表面的には朝鮮半島の和解と平和が成し遂げられると思われた。しかし、歴史的に朝鮮半島に対する影響力を行使してきたのは中国とアメリカであり、米中の思惑を無視して南北両政府が独自的に関係改善を行える状況にはなかった。

当時、米中間は最悪の緊張関係にあった。二〇〇一年四月、中国海南島付近の南シナ海上空でアメリカと中国の軍用機が空中衝突した。「海南島事件」である。中国側の戦闘機は墜落しパイロットが行方不明になり、アメリカ側の電子偵察機も損傷し海南島に不時着したものの中国側に身柄を拘束された。

米中関係が一触即発にある時期、韓国・北朝鮮双方から南北関係改善を持ち出すことは火中の栗を拾う行為に等しかった。そうした状況下、キム・ヨンジャの北朝鮮公演を許可した韓国の金大中政権は、八方ふさがりに追い詰められていた。金大中は南北関係改善を旗印に大統領に当選したのであり、それを実行することで存在意義を保っていた。北朝鮮が韓国に最も期待したのが経済援助であったが、韓国経済がＩＭＦ危機で停滞していたことと、最大の支援を送っていた財閥の現代グループの資金繰りが悪化したことで、北朝鮮は韓国からの支援が滞り、経済立て直しの目途が立たない状況にあった。さらに金大中大統領の任期は残り二年を切っており、南北関係の停滞は、政権のレイムダック化を意味していた。

南北関係改善の鍵となる米中の関係が悪化する中、さらなる難題が金大中に降りかかった。キム・ヨンジャの平壌公演の一か月前、金大中大統領とアメリカ・ブッシュ大統領が首脳会談を行った。その席上、ブッシュは北朝鮮の軍事的脅威を指摘し、金正日に対する不信感を露骨に示した。

北朝鮮側もキム・ヨンジャの平壌公演の前日にあたる四月九日、金鎰喆《キムイクチョル》人民武力相がブッシュ政権の対北敵対政策を強く非難した。金人民武力相は金正日の「国防委員長選出八周年記念大会」でアメリカを名指しして、「戦争挑発の画策を強化している」と非難した。

米中に続いて、米朝の対立が激化する中、南北対話は完全に頓挫した。キム・ヨンジャの北朝鮮公演は、まさに朝鮮半島周辺の緊張が極限にあった時期に行われたのであり、それは単なる「歌謡ショウ」では収まらない、重要な政治性を帯びていた。

金大中の乾坤一擲の秘策、それは金正日の大統領任期中のソウル訪問であった。キム・ヨンジャの北朝鮮公演はその地ならしであり、公演の成功如何によって金正日ソウル訪問の実現がかかっているといっても過言ではなかった。

朝鮮半島の緊張緩和か、それとも対立激化かという瀬戸際にキム・ヨンジャの平壌公演が行われたのであり、その鍵を握るキム・ヨンジャが金正日の前で歌う。プーチン大統領との会談を蹴ってまで、キム・ヨンジャの公演に臨もうとした金正日も当然同じ気持ちであった。

南北朝鮮の運命を決めるかもしれないステージの幕は切って落とされた。

北朝鮮の韓国人歌手招聘

午後三時、金正日とキム・ヨンジャの面会で、金正日はこう口火を切った。

「あなたのことを二〇年前から愛していました。歌をですが……」

北朝鮮最高指導者のいきなりのジョークから始まり、会話は終始金正日ペースで進んだ。

「よく来ました。去年、金大中大統領が平壌に来られた際、随行した南朝鮮の長官に南の歌手の北での公演を要請し、リストに李美子《イミジャ》、パティ・キム、金《キム》セレナとともにキム・ヨンジャさんを指名しました。せっかくあなたが北を訪れたのに、会わないまま帰してしまったら、約束を守らなかったことになる。必ず会わなければと思ったわけです」

ここで金正日が「南朝鮮の長官」と呼んだのは、当時の韓国文化観光相であった朴智元《パクチウオン》のことである。二〇〇〇年六月の南北首脳会談の二か月後、韓国マスコミの社長一行を連れて訪朝した朴智元に対し、金正日は韓国の代表的歌手の訪朝を依頼した。朴観光相は二〇〇〇年の秋、キム・ヨンジャにクリスマスの訪朝を要請した。しかし、キム・ヨンジャ側のスケジュールが合わず、話は一旦流れたことになる。ちょうどその頃、キム・ヨンジャの二〇〇一年春の日本公演をキャスティングしていた李喆雨に、北朝鮮側から依頼の連絡が入った。李喆雨からキム・ヨンジャの平壌初公演の話を打診すると彼女は快く承諾し、韓国政府も南北文化交流活性化の観点からゴーサインを出した。

キム・ヨンジャと並んで金正日が指名した李美子、パティ・キム、金セレナもキム・ヨンジャに負けず劣らずの韓国で一世を風靡した歌手である。

李美子は「韓国の美空ひばり」と称された伝説的歌手で、一九六四年にリリースした「椿姫」は韓国レコード史上初の一〇〇万枚を売り上げる大ヒットとなった。キム・ヨンジャ同様、日本でも活動したが、皮肉にも「韓国の美空ひばり」の称号があだとなり、一時活動休止に追い込まれた。一九六〇年代の韓国では日本による植民地支配の記憶がまだ鮮明で、韓国民にとって「反日感情」は根強く残っていた。そんな時期、韓国を代表する歌手である李美子が日本で活躍したことを快く思っていなかった世論が一部あったことから、李美子の歌が「日本的」であるとして、韓国放送倫理委員会により放送禁止曲に指定されたのであった。

李美子に対する放送禁止曲指定はいわば言いがかりに近いものであり、歌の何が「韓国的」で、何が「日本的」なのかは、聴く人物の恣意的判断に委ねられてしまう。李美子に対する「親日的」なるレッテル張りは、当時の朴正熙政権が独裁色を強めていた時期で、その矛先をそらす目的により「反日」カードを切る、いわばスケープゴートに李美子は仕立て上げられた。

パティ・キムも韓国のみならず、日本でもよく知られた歌手で、「ソウル賛歌」や「離別」などのヒット曲が有名である。ソウルオリンピック翌年の一九八九年に行われた紅白歌合戦に、キム・ヨンジャと共に出場した経験がある。

金セレナは朝鮮植民地支配時代、伝統音楽をアレンジして歌われた新民謡をリメイクした「密陽《ミリャン》アリラン」や「甘栗打令《クンパムダリョン》」などをヒットさせ、一九七〇年代には日本でも精力的にコンサート活動を行っていた。

金正日がリクエストした歌手は皆、日本での活動経験がある歌手で、韓国語・日本語両方の歌詞を歌いこなすことができた。金正日のチョイスには、彼の日本文化に対する憧憬が見え隠れするが、それ以上の価値となる「政治利用」をこうした歌手に見出していた。

金正日の日本びいき

金正日はこうキム・ヨンジャを称賛した。

「あなたの名前は二〇年前から音楽テープで聴いて知っていた。他の人が歌う歌を、キム・ヨンジャ流に個性的に歌っているのは素晴らしいことだ。才能がある」「咸興公演を行ったため、今日予定していた平壌公演が中止となった。ぜひ来年も来て下さい」

咸興公演が急遽決まった経緯には、金正日が現地指導を行ったことで、平壌に戻れなかったことにある。それだけキム・ヨンジャの公演を金正日が熱望していたことであり、指導者の一声で公演場所があっさりと変更されることに一行は改めて驚かされた。

金正日は続けてこう言った。「南だけでなく、北にも朝鮮民族がいます。南と北で行ったり来たりできる時期がこれから来ます」

そして話は、金正日お気に入りの日本芸能界で活躍する在日コリアンへと移った。

「都はるみが出演した映画『男はつらいよ』を見た。在日朝鮮人が歌手になるため苦労し、悩むのはよくわかる」「日本の有名な歌手にはわが民族の血筋を引く人が多い」として、金正日は戦後日本の歌謡界を代表する女性歌手と男性スターの名を挙げた。

都はるみは「北の宿から」や「大阪しぐれ」など大ヒットを世に出し、紅白歌合戦の常連であった。彼女は在日韓国人の父と日本人の母との間に生まれ、家族がそれを公表した過去があり、都はるみ自身、出自について思いあぐねることがあった。都はるみは歌手活動と並行して、キム・ヨンジャの日本におけるプロデュースを手掛けたこともあり、二人は旧知の仲であった。都はるみがキム・ヨンジャを妹のように可愛がったのは、在日として苦労した中で芸能活動を行った経験から、生活習慣の違う異国で歌手として身を立てるキム・ヨンジャに自身の境遇を重ねたのかもしれない。

最初の挨拶を除いて、ここで初めてキム・ヨンジャが金正日に言葉を返すことになる。

「長年、北の人々の前で歌いたいという思いを叶えて下さったのは将軍様です。心からお礼を申し上げます」

最初の挨拶では、金正日を正式に「総書記」と呼んだキム・ヨンジャであるが、二回目以降は北朝鮮の人々にならって「将軍様」と呼ぶようにした。これはキム・ヨンジャ自身の発案であり、北朝鮮のしきたりに合わそうとする彼女なりの配慮であった。

在日コリアン芸能人の境遇

ここで、李喆雨が会話に加わった。

「紅白歌合戦も、我が民族の歌手がいなければ成り立ちません」

李の言葉通り、過去のいくつかの紅白歌合戦は在日を出自とする歌手が多数を占めていて、それだけ芸能界で活動する在日コリアンの数の多さを証明していた。そのことは民族差別が厳然としてあった日本社会で、在日が名と財を成すには芸能界等の限られた世界しかなかったことの裏返しであった。しかし、在日の芸能人は一様に日本名の芸名を使用しており、一見してコリアンであることは分からなかった。聴衆やファンは「日本人」として在日芸能人を吟味しているのであり、それに応えて在日芸能人は舞台やテレビでただひたすらに「日本人」を演じ続けた。

コリアンに対する差別が厳しかった時代、在日であることが明らかになれば人気やレコード売り上げが下がることは目に見えていた。所属事務所はもとより、在日芸能人はコリアンである素性を隠し通し、「日本人」という装いで華麗な芸能界を生き抜いてきたのであった。そのことを金正日は熟知していた。

金正日の当時の妻、高英姫《コヨンヒ》は北朝鮮に帰国した在日朝鮮人で、一〇代のころまで日本で生活していたとされる。高英姫が日本にいた時分、多数の在日芸能人が活躍しており、高英姫も胸をときめかせていたことであろう。そんな高英姫から日本の芸能界について聞かされていたと思われ、金正日も日本の文化について関心を示すことになったと考えられる。しかし、金正日の日本文化、とりわけ日本の芸能界に対する関心の高さの真の狙いはやはり別にあった。その後、話題はキム・ヨンジャの歌手活動について移っていく。

金正日はこう問いかけた。

「キム・ヨンジャさんが出演した紅白歌合戦のビデオを見ました。三年前ですか」

それに対してキム・ヨンジャはこう答えた。

「五年前です」

二人の会話を聞いていた李喆雨は、感慨深さともどかしさが入り混じった複雑な心境であった。南の歌手と北の最高指導者の共通する話題が、李が居住する日本で放送される紅白歌合戦というのは興味深いことであるが、日本というフィルターを通してでしか南北は互いを知るすべがないというのは歯がゆい気持であった。

そんな李喆雨の心情を推し量るかのように、金正日はあえて日本の紅白歌合戦を取り上げて、「歌には北も南もない。同じ言葉を話す同じ民族である」と言い聞かせたのかもしれなかった。南北朝鮮、そして日本の歌謡談義は続く。

金正日の狙い

金正日はこう話を継いだ。

「『釜山《プサン》港へ帰れ』は趙容弼《チョヨンピル》が日本で歌いヒットした。彼は自分で作詞・作曲し自分で歌うので、歌手としての寿命が長いのではないですか。歌唱力も相当なものだ」

金正日は韓国の歌手で趙容弼を絶賛したが、とりわけ「日本でヒット」したことに主眼を置いた。金正日としては、趙容弼が「釜山港へ帰れ」を機に、日本で知名度が上がり、長く活動できたことに興味があったようだ。そこに金正日のある狙いがあった。

「日本には歌手が長く活動できる社会環境がある」との金正日の見方について、キム・ヨンジャは「南に比べ、日本では古い歌が何度もテレビで流れます。寿命が長いのもそのためでは……」と応えた。

「釜山港へ帰れ」の日本でのヒットの理由、趙容弼の日本での成功について、金正日は是非ともキム・ヨンジャの意見を聞いておきたかったようだ。キム・ヨンジャだからこそ、その秘訣をおしえてほしい。金正日の懇願にも似た思いであった。

金正日の本心は、次の言葉から読み取れた。

「我が国の歌を日本社会により一層波及させるためには、やはり我が国の歌をどうやって日本語に翻訳するのか、またどんな歌を選曲して歌えば、日本人が我が国の歌をよく歌うことができるのか」

一九八三年、趙容弼の歌う「釜山港へ帰れ」が日本で大ヒットし、日本人の韓国歌謡に対する好感度が一気に高まった。カラオケでは「釜山港へ帰れ」が次々と歌われ、日本人の韓国文化に対する親しみの度合いが強まっていった。

それまで韓国の歌謡曲や文化について日本人は見向きもせず、せいぜい年配男性が妓生観光やカジノ、ハンティングで韓国を訪れる程度であった。また、一九八〇年、軍事クーデターで政権を簒奪し、光州事件で市民を殺戮した全斗煥政権に対する世論の風当たりは強かった。「釜山港へ帰れ」のヒットは、そうした韓国のイメージをアップする一助となり、日本と韓国は全斗煥大統領の訪日を機に「日韓新時代」を迎えることになる。

北朝鮮の当時の状況として、経済破綻の回復には日本の資本が必要であり、日朝国交正常化が至上課題であった。金正日としては、「釜山港へ帰れ」の前例を倣って、歌や文化が両国関係の接近の露払いとなると見なしていた。それには北朝鮮の歌で、「釜山港へ帰れ」のように日本語でも歌えるような曲が候補としてある必要があり、金正日はキム・ヨンジャにさらなる助言を求めた。

「あなたはソウルではなく、日本で活動しているんですね。だったら、一番を朝鮮語で歌い、二番を日本語で歌うことのできる歌が何曲か選曲できないか」

キム・ヨンジャは金正日の権謀術数の腹の内が読めないまま、率直に思い当たる歌をその場で選曲した。

「三曲あります。『離別』『イムジン河』『釜山港へ帰れ』です」

この答えに金正日は特に反応を見せることはなかったが、彼の腹の内はここで決まった。「イムジン河」、それが答えであった。

キム・ヨンジャしかいない

北朝鮮で作られ、日本語で歌える歌について、金正日がここまで突っ込んだ質問をするのは、キム・ヨンジャをおいて他にはなかった。

日本の芸能界については理解を示す金正日は、韓国の芸能事情については手厳しかった。「南の二〇代の歌手の歌は、何を言っているのかよくわかりませんね」

それにたいしては李喆雨がこう返した。

「日本でもそうです。両方とも米国の影響でしょう」

金正日は李の意見に賛同して、「その通り。そもそもの発端はエルビス・プレスリーですね。土井たか子氏（当時の社会党党首）が来た時、『朝鮮は昔から歌舞に優れた民族だ』と言いました」

金正日からプレスリーの名前が出るとは意外であったが、日本も韓国も歌詞よりもメロディー重視となっている世相に対する嘆きを吐露したようだ。「今どきの歌手」が言葉を旋律の一部と捉え、詞よりも曲のフレーズに言葉を乗せて歌うことに、金正日らの既成世代が違和感を覚えるのは、国が変わっても同じ心情であるようだ。

この点から言っても、メッセージ性のある北朝鮮の歌を日本語で歌えるのはキム・ヨンジャ以外に見当たらない。金正日はそう確信したのかもしれなかった。北朝鮮の最高権力者がわざわざキム・ヨンジャと接見した理由が、まさにそこにあった。キム・ヨンジャ以外の韓国人歌手では駄目であった。日本で芸能活動し、日本で知名度がある、そして北朝鮮の歌も躊躇なく歌を歌える歌手としてキム・ヨンジャはうってつけの存在であった。

接見を終えて、金正日は「先に行って。私も後から行く」とキム・ヨンジャ一行を送り出した。公演会場の集会所には、五〇〇〇人が座れる椅子が並べられていた。舞台から約七メートルの最前列に、椅子と電気スタンドが置かれた机が置かれていた。金正日のための専用席で、父の金日成と同じ観覧スタイルを踏襲していた。

ターゲットは日本

咸興公演開始の午後五時少し前、一五〇〇人の観衆によって一斉に「マンセー」の叫びが館内にこだました。金正日の入場である。キム・ヨンジャの舞台登場よりも、拍手と歓声はひときわ大きかった。

公演で披露されたのは韓国と北朝鮮の歌で、全三一曲をキム・ヨンジャは歌い切った。北朝鮮の最高指導者のための御前公演という気負いはなく、いつも通りキム・ヨンジャは心を込めて熱唱した。

舞台から金正日を見ると、金は曲順と歌詞を書いた紙をスタンドの明かりで照らし、目で追っていた。歌詞を口ずさむことはなかったが、彼なりに楽しんでいるように思えた。

公演の後半で金正日は後ろに控えている儀典責任者の方に振り向いた。直ぐに近づいた儀典責任者に金正日は何やら指示を出した。後で分かったことなのであるが、キム・ヨンジャの夫が韓国語を理解できないことを知った金正日が、公演後に行われる晩餐会で通訳を付けるよう指示を出したのであった。最高指導者の配慮に、キム・ヨンジャは恐縮するばかりであった。

午後七時過ぎから、近くの食堂でワインを飲みながらの晩餐会が行われた。料理は生きたエビの酒蒸しに銀ダラのホイル焼き、フカヒレスープ、ナシをくり抜いて盛られたキムチ等々、絢爛豪華なフルコースであった。

晩餐会では夫のために通訳の女性が同席した。年は六〇歳くらいの上品な面持ちで、チョゴリ姿ではなく洋装であった。通訳が本業ではない様相であったが、金正日よりは年上で、臆することなくはきはきと通訳していた。通訳の女性は翌年四月に行われた平壌公演でも通訳として同席することになる。

金正日がこう切り出した。

「素晴らしい公演でした。我が国の歌も、歌手が違えば新しい味が出る。バンドの伴奏は誰が作りましたか」

キム・ヨンジャは答えた。

「夫と日本人のスタッフが作りました」

続けて金正日は、「演奏が歌をよく引き立てていた。また、編曲も実にいい。それでは、我が国の歌を五曲送るので編曲して下さい。日本の相場よりも、同じ民族なのだからギャラは安くしてもらわねば」

金正日のジョークを交えた発言に、一同笑いが広がったが、「編曲にこそ歌の神髄がある」とは金正日の持論で、編曲の重要性を金正日は著書の「音楽芸術論」でも述べていた。

ここで突然、金正日は真顔になった。

「私が曲の二番を日本語で歌うようにと頼んだのは、今後、我が国の歌も日本語に翻訳して歌う必要があるからです」

金正日の発言は、日本との国交正常化を見通して、日本との交流を推し進めようとの意図があった。米中対立と南北関係の停滞により対外支援がままならない状況で、北朝鮮が当てにしたのが日本であった。韓国がだめなら、日本にすがるしかない。金正日の日本文化への関心の裏には、日本の経済援助に対する熱い眼差しがあった。

その橋渡しが日本を活動拠点にしているキム・ヨンジャだと踏んでいたのか、金正日の日本に対する関心の高さにキム・ヨンジャら一行は驚かされた。ここで、キム・ヨンジャと金正日の間には明らかな「すれ違い」があったことがわかる。キム・ヨンジャは金正日のソウル訪問を是が否とも推し進めたいが、金正日当人にとってそれは関心事ではなく、逆にキム・ヨンジャに日本との交渉役を担わせたかった。

キム・ヨンジャに見せた日本へのラブコールが効を奏したのか、翌年に当時の小泉首相が訪朝し、日朝平壌宣言に合意して、日朝間の関係は一気に良好になると思われた。しかしその場で金正日が日本人拉致の事実を認めたことで、日朝間は険悪な関係となり、金正日の意図していた日朝国交正常化も霧散してしまう。

崇拝よりも情

キム・ヨンジャは金正日の真意が摑めぬまま、金正日のプライベートに話題を変えた。

「総書記は南の歌である『下宿生』がお好きと聞きました。私の歌う『離別』もよく聞かれていると耳にしました」

すると金正日は、「ええ、好きですね」「他にも南の歌であれば、一〇年から二〇年前の歌謡曲をよく聴きます」「その中でも一番は、あなたが一九八一年に発表した『歌の花束』だ。いろんな人の歌を自分のものにして統一させたのはすごい。あなたは南朝鮮のパティ・キムや李美子、それに美空ひばりのいいところが全て入っている」とキム・ヨンジャを絶賛した。

そして話は公演前の接見に続いて、金正日の最大関心事である日本の芸能界に移る。金正日は日本の芸能人に精通しており、都はるみがマドンナ役を務めた一九八三年公開の「男はつらいよ」第三一作を見たと語り、また小林旭についても話題にした。金正日は日本や韓国の文化を持ち上げる一方、自国の北朝鮮文化については手厳しかった。

「我が国の歌は、歌詞が非常に堅い。歌の背景に、封建的な思想があるようだ。南の歌には情がある。世界的にエレキギターや電子楽器の音楽は飽きられていると思いませんか。生の音で演奏する音楽が復活するのではないか。我々も考えてみなければと思っています」

金正日が北の歌を批判したのには驚かされた。北の歌のほとんど全てが、金正日と彼の父親、金日成を賛美することに捧げられているからだ。その歌で崇拝されている当の本人が、「封建的で、堅苦しい」と言い切っているのである。もっとも、歌という歌の全てが自分のために歌われているのを日々聞かされていると飽きがくるのもうなずける。自分は純粋に歌を楽しみたい、それを満たしてくれるのは、同じ朝鮮語でかつての朝鮮の風景や風俗を歌う南の歌だと金正日は心底思っているのであろう。

歌に続いて、冷麺が話題になった。金正日は北朝鮮を訪れる人々に共通する食文化の点に触れた。

「どうして我が国に来た人はみんな冷麺を食べたがるのか。鄭周永《チョンジュヨン》氏（韓国現代グループ元名誉会長）は、朝から冷麺ばかり食べていた」

鄭周永の故郷は北の江原道《カンウォンド》の金剛山《クムグァンサン》近くにあり、一九九八年に訪朝した際は、トラックに牛五〇〇頭を載せて北に送った。鄭周永にしてみれば、平壌冷麺は故郷の味であり、平壌でしか味わえない絶品に他ならなかった。

二〇一八年の南北首脳会談でも、文在寅《ムンジェイン》大統領と金正恩《キムジョンウン》第一書記は共に冷麺を食したが、本場の平壌冷麺の味は韓国では再現不可能であることが印象付けられた。本場の食材、水、調味料、そして料理人の腕などが絡み合い、本場でしか作りえない風味が存在していることを平壌冷麺は証明したのであった。

そのため北を訪れた者は、今度いつ食べられるか分からない冷麺を貪り食うように何度も注文するのであった。もっとも平壌に住む特権層の人々にとっては、飽きるほど食べているのでそれほど有り難いとは感じないであろうが。

宴の終わり

晩餐会は終始和やかな雰囲気で進行したが、一時だけ場が緊張した場面があった。それはだいぶん酔いが回った時に、キム・ヨンジャの夫、岡宏が金正日にこう尋ねた時であった。

「もっと観光客を呼んで、外貨を稼いだらどうですか」

その質問に金正日はにべもなくこう答えた。

「いらない。観光に力を入れている国は、みな退廃している」

北朝鮮にとっての西側資本主義文化は、あくまでも金正日一人だけが享受できるものであることを見せつけた瞬間であった。その言葉を区切りに、晩餐会は午後九時に終了した。

別れ際に金正日からキム・ヨンジャに陶磁器と花籠が贈られた。キム・ヨンジャは岡が発した場違いな質問で、重要なミッションを金正日に伝える機会を失っていた。この別れの場において、それを伝えるのがラストチャンスであった。

キム・ヨンジャは意を決して、しかし努めて冷静さを装いながら金正日にこう言葉を投げかけた。

「近いうち、ぜひソウルにいらしてください。金大中大統領も心待ちにしています」

その問い掛けに、金正日はただ笑って答えただけであった。しかし、その眼は笑っていなかった。

キム・ヨンジャが金大中から託された南北関係打開の秘策は、この瞬間に打ち砕かれた。

キム・ヨンジャは金正日と別れた後、車の中で堰を切ったように泣き始めた。平壌に来て、自分を肉親のように温かく迎えてくれた人々に感謝した感激の涙なのか、最高指導者の金正日との接見という緊張感から解放された涙なのか、それとも最大のミッションである金正日のソウル訪問の確約を取れなかったことに対する悔し涙なのか、それは分からなかった。

キム・ヨンジャ一行は午後一〇時発の特別列車で咸興を発ち、翌一二日早朝に平壌に到着した。平壌で手渡された朝鮮労働党の機関紙『労働新聞』の一面トップは、咸興で撮影された金正日とキム・ヨンジャ夫妻の写真が大きく掲載されていた。

午前九時四〇分、キム・ヨンジャ一行を乗せた飛行機は順安空港を飛び立った。キム・ヨンジャの平壌初公演そのものは成功裏に幕を閉じた。しかし、その裏で駆け引きのあった南北関係について進展はなかったが、これで終わりではなかった。キム・ヨンジャは翌年も金正日から北朝鮮で公演するよう要請された。金正日のソウル訪問実現、その第二ラウンド開始のカーテンコールが鳴り響いた。もっとも、当の金正日は依然日本にご執心で、主人公不在の金大中とキム・ヨンジャの片思いであったが…。

第四章　イムジン河

平壌再訪

二〇〇一年暮れ、「我が国の歌を編曲して欲しい」との金正日の言葉通り、五曲の歌が北朝鮮からキム・ヨンジャの下に届いた。曲にアレンジを付けた楽譜を携えて、二〇〇二年四月四日夜、一年前と同様、キム・ヨンジャと夫で団長の岡宏、そして前回も同行したプロデューサーの李喆雨、岡宏が指揮するバンド「Clear Stone」のメンバーら約三〇人は再び平壌の順安空港に降り立った。今回の平壌訪問の公式名称は「キム・ヨンジャ独唱家一行」と北朝鮮式に命名され、四月四日から一一日まで七日間、平壌に滞在することになる。

実は、二回目となるキム・ヨンジャの北朝鮮公演には大いなる逆風が吹き荒れていた。二〇〇一年のアメリカ同時多発テロ事件により、アメリカは同盟国に軍事的結束を呼び掛け、北朝鮮に対しても強硬姿勢を見せるようになった。アメリカの意向に背くことのできない日本と韓国は北朝鮮に対しても距離を取るようになり、南北首脳会談で進むかに見えた朝鮮半島の緊張緩和にもブレーキが掛けられた。

そんな状況下、キム・ヨンジャが一年前と同様に北朝鮮でコンサートを無事に開催できるのかという心配が周囲にみなぎった。しかしキム・ヨンジャ自身、自分が北朝鮮で歌うことで対立を友好に変えられるという確信があり、二度目の北での公演に躊躇はなかった。

国際的な緊張が高まっている状況にあって、北朝鮮では金日成主席誕生九〇周年を迎えている中で、第二〇回「四月の春親善芸術祝典」開催という前年以上の慶祝雰囲気が感じられた。今回の祝典には、世界六〇か国から一〇〇団体以上が参加することで、北朝鮮での祝典でも前例のない規模と内容で実施されることになった。さらに、同時期に韓国の金大中大統領の特使である林東源《イムドンウォン》外交安保統一特別補佐官が平壌に来ていたことから、南北関係の画期的な提案が発表されるのではないかという期待が平壌市民らの中で相当に広がっていた。

今回の平壌公演は、北朝鮮で行われる「四月の春親善芸術祝典」に合わせて開催されることになり、空港では祝典準備委員会の張徹《チャンチョル》委員長をはじめ、様々な関係部門の職員らと群衆が出迎えに来ていた。

前回の公演では、副委員長の出迎えであったが、今回は委員長自ら迎えに上がった。また送迎の車のナンバープレートには赤い星が描かれており、これは政府要人を意味していた。さらには税関での荷物検査もフリーパスで、昨年の訪朝より待遇が上がったと感じられた。それもそのはず、キム・ヨンジャは北朝鮮の最高権力者の御前公演を行い、彼の主催する晩餐会にまで招かれる「国賓」に他ならなかった。

キム・ヨンジャが国賓クラスの待遇を受けた理由、それはキム・ヨンジャが金正日との約束を果したからであった。二〇〇一年の大晦日、日本歌謡界を総決算するプログラムといえるＮＨＫの「紅白歌合戦」にキム・ヨンジャは堂々と出演した。一五年に及ぶ日本での活動期間中、三回目の紅白出場であった。この日の紅白で彼女が歌った歌が、金正日に日本で歌うと表明した「イムジン河」であった。キム・ヨンジャが出演した時の視聴率はなんと五一％を弾き出し、これは全出演者の中で二位を記録した。

イムジン河ヒストリー

キム・ヨンジャが二〇〇一年の咸興公演で金正日の前で歌った曲の一つ、「イムジン河」は数奇な運命を辿った歌である。「イムジン河」は北朝鮮で一九五七年、「リムジン江」として世に出た。「リムジン江」として歌われる「臨津江」は、朝鮮半島を南北に分断する北緯三八度線に沿って流れる川で、分断の悲劇の象徴とされている。その川を隔てて、北に渡った南出身者が帰ることのできない南の故郷の山河や懐かしい人々を歌詞にした歌である。

しかし、この歌は北朝鮮ではそれほど歌われることはなく、歴史に埋もれた感があった。それというのも、北朝鮮では金日成ただ一人を褒め称える歌のみが評価される傾向があり、朝鮮半島南部への望郷を甘く切なく歌う曲は、政治的に利用価値がないと判断されたからである。

北朝鮮で陽の目を見なかった「リムジン江」が、意外にも日本で盛んに歌われるようになる。北朝鮮の指導下にある朝鮮総連が「リムジン江」を広め、朝鮮総連系の在日コリアンによって歌われることになる。当時は、北朝鮮への在日コリアンによる帰国運動が盛んな時期で、帰国運動に協力した日本人もこの歌を耳にするようになる。日本では「リムジン江」は「イムジン河」として歌われるようになり、北朝鮮では受け入れられなかった甘く切ないメロディーと故郷を偲ばせる歌詞が日本人の琴線にも触れ、左翼的なフォーク・ソングのレパートリーとして歌われるようになった。

一九六八年二月、「帰ってきたヨッパライ」が二〇〇万枚の売り上げとなる空前の大ヒットを飛ばしたザ・フォーク・クルセダーズが、第二弾のシングルとして「イムジン河」をレコーディングした。しかし、「イムジン河」の発売直前、騒動が起こった。朝鮮総連による抗議であった。「イムジン河」のクレジットには「作者不詳の朝鮮民謡」と記されていたのだが、朝鮮総連側は「作詞は朴世《パクセ》永《ヨン》、作曲は高宗煥《コジョンファン》で作者不詳ではない」として「歌詞も変更されている」と主張した。そして「レコードとして発売するならば歌詞を原曲のまま忠実に翻訳し、『朝鮮民主主義人民共和国』と作詞・

作曲者を明記すること」を要求した。

一九六八年当時は一九六五年に日韓条約が締結され、日本は韓国を「唯一の合法政府」と認定していた。そうした状況で「朝鮮民主主義人民共和国」とレコードに明記するとなっては、当然韓国から抗議されることになる。発売元の東芝レコードは、そうした韓国・北朝鮮からの政治的圧力に巻き込まれることは真っ平御免で、早々に発売中止を決定した。

そうしたいわくつきの「イムジン河」であったが、発売中止となって以降、韓国・北朝鮮ともこの曲にその後さしたる関心は示さなかった。「イムジン河」は日本で在日コリアンによって細々と歌い継がれることになり、発売をめぐる騒動もいつしか忘れられ、曲とともに風化していった。

その「イムジン河」が、キム・ヨンジャの北朝鮮公演で一気に表舞台に立つことになる。それまで北朝鮮でも「忘れられた歌」であった「リムジン江」が一挙にメジャーな曲となり、二〇〇〇年の南北首脳会談による南北融和を象徴する歌として、こぞって歌われるようになる。

そして、北朝鮮での公演を終えた年末の紅白歌合戦で、キム・ヨンジャは「イムジン河」を歌うことになる。翌二〇〇二年、発売中止から三四年、幻の音源であるザ・フォーク・クルセダーズがレコーディングした「イムジン河」のCDが店頭に並んだ。CD化された「イムジン河」は日本と韓国のサッカー、ワールドカップ開催という朝鮮半島をめぐる周辺状況の雪解けというタイミングともマッチして、売り上げが一〇万枚というヒットとなった。

政治的な理由で発売と禁止なった「イムジン河」であったが、その再評価も政治的な理由に他ならなかった。

「リムジン江」から「イムジン河」へ

「イムジン河」の原曲「リムジン江」は北朝鮮で作られたソプラノの独唱曲で、フォーク・ソングとして知られるようになったのは日本に他ならなかった。北朝鮮で「ヒット」するのはただ一つ、最高権力者をいかに称え、北朝鮮が勇猛果敢な国かを表現する歌に他ならなかった。朝鮮半島南部の望郷の念を込めた歌など北朝鮮で広く歌われるはずはなく、日本以上に風化し、忘れられた歌となっていた。

それが韓国出身で日本を拠点にするキム・ヨンジャが持ち歌として披露し、日本では放送禁止の伝説ソングとして歌い継がれている。それを北朝鮮の指導部が知ったとなると、放っておく手はない。「リムジン江」は「イムジン河」として生まれ変わり、利用価値のある歌として北朝鮮に認識されるようになる。

金正日はキム・ヨンジャにこう語った。

「『釜山港へ帰れ』は趙容弼が日本で歌いヒットした」と。言葉を変えれば、「北朝鮮の歌で、日本でもヒットする曲はないか?」とも聞こえる。

金正日をはじめ北朝鮮の指導部は、「釜山港へ帰れ」のような日本の歌謡界に影響を与える北朝鮮製の歌を欲していた。その最大の候補が、「リムジン江」ならぬ「イムジン河」であった。

キム・ヨンジャが北朝鮮で「イムジン河」を披露した直後の紅白歌合戦で、この歌はテレビ解禁となった。北朝鮮も朝鮮総連も抗議することなく、「イムジン河」として歌われ、その後復刻版のＣＤ

として発売された。

日本への北朝鮮文化の流入、それを欲したのが金正日と北朝鮮の指導部であり、「イムジン河」はその手段として活用されたのであった。もちろん、日本にとっても「イムジン河」はサッカー・ワールドカップ、日韓共催の下地作りとして目玉になる楽曲であった。しかしそれだけでなく、日本としては南北首脳会談に見られる朝鮮半島の和解に向けてコミットする必要にも迫られていた。その布石として「イムジン河」を大晦日にNHKで披露し、北朝鮮の歌をお茶の間に流した。日朝関係改善に向けた取り組みが、日本側のスタンスからも現れていた。そのお膳立てが、キム・ヨンジャによってお蔵入りとなっていた「イムジン河」の発掘であり、日本と北朝鮮は歌の導きにより接近していくことになる。

「イムジン河」は北朝鮮の歌として堂々と日本歌謡界の最高峰にあたるステージで歌いあげられ、視聴率もうなぎ上りとなった。さらに、発売禁止となっていたザ・フォーク・クルセダーズの幻の音源もCD化されヒットする等、「イムジン河」ブームが日本社会で巻き起こった。

北朝鮮の日本社会でのイメージは、一九九八年のテポドン発射で最悪となっていたが、この時点でたとえ日本の首相が平壌を訪れても、大きな反対はないものと受け止められていた。それゆえ、小泉首相は電撃的に平壌を訪れたのであり、日朝国交正常化に向けての下地作りは果たされていたといえよう。「イムジン河」を日本でヒットさせたキム・ヨンジャは日朝友好の象徴的存在であり、功労者であったのだ。

キム・ヨンジャの気遣い

二〇〇一年の平壌初公演以降、北朝鮮のテレビでキム・ヨンジャの公演の模様が放送され、キム・ヨンジャは北朝鮮でも確実にファンを増やしていた。それは公演の合間、北朝鮮の人々からサイン攻めにあうことからも証明された。

前年、金正日から「北の歌四曲を編曲して歌ってみれば」との言葉を受け、年末に原曲が到着するや急いで編曲し、短い時間で練習し、舞台で発表した。北の言葉使いや歌詞の意味がよく分からないキム・ヨンジャがこのように努力したことは、約束を守る信義のある行動と北の関係者からは好意的に受け止められた。

二〇〇二年の平壌訪問の際、キム・ヨンジャは学生用の吹奏楽器を贈り物に持って行った。トランペット、フルート、クラリネット、トロンボーン等、約一五〇万円相当の楽器を贈った。これには理由があった。一年前の訪朝の時、キム・ヨンジャ一行を沿道で歓迎した学生吹奏楽団の楽器の多くが古びていたのを覚えていたからである。キム・ヨンジャのこうした行いは、単に物を贈って北側の関心を引くのはなく、彼女自身の純粋な気持ちが込められた贈り物であったことから北の人々を感激させたのであった。

北朝鮮での公演はまさにボランティアであり、キム・ヨンジャだけでなく、二〇〇二年の親善芸術祝典の参加者らは、すべて自己負担で行かねばならなかった。三〇名近いキム・ヨンジャ一行は自費で飛行機代及びその他の一切の費用を負担し、楽器の贈り物まで準備した点に北側はとても誠意ある行動との印象を受けた。

韓国や日本では、二年連続してキム・ヨンジャ一行が北朝鮮の主催する四月の春祝典期間に参加したと報じたが、これは事実とは異なる。もちろん北の祝典行事の一環で参加したことは明らかであるが、キム・ヨンジャは言うまでもなく韓国国籍であり、祝典期間中の四月一四日から二四日を避けて平壌訪問を実施した。これは明らかに、南と北の両方を配慮した彼女の思慮深さの結果だと言える。

北朝鮮でもキム・ヨンジャ流

キム・ヨンジャ一行は、二〇〇二年の平壌公演で全三回の公演を行った。初回は四・二五文化会館で上演された。ここは観覧席が六〇〇〇席ある平壌で第一の劇場である。最終公演の時には、最高人民会議常任委員会の金永南《キムヨンナム》委員長をはじめとした幹部と張徹祝典委員長らが観覧した。

キム・ヨンジャ一行は前回公演同様、事前にどんな歌を歌うのかという課題で長い討論を行った。結論はやはり観客がよく知っている歌、好きな歌を歌おうということになった。従って、北側の人々がどんな歌をよく知っており、好きなのかに焦点を絞って集中的に論議した。そして南北の民衆がともに歌える歌、好まれている歌を歌うことにした。

初公演のレパートリーは全二〇曲であった。最初の曲は、北朝鮮の歌謡曲で「お会いできてうれしいです」で始まった。北朝鮮の人なら誰でも知っている歌をトップで歌うキム・ヨンジャの心憎い気遣いに、観客は熱烈な拍手で応えた。観客の気持ちをしっかりつかんで離さないキム・ヨンジャは続けざまに「都会の娘が嫁に来る」や「口笛」等の北朝鮮の歌を次々と歌い、観客を熱狂させた。そして南北の共通文化である「アリラン・メドレー」を繰り出し、「本調アリラン」や「密陽《ミリャン》アリラン」、

「珍島《チンド》アリラン」等、様々な地方のアリランを歌い、さらに南北民衆がともに知っている「木浦《モッポ》の涙」「涙の豆満江」も歌い聴衆を魅了した。

北朝鮮では日本の植民地支配時代の歌は「啓蒙期歌謡」として評価されなかったが、年配の人であればよく耳にした馴染み深い歌であった。こうした懐メロをキム・ヨンジャは堂々と北朝鮮で歌い喝采を得たのであるが、翌日の平壌放送には「日本帝国主義によって奪い去られ追い出された朝鮮民族の血の涙の出るような過去を、観覧者らに身に染みて振り返らせた」という論評で報じられた。

最後に「私たちの願いは統一」を観客と共に歌うことで幕を引いたキム・ヨンジャ公演は、会場一体となって成功裏に終えることができた。歌に国境も軍事境界線もない、それを最も強く感じたのは日本と韓国、北朝鮮の三か国全てで公演したキム・ヨンジャ自身であった。

今回の公演においては、北側の舞台関係者の要望でキム・ヨンジャは舞台で歌い続けることになった。しかし、公演が盛り上がるにつれてキム・ヨンジャは要望を無視して舞台下に降り、客席の目前で歌うパフォーマンスを披露した。観客もキム・ヨンジャを間近に見ることを心待ちにしており、こうした光景は日本や韓国でも全く同じであった。

客席に向かって手を振り、マイクを観客席に向けて自分の後に続いて歌うよう聴衆にアピールする、そして明るい歌、悲しい歌、意味深長な歌を次々と繰り出し、聴衆を飽きさせなかった。キム・ヨンジャは歌の歌詞や調べに合わせて幅広い声域と表情、ウイットの効いた言葉で聴衆を沸かせ、笑わせ、また泣かせることで多くの喝采を浴びた。

キム・ヨンジャならではの舞台エピソードを一つ。四・二五文化会館での公演途中で、キム・ヨンジャは突然歌を歌うのを止めた。そしてこう聴衆に語りかけた。

「ああ、この舞台は本当に広いわ。歌を歌うのに、本当に骨が折れる。水を一杯飲んでもいいかしら？　水をちょうだい」とアドリブで観客を笑わせた。形式にとらわれた舞台演出は真っ平御免で、舞台上で休憩するという前代未聞の演出によって、平壌市民はキム・ヨンジャの人間性と純粋さを強烈に印象付けられた。

平壌を席巻したキム・ヨンジャ旋風

二〇〇二年の平壌公演後、日本の記者がキム・ヨンジャについて意地の悪い質問をした。「なぜキム・ヨンジャが北朝鮮で高く評価されているのか？　それは金正日総書記が好きだから、人々もそれに従っているのではないか」と。

しかし、そんな心配は必要なかった。北朝鮮の聴衆は、実に耳が肥えていた。北朝鮮の誇るアーティストのパフォーマンスを、連日ライブやテレビで嫌というほど見聴きしていた。二〇〇二年の祝典においても、どの芸術団の公演が良いのかという評判が平壌の巷で広がっていた。人気のある芸術団の公演では、入場券が争奪戦となった。しかし人気のない公演では聴衆をどう動員するかで、関係者は頭を悩ませていた。

例えば、初公演を行った四・二五文化会館のように六〇〇〇席の公演であれば、日本ではキム・ヨンジャクラスであっても相当な期間を要してチケットの販売等、準備する必要がある。しかし、今回の平壌公演では一日でチケットが売り切れた。平壌の関係者はこうため息をついた。

「今日は家に帰れないよ。家に帰れば、あちこちから電話が掛かってくる。どんな公演だったのか、教えてくれないかというもので、だから今日は夜遅く帰り、明日は朝一で出かけることにするよ」

二〇〇一年の公演では観客は一定の秩序を持って聴衆に徹していたが、二〇〇二年の公演では観客はキム・ヨンジャと合わせて、自ら声を発して歌うという意志と感情を直接表現する光景が数多く見られた。

また、キム・ヨンジャのコンサートが北朝鮮でも盛り上がった理由について、北朝鮮の芸術家も疑問に思っていた。前回の祭典組織委員会副委員長で指揮者でもある宋錫煥《ソンソッカン》はプロデューサーの李喆雨に、「なぜ、キム・ヨンジャが北朝鮮で受け入れられたのか」を尋ねた。

李はその問いに、「キム・ヨンジャが日本での公演で学んだステージ・パフォーマンスにある」と答えた。日本では公演の主役は歌手ではなく、観客である。すなわち「お客様は神様です」をモットーに舞台に立つ必要があると李は宋に伝えた。

この答えに宋は驚愕した。北朝鮮の絶対的な主役は国の指導者であり、その偉業を歌で伝える歌手は偉大な指導者の分身に他ならない。観客はその伝道師から偉大な指導者の教えを享受される使徒であり、あくまでも脇役でしかない。「客は神」とするキム・ヨンジャのアーティスト精神に、北の芸術家はただただ驚くばかりであった。

キム・ヨンジャは平壌での公演に先立って、どうすればステージで北朝鮮の観客の心をとらえることができるかについて考えを巡らせていた。北朝鮮の人々は何に喜びを感じ、どんな悩みがあるのか、どう日々の暮らしを営んでいるのかということについて、北朝鮮の人々の目線から思いを馳せた。熟考した結果、コンサートのＭＣで観客のハートをつかみ、歌で客を笑わせ、泣かせ、そして共感させることに徹した。その効果は、言うまでもなく絶大であった。

趙容弼《チョヨンピル》もかつて平壌公演を行ったが、彼は韓国でのステージ・スタイルをそのまま持ち込んだ。彼にとっての一八番である「釜山港《プサン》へ帰れ」は、日本や韓国では絶賛されるが、北朝鮮の人々が「釜山」の歌について素直に共感できるのかは疑問の余地がある。さらに趙容弼は北朝鮮の歌は一曲も歌わなかったことから、彼の公演に北の観客は馴染むことができなかった。彼は北朝鮮の人を歌で喜ばせるのではなく、自分の歌のうまさを見せつけようとしたのであった。

また、趙容弼に並ぶ韓国の有名歌手である李美子《イミジャ》も、北朝鮮の公演で延々と韓国歌謡のトロットを歌い続けた。李美子の歌唱力には確かに感嘆すべきところがあるが、同じテンポ、同じ曲調の繰り返しともなると、確かに飽きも起こり、まどろむ観客もいたという。

対してキム・ヨンジャは北の歌を半分以上歌い、加えて南北コリアンが共通して知っている植民地時代の懐メロや民謡もレパートリーに入れ、観客を魅了した。単に自分のパフォーマンスを見せつけたり、自分の美声を聴かせるだけではなく、観客とともに楽しめるステージをキム・ヨンジャは創り上げた。それは平壌公演のみならず、世界のどこでも彼女が演じてきた誇り高いステージ・アクトであった。

私たちはひとつ

四月八日の北朝鮮の『労働新聞』に、「私たちはひとつ」という歌が大きく掲載された。この歌には「南北朝鮮は民族、言語、歴史文化が一つであるということを強調し、民族の名の下に集まり、統一に向けて進んでいこう」という意味が込められていた。この歌が、韓国の大統領特使と合意した共同報道文発表直後に新聞に載せられたことで注目されていた。

李喆雨が宿舎でその記事を読んでいると、キム・ヨンジャが突然部屋に入ってきて、「今度の公演でこの歌を歌えば、平壌市民が喜んでくれるんじゃない？」と興奮した面持ちで話しかけた。李は即座に、「本当にそうだね」と答えた。

話がまとまるや、楽団一行は急いで歌について楽譜を検討し、編曲した。そして二日後、最終公演の四月一〇日の万寿台《マンスデ》芸術劇場でこの歌を舞台で披露することにした。歌うことにかけてはプロ意識を貫くキム・ヨンジャであったが、急遽歌うことに決めた新曲であったことから「私たちはひとつ」は譜面を見ながら歌った。

観客の反応は絶大で、アンコールを受けるまでの熱狂ぶりであった。キム・ヨンジャは平壌であれ、ソウルであれ、日本であれ、観客を単なる「聴衆」としてではなく、どうすれば観客が自分の歌を歌ってくれるのか、歌を愛してくれるのかを心に留めて、観客と共にコンサートを作ることに腐心したのである。

ひとつ　民族もひとつ
ひとつ　血筋もひとつ
ひとつ　土地もひとつ

ふたつになれば生きられない
統一の歓喜が波打つ
太陽朝鮮私たちはひとつ

「私たちはひとつ」は公演に来た人々も初めて聴く歌であったが、覚えやすく軽快なテンポで、その後テレビでも盛んに流され始めた。北の歌である「私たちはひとつ」は、キム・ヨンジャによって北の人々に歌われるようになった。

二度目の金正日との接見

二度目の平壌公演を切望していた金正日は、四月六日と八日の公演には姿を見せなかった。最終日の四月一〇日の公演は、かつて金大中大統領夫妻が舞踊を鑑賞した「賓客専用」の万寿台芸術劇場で行われた。リハーサルの時、舞台に一番近い場所に大型の椅子が置かれた。前年の咸興の時と同じ配置で、「最高指導者が観覧に来る」と一同に緊張が走った。

しかしその大型の椅子は開演直前に撤去され、別の椅子がその場所に置かれた。開演時間が迫るころ、北朝鮮指導部の幹部たちが次々とその席に座った。

「今日も来ないみたいですね」、舞台の袖でキム・ヨンジャが李喆雨に耳打ちした。明らかにキム・ヨンジャは落胆した様子であった。

万寿台芸術劇場での公演の幕が下りると、すぐに警備担当者が「その場を動かないでください」とキム・ヨンジャら一行に指示した。舞台衣装もそのまま車に乗せられ、到着したのは「百花園《ペクカウォン》迎賓館」であった。かつて金大中大統領やロシアのプーチン大統領をもてなした国賓専用の場所である。

金属探知器のゲートを通り、案内された部屋で待機していると、キム・ヨンジャ夫妻がまず別室に呼び出された。金正日直々の接見で、彼は二人に公演の労をねぎらった。午後八時半、李喆雨やバックコーラスを務めた女性も加わって、食堂の大きな四角い机を囲んでの晩餐会が始まった。

北朝鮮側は、金正日の隣に側近で対韓国担当の金容淳《キムヨンスン》書記が座り、もう一方の隣に鄭夏哲《チョンハチョル》書記と前年と同じ通訳の女性、書記の金己男《キムギナム》が座った。

金正日は開口一番、「仕事の関係で直接、公演を見られませんでしたが、食事でも一緒にしようとお呼びしました」と観覧欠席を詫びた。それに対して、キム・ヨンジャは「またお会いして頂き、感謝します。二回目の平壌訪問で、故郷に来たように感じます」と感謝の言葉を述べた。

金正日は続いて、「今回も新潟からウラジオストク経由で来たのですか。日本と修好すれば、直接来られるので、不便はなくなるでしょう」と語った。金正日の言葉の裏には、日本との国交が樹立されれば、北朝鮮と日本の間には直行便が往来することが示唆された。

次に金正日は「中国でも公演しますか?」と尋ね、キム・ヨンジャは「今年一一月に北京で行う予定です」と答えた。金正日は、「東北アジアには我が同胞が多いので、中国に行けば人気が出ますよ」と述べた。事実、中国には朝鮮族が二〇〇万人近く居住しており、中国でのコリアン歌謡のニーズは高かった。戦前、「朝鮮楽劇団」というエンターテイメント集団が旧「満州」地方や北京で公演活動を展開し、大人気を博したこともあった。

宴の話題は、キム・ヨンジャが歌った北朝鮮の「新曲」に移った。

金正日は「『私たちはひとつ』を歌ったそうですね。観衆は一緒に歌いましたか？　今後、海外でも歌って欲しいですね」と感謝の意を表した。どうやらこの歌は、金正日の肝いりで作られたと察せられた。「太陽朝鮮」という北朝鮮独特のフレーズがそれを物語っていた。

次に話題にしたのが、酒についてであった。金正日は「一九九〇年に我が国を訪れた金丸信自民党副総裁は、地元産の山梨県ワインを持ってきた。残念ながら、私にはあまり口に合わなかった。日本では日本酒を温めて飲む人が多いとか。焼酎がとても流行っていると聞きます」

酒の話題になると、さらに勢いが増す金正日であった。そしてキム・ヨンジャの夫の岡に、趣味について話を振った。岡は「私は釣りが好きです。共和国で釣りを一度やってみたいです」と答えた。

金正日は関心の高い日本の話題に興味を示しながらも、「日本の映画に『釣りバカ日誌』というのがあるでしょう。日本の近海は公害がひどいが、わが国はまだ公害がないので環境がいい」と自国自慢を口にした。

金正日の日本映画好きは有名で、「釣りバカ日誌」を監督した山田洋二の「男はつらいよ」シリーズは特にお気に入りであった。日本映画の嗜好には妻である高英姫の影響もあるのだが、この当時「日本の公害はひどい」という認識は高英姫か、あるいは側近の誤った入れ知恵での先入観かもしれなかった。

キム・ヨンジャは、金正日との二回にわたる対面を通じてこう感想を漏らした。

「とても怖い方だと思っていましたが、直接お会いしてみると、情の厚い方だということがわかりました」

　そうした印象を持つに至ったキム・ヨンジャの機先を制するかのように、側近の金容淳はこう付け加えた。

「でも、わが民族を蹂躙し、傷つけようとする人間にはとても恐ろしい方ですよ。親切な人には、情で応える方です」

　アメリカや日本、韓国が敵対的な姿勢を取れば躊躇なくミサイルを発射し、核実験を行う強硬な態度がこの言葉を裏付けていた。

最高権力者のトップシークレット

　キム・ヨンジャは話題を変えようと、大胆にも金正日に血液型を尋ねた。要人の血液型については国家機密にあたり、場合によってはキム・ヨンジャ自身にも災いとなる問い掛けであった。しかし意外にも金正日は、気さくに「私も妹もA型」と答えた。プライベートな質問にも受け答えができるほど、キム・ヨンジャと金正日の関係は打ち解けていた。そして、その場にいた全員が自分の血液型を言うことになり、一時緊張した晩餐会はキム・ヨンジャの一見無謀ともいえる機転によってふたたび和やかな雰囲気を取り戻した。

　歓談の合間、李喆雨は席を回り、金正日のグラスに赤ワインをついだ。すると金容淳が李に、「他の方は酒を飲まないので、私とあなただけでやりましょう」とウオッカを開け、二人のグラスに注いだ。

　金正日はかつてレミーマルタンを飲み干したり、ひっきりなしに煙草を吸う姿を目撃されていた。

しかし、キム・ヨンジャとの二度にわたる晩餐では、赤ワインに軽く口をつける程度で、その代わりによく食事に箸をつけていた。煙草は一度も口にせず、健康に気を配っている様子に見えた。金正日はこの九年後に死亡するのであるが、後継者と目される息子はいまだ幼く、このままでは死にきれないと好きな酒や煙草を絶っていたと推測される。

サプライズとしてキム・ヨンジャとバックコーラスの女性が、還暦を迎えた金正日のために「ハッピーバースデー」と彼の好きな「離別」を歌った。コーラスの日本人女性が晩餐会に招待されたのは、女性はキム・ヨンジャ一人であったため、金正日が配慮して特別に招いたということであった。孤高の独裁者という印象が強い金正日であったが、実は細かい配慮のできる神経の持ち主であった。「離別」はともかく、「ハッピーバースデー」はアメリカの歌であり、それも英語で歌ったのだから、無礼講も極まった感があった。

約二時間にわたる晩餐会もそろそろお開きとなった。金正日は別れの挨拶で、「来年は四月の祝典ではなく、八月半ば過ぎに二週間ほど来て下さい。平壌だけでなく、地方で四か所ほどやってくれたら嬉しい」と要望した。そして岡に向かって、「来年はいい釣り場を私が教えてあげます。軍艦がある所ですが、大きな魚がよく釣れますよ」と夫に対する気遣いも忘れなかった。

接見と晩餐の席上、金正日は終始自信に満ちた表情で話をし、楽天的な様子に見えた。別れ際、前回の陶磁器同様、金正日からプレゼントが贈られた。今回は絵画であった。また前年と同じ、金正日とキム・ヨンジャ夫妻の写真入り記事が翌日の労働新聞一面を飾った。キム・ヨンジャは名実ともに、北朝鮮におけるスターとなった。

翌一一日早朝、キム・ヨンジャ一行は平壌を離れた。キム・ヨンジャは二度目の平壌公演を振り返って、こう感想を述べた。「去年は堅い話もしましたが、今年は柔らかい話ばかりでした」

天国と地獄

二〇〇一年は初の南北首脳会談から一年を経た時期で、北朝鮮外交もまだ模索段階にあり、金正日自身緊張感を持って対処していた頃であった。二〇〇二年はアメリカ同時多発テロ事件の影響で、米朝関係は緊張がみなぎっていた。そうした中、韓国の金大中大統領の任期が残り一年となる中、レイムダック化を防ぐために何としても南北関係で成果を上げねばならなかった。そのために北朝鮮の慶祝行事である「四月の春親善芸術祝典」の時期に韓国は特使を派遣し、経済支援を表明した。その同じ時期、南北の友好ムードに花を添えるようにキム・ヨンジャの公演が平壌で開催され、南北の関係は一気に改善するかに見えた。

北朝鮮としても経済危機には韓国と日本から支援を取り付ける必要があり、これまで拒み続けていた「日本人拉致」について、「不明者であれば捜索する」として協議の場に就いた。

アメリカとしては同時多発テロ事件により二〇〇二年一月、北朝鮮とイラン、イラクを「悪の枢軸」と名指しして批判した手前、北朝鮮と表向き交渉することは困難であった。しかし、イラクとは戦争を辞さない覚悟であったことから、北朝鮮との関係をこれ以上悪化させることはアメリカにとっても不利益となり、南北・日朝の協議については静観していた。

キム・ヨンジャが平壌に降り立ったまさに同じ時期、韓国から林東源大統領外交安保統一特別補佐官が北朝鮮を訪れ、金正日と南北関係進展に関して、ソウルと平壌を結ぶ鉄道建設の着工や南北経済協力推進委員会の早期開催等の六項目に及ぶ合意が成し遂げられていた。さらには時期については明言を避けたが、金正日はソウル訪問についても前向きに検討していると述べた。

キム・ヨンジャの平壌公演については、南北、日朝の協議が大詰めを迎えていた時期で、金正日の観覧はかなわなかった。しかし、晩餐会の頃には協議も峠を越えたことから、金正日は忙しい中にあっても多少の余裕はあったと思われる。それがキム・ヨンジャとの対話にも反映し、金正日としては九月に行われる日朝首脳会談に楽観的な見方で臨んでいた。

しかし、その日朝首脳会談の結果は金正日の期待を裏切るものであり、日本人拉致を北朝鮮側が認めたことで日本の世論は沸騰し、日朝交渉は暗礁に乗り上げた。さらに南北関係も進展を見せず、キム・ヨンジャの三度目の北朝鮮公演は実現せずに終わった。キム・ヨンジャと金正日との関係は、金正日が好きな歌のタイトル通り、永遠の「離別」を迎えることになる。

キム・ヨンジャは北朝鮮から戻ってくると、「二〇〇一年と二〇〇二年に金委員長と会った後に私に幸運が訪れた」と日本のラジオ放送で発言した。事実、キム・ヨンジャは二〇〇二年、有線大賞の最多リクエスト歌手賞と日本レコード大賞の吉田正賞を受賞し、絶頂を迎えることになる。

しかし、平壌公演から半年後、日本の小泉首相が北朝鮮を訪問し、金正日総書記と会談して以来、キム・ヨンジャの運命は暗転するようになる。金正日が日本人拉致を認めたことで、日本の対北朝鮮感情が悪化し、キム・ヨンジャの平壌公演成功も大っぴらに口にするのが憚れるようになった。日本と北朝鮮を結ぶ、韓国の「文化・親善大使」として自他ともに認めていたキム・ヨンジャに逆風が吹き始めた。

第五章　アモール・ファティ

マンネリと人気の下降

二年連続の平壌公演後も、キム・ヨンジャは日本で精力的に歌手活動を続けていた。二〇〇四年と二〇〇五年には、二年連続して日本有線大賞有線音楽優秀賞を受賞した。二〇〇七年一月には東京中野サンプラザを皮切りに、二〇周年記念コンサートをスタートさせる。同年六月にはパリで「ENKA」と題した単独公演を開催し、九月にはNHKホールにて通算一二回目となるリサイタル開催した。

しかし、この頃から人気は下降気味で、ファンの新規獲得に難渋していた。「演歌歌手」というジャンルのため、ファンは高齢層にシフトし、若者層の受けは今一つであった。新曲は出すものの、さしたるヒットとはならず、日本での歌手活動に限界を感じていた。そして二〇〇九年、韓国で二二年ぶりとなる新曲「シップンネロ」をリリースし、この年から韓国を拠点に活動することになった。

日本から韓国に活動拠点を変えたのは、日本でのCD売上げが思わしくなかったからだけではなかった。夫との離婚手続きが長引き、精神的に疲れ果てたことも理由であった。離婚に手間取ったのは財産分与が大きかったが、夫が社長でキム・ヨンジャの日本での活動を全面プロモートしていたことから、キム・ヨンジャ自身金銭面ではノータッチであった。自分名義の財産がいくらなのか、それすらキム・ヨンジャはほとんど知らされていなかった。

夫との協議離婚は成立したが、日本での活動はキム・ヨンジャ自らが立ち上げた芸能会社で行う必要があった。しかし、そこはコネやツテが頼りの芸能界で、弱小・独立芸能事務所では販売・宣伝等のマネージメントも満足のいくものとはならなかった。

二〇一三年以降は年一枚程度のシングルCD発表にとどまり、自らの信条であるコンサート活動もめっきり停滞した。日本での新曲は二〇一六年の「哀愁の酒」を最後にリリースも止まり、日本でのファンクラブも休眠状態になっていた。二〇〇一年と二〇〇二年が歌手活動のピークだとすれば、あとは下がるしかない、そんな苦境にキム・ヨンジャは直面していた。

世間では、キム・ヨンジャはもう「過去の人」になったと思われた。

運命の復活

生まれ故郷の韓国で再起を誓ったキム・ヨンジャではあったが、韓国でも前途は多難であった。二度の平壌公演を成功させた実績を引っさげて韓国に乗り込んだが、母国でもキム・ヨンジャはもはや「過去の人」扱いであった。生き馬の目を抜く韓国芸能界で、過去の栄光にすがっても人気が出ることはなかった。音楽業界の主流はK-POPで、「演歌歌手」のキム・ヨンジャは忘れられた存在であった。

キム・ヨンジャが韓国で全盛であった一九八〇年代のように、音楽コンテンツはCDではなく、携帯電話等へのダウンロードが主流で、宣伝媒体もテレビやラジオではなく、SNSの活用が主流となっていた。所属事務所がメディアに売り込んで、地道にコンサート活動で歌の知名度を上げる戦略は、「過去の遺物」であった。キム・ヨンジャはその時の心境を「自分が異邦人のように思えた」と述懐した。

しかし、これで終わるキム・ヨンジヨンジャではなかった。二〇一三年に発表された「アモール・ファティ」がブレイクしたのであった。それもトントン拍子のヒットではなく、キム・ヨンジャの人生同様、紆余曲折があった。

「アモール・ファティ」はリリースされてもさしたる関心は示されることはなかったが、人気アイドルグループ、EXOがある音楽番組でこの歌を歌った。それを観ていたEXOのファンがSNSでこの歌を配信し、一気に若者層に浸透していった。

「アモール・ファティ」は、エレクトロニック・ダンス・ミュージック（EDM）とトロット（韓国歌謡）を融合させたノリのある曲で、世代を超えて聴くことのできる素地があった。それがヒットにつながったのであるが、最大の要因はやはりキム・ヨンジャの歌声にあった。演歌であれ、ダンス・ミュージックであれ、「キム・ヨンジャ流」に歌いこなし、人を熱狂させる。その真髄が「アモール・ファティ」にも見事注がれ、歌に魂が込められたのであった。

「キム・ヨンジャ流に歌いこなす」、この言葉を発したのはキム・ヨンジャの大ファンの金正日《キムジョンイル》であったが、キム・ヨンジャが不死鳥のように甦ったのも「キム・ヨンジャ流」を貫いたからであった。

一旦火のついたブーム再燃に、キム・ヨンジャはどん欲に食い込んだ。以前にはなかったバラエティー番組にも積極的に出演し、自分を売り込むことに余念はなかった。そこは金正日をも魅了したトークを武器に、音楽業界のみならず、幅広い芸能分野に切り込んでいった。「演歌の大御所」であるにもかかわらず、奢ることのないスタイルがファンのみならず、若手ミュージシャンにもリスペクトされることになる。

「韓国版紅白歌合戦」と呼ばれる、二〇一八年のKBS歌謡大祭典には、BTS（防弾少年団）やEXO、TWICEやRedVelvetら並みいるK-POPスターが出演した。トリを飾ったのは、彼ら時代のアイドルを差し置いてのキム・ヨンジャであった。

キム・ヨンジャが「アモール・ファティ」を歌いだすや、キム・ヨンジャにとっては子ども世代にあたるアイドルらがバックで踊りだした。まさに時代を越えた、スターらの競演に会場やテレビを観ていた観客は熱狂した。その中心にキム・ヨンジャはいた。まさにキム・ヨンジャは復活を成し遂げたのである。

デビュー30周年記念コンサートポスター

デビュー三〇周年記念コンサート

二〇一九年、川崎でキム・ヨンジャのデビュー三〇周年を記念したコンサートが企画された。仕掛け人は、キム・ヨンジャの二度にわたる平壌公演をサポートしたプロデューサーの李喆雨であった。

李は川崎で記念コンサートを開催することにこだわった。川崎には在日コリアンとして避けることのできない歴史があり、それは李とも因縁のある地であった。川崎には戦前、軍需工場が密集していたことから朝鮮半島から徴用で日本に渡り、労働に従事していた朝鮮人が多数存在していた。戦後も川崎に多くの朝鮮人が居住するようになり、桜本や池上等に朝鮮人の集住地区が形成されるようになる。

一九五八年、差別と貧困に苦しむ川崎市の朝鮮総連中留分会から、北朝鮮の金日成主席宛てに、祖国への帰国を請願する旨の手紙が出された。それを受けて北朝鮮は、困窮する在日朝鮮人の受け入れを発表し、日本と北朝鮮は両国の赤十字社を通じて、在日朝鮮人の帰国問題ついて話し合った。朝鮮総連では北朝鮮を「地上の楽園」として、医療費や学校の授業料は全て無料、何不自由なく暮らせる社会として、大々的なキャンペーン活動を繰り広げた。その宣伝を信じて、日本人配偶者約七〇〇〇人を含む約一〇万人の人々が北朝鮮へと渡っていった。しかし、その地は「地上の楽園」どころか極寒と貧窮の地で、帰国した多くの人々がその後消息を絶った。

後に北朝鮮帰国事業のきっかけとなった「中留分会からの手紙」とは、朝鮮総連議長の韓徳洙の影響力の強い川崎の地から帰国希望の手紙を出すようにとの北朝鮮の指示で書かれた「やらせ」に他ならなかった。当時北朝鮮は一九五〇年から五三年に渡る朝鮮戦争で、多くの働き手が戦死し、深刻な労働力不足に陥っていた。その穴埋めとして、在日朝鮮人の移住を求めることになり、北朝鮮の指導下にあった朝鮮総連に在日朝鮮人が「自主的」に帰国を希望する手紙を出すよう指示したのであった。

帰国事業が在日朝鮮人の「意思」かどうかはさておいても、川崎が在日朝鮮人の北朝鮮帰国の発祥の地であることに変わりはなく、李喆雨の身内にも帰国者はいた。川崎はキム・ヨンジャが歌った「イムジン河」の歌詞通り、引き裂かれた民族の嘆きと悲しみを象徴する街に他ならなかった。

川崎は今も在日コリアンの集住地区であるが、その歴史は強制連行、北朝鮮への帰国事業と苦難と苦痛に満ちている。キム・ヨンジャの歌は悲嘆にくれるコリアンを癒す調べがあり、悲しみを喜びに転化させ、明日を生きる力を与える希望となって川崎の街に響くに違いない、李喆雨はそう確信していた。

プロデューサーの信念

キム・ヨンジャ三〇周年記念コンサートに際して、李喆雨はプロデューサーとして企画を立案したものの、一抹の不安を拭うことができなかった。李の周囲がコンサート開催にこぞって反対したのであった。何よりも、キム・ヨンジャ自身が乗り気ではなかった。

キム・ヨンジャが復活したといってもそれは韓国のことで、日本では「歌手引退」というイメージが付きまとっていた。ファンクラブも開店休業状態で、果たして以前のようにチケットが売れるのかという心配があった。

キム・ヨンジャも活動拠点はすでに韓国であり、いまさら日本でコンサートを行う自信もなかった。何よりも、八〇歳を超えた李喆雨の体調がキム・ヨンジャにとって気掛かりで、コンサートが不調に終わったならば、李の精神的・肉体的なダメージは相当なものになるだろうと危惧していた。デビュー三〇周年記念コンサートはキム・ヨンジャ自身にとっても開催したいのであったが、李にこれ以上心労はかけられないとして苦渋の決断で断念した。

主役のキム・ヨンジャと周囲はこぞって記念コンサート開催に反対であったが、李喆雨の決心は揺らぐことがなかった。キム・ヨンジャのデビュー三〇周年でもあったが、李喆雨が立ち上げた音楽事務所、「コリア・アーツ・センター（K.A.C）」も創立三〇年を迎える節目であり、自らの音楽人生の集大成の年として位置付けていた。

「失敗すれば、全責任は自分が取る」

李喆雨はそう言い切ったが、「失敗」するとは思っていなかった。ブランクがあるとはいえ、キム・ヨンジャには三度の紅白歌合戦出場という輝かしい実績があり、日本でも多くのヒット曲を送り出した。さらに、「アモール・ファティ」の韓国のヒットがSNSを通じて日本でも話題となり、K-POPブームと相まって、日本の若者層にも認知度が高まりつつあった。

長年プロデューサーとして培った経験とプロの視点から、李喆雨にはキム・ヨンジャのデビュー三〇周年記念興業が失敗するはずがないとの読みがあった。

キム・ヨンジャ、ここにあり

キム・ヨンジャのデビュー三〇周年記念コンサートが二〇一九年六月二五日、川崎市内の「カルッツかわさき」で開催された。関東地方は梅雨入りしていたが、当日は曇り空の中にも晴れ間は見え、客足は上々であった。公演時間が迫ると会場内はほぼ満席となり、若い世代の客も見受けられた。

いよいよ舞台の幕が開き、中央壇上にキム・ヨンジャが現れた。「熱い河」や「北のウミネコ」「陽は昇る」のヒット曲を次々と披露し、会場を沸かせた。韓国で大ヒットした「アモール・ファティ」の際には、キム・ヨンジャは舞台狭しと右へ左へと移動しながら、パワフルに歌い、会場を沸かせた。

続いて、キム・ヨンジャにとって日本で初のヒットとなった「暗夜行路」を切々と歌った。歌い終わった後、この曲をプロデュースした都はるみとの思い出について笑いを交えて紹介した。

そしてキム・ヨンジャが尊敬してやまない憧れの存在である、美空ひばりの歌をキム・ヨンジャ流に歌いあげた。「悲しい酒」は美空ひばりが歌うときは必ず涙ぐんだように、キム・ヨンジャも泣きのフレーズを歌ったが、泣いたのは観客の方であった。一転、アップテンポの「真赤な太陽」は、平壌公演でのパフォーマンスを再演させ、キム・ヨンジャお得意の客席に降りてのパフォーマンスを披露し、会場内を巡りながら歌い続けた。観客のノリは最高潮になった。

ショウは佳境に入り、キム・ヨンジャはここで日本と朝鮮半島を結ぶ「イムジン河」をレパートリーに選んだ。会場全体が水を打ったように静かになり、分断された南北の統一を願う歌詞が心の中から朝鮮半島にまで届くかの如く響き渡った。

キム・ヨンジの歌声を聴いていて、筆者はジェットコースターで駆け降りる際に経験する、腹部にくすぐっいような感じがした。それは今では言うことがめっきり減った「シビレる」感じ、そのものだった。

キム・ヨンジャは伝説の歌手ではない。歌の魅力、魔力を聴く者に感じさせる伝道師である。普通、コンサートでは観客は熱狂して立ち上がり、手拍子を送り、観客自ら歌おうとする。しかし、キム・ヨンジャのステージでは誰一人立ち上がらず、観客が歌うこともなかった。キム・ヨンジャの歌に聴き惚れ、歌うことも、シビレて立つこともできなかった。歌の力によって、観客はただの「観客」としてあらねばならなかった。

公演のラストは日韓両国で大ヒットした「朝の国から」で、キム・ヨンジャは歌いながら力強く両手を振り上げ、会場が一体となる中でフィナーレを迎えた。ステージで礼をしたキム・ヨンジャに、鳴りやまぬ拍手が送られた。観客の多くが涙で目を潤ませていた。会場はキム・ヨンジャの歌の力で酔いしれていた。「キム・ヨンジャ、ここにあり」、その存在感を見せつけた圧巻のステージであった。

歌は魅力、そして魔力

キム・ヨンジャの歌の魅力は、その歌に込められた力にある。歌が力の源泉であることは、キム・ヨンジャの歌を聴いて実感させられる。歌には、人間の感情を最も先鋭かつ広範囲に伝える力が存在する。歌は魔力であり、人を幸せにもし、不幸にもする。

歌が武器になることを見抜いていたのが、北朝鮮の初代首相の金日成であった。金日成は自伝の『世紀とともに』の中で、「革命的な歌は銃剣の及ばないところでも敵の心臓を射抜くことができる」と、歌が戦争や権力闘争に勝利するための必須アイテムであると位置づけていた。事実、北朝鮮では歌を個人崇拝に利用することで権力基盤を盤石なものとし、権力の世襲にも大いに活用した。

日本で趙容弼の歌った「釜山港へ帰れ」がヒットしたことで、韓国に対する日本人の関心が好転したことから、金正日はキム・ヨンジャに「イムジン河」を日本で歌わせることで日朝間の関係改善を図ろうとした。歌は政治に利用されるが、歌そのものが政治を変える実例を、日本と朝鮮半島の歴史が雄弁に物語っている。

しかし、キム・ヨンジャはもはや歌で政治や社会を変えるという桎梏から解き放たれて、ただ歌うためだけに歌を歌っている。キム・ヨンジャはデビュー三〇周年記念コンサートを前にしてこう語った。

「日本と韓国と両方で愛される歌手になりたかったけど、同時に活動するのは難しい。でも、演歌しか知らなかった私の歌のジャンルを広げてくれたのは日本のおかげ。ご無沙汰をして本当に申し訳ありません」

そこには平壌公演で見せた南北関係、日朝関係を自らの歌で変えてみせるといった使命感も、北朝鮮の人々に自分の歌を分かってもらうといった気負いもない。自分の歌を聴く者に伝えたい。歌うことが全てという、デビューの頃の原点回帰を成し遂げた、キム・ヨンジャという一人の歌手の姿があるだけであった。

歌こそが全て、その心境に達したキム・ヨンジャの歌声は、眩い輝きを伴って、聴く者の心をつかんで離さない、歌の力をより一層発揮している。

歌こそは希望、そして世界を照らす光である。歌が全てのキム・ヨンジャの歌手人生はまだまだ続く。

追記

本文執筆に際して、コリアアーツセンターの李喆雨所長から暖かい助言と貴重な資料提供を受けた。紙面をお借りて、感謝の言葉を申し上げたい。

参考文献

『離別』（丸山一昭著、はまの出版、一九九五年）
「金正日が語った全記録」（『AERA』二〇〇二年八月二六日）
その他、毎日新聞、東洋経済日報、産経新聞、朝鮮商工新聞等を参考にした。

あとがき

二〇二三年一一月、兵庫朝鮮関係研究会（兵朝研）は発足四〇周年を迎えました。一〇年前に三〇周年を迎えて『在日韓国・朝鮮人の歴史と現在』を発行しました。会としては一〇年ぶりの本です。今回もメンバー各自が四〇周年ということでテーマを決めて執筆しました。兵朝研の本としては八冊目になります。

『兵庫と朝鮮人』一九八五年八月　自費出版
『鉱山と朝鮮人強制連行』一九八七年八月　明石書店
『地下工場と朝鮮人強制連行』一九九〇年七月　明石書店
『在日朝鮮人90年の軌跡─続・兵庫と朝鮮人』神戸学生青年センター出版部
『近代の朝鮮と兵庫』二〇〇三年一一月　明石書店
『兵庫の大震災と在日韓国・朝鮮人』二〇〇九年一二月　社会評論社
『在日韓国・朝鮮人の歴史と現在』二〇一三年一一月　明石書店

記録を兼ねて一〇年を振り返るといろいろありました。なんといっても新型コロナウイルスの感染で月例会が出来なかった期間が長かったことです。二〇二〇年三月から二〇二二年五月まで例会が出来ませんでした。再開したのは二〇二二年六月からです。それでも二〇一四年から二〇二三年一一月まで七三回の月例会を持ちました。二〇二三年の一一月現在で例会が三九七回目です。実は兵朝研ノートの記録を見ると三五四回と三六七回が二回ありました。ノートには一一月例会が三九七回ですが実際は三九九回になります。

年のせいにすると良くないですが近頃こんな間違いがよくあります。会報『兵朝研』の発行は一六一号から一七八号まで一八回発行しました。

メンバーとの別れもありました。三〇周年を一緒に祝った尹達世さんが、次の年九月に六九歳で亡くなりました。二〇一六年一月には梁相鎮さんが亡くなりました。八八歳でした。兵朝研創設メンバーである洪祥進さんも二〇二二年一二月逝きました。七二歳でした。洪祥進さんは呼びかけ人である金慶海先生と私、三人で兵朝研を始めた内の一人です。中高の同級生でもあり寂しく残念です。

近年は参加メンバーも増えず流会や休会状態が少なからずありました。それでも続けられたのは兵朝研を応援、支援してくださる方々のおかげです。紙面を通じてお礼申し上げます。今回、明石書店からの出版は五冊目になります。心からお礼申し上げます。担当してくださった黒田貴史さんにはわたし個人の本も入れて四冊お世話になりました。心から感謝申し上げます。

二〇二四年一月

兵庫朝鮮関係研究会代表　**徐根植**

【著者紹介】執筆順

徐根植（ソ・クンシッ）

1950年生まれ。朝鮮大学卒　自営業　兵庫朝鮮関係研究会代表。
著作『鉄路に響く鉄道工夫アリラン』（明石書店）『「韓国併合」前の在日朝鮮人』『地下工場と朝鮮人強制連行』『鉱山と朝鮮人強制連行』『在日朝鮮人－歴史、現在、展望』『近代の朝鮮と兵庫』『在日韓国・朝鮮人の歴史と現在』（共著、明石書店）『兵庫の大震災と在日韓国・朝鮮人』（共著、社会評論社）。

金勇秀（キム・ヨンス）

1984年生まれ。大阪市立大学大学院理学研究科生物地球系専攻修士課程修了。神戸市在住。兵庫朝鮮関係研究会会員。司法書士。

高龍弘（コ・ヨンホン）

1964年生まれ。神戸大学経営学部卒　神戸市在住。
兵庫朝鮮関係研究会会員
著作『近代の朝鮮と兵庫』、『在日韓国・朝鮮人の歴史と現在』（共著、明石書店）。

高祐二（コ・ウイ）

1966年生まれ。甲南大学経済学部卒。兵庫県在住。
著作、『韓流ブームの源流』（社会評論社）、『在日コリアンの戦後史』『大災害と在日コリアン』（明石書店）、『われ、大統領を撃てり』『吉本興業と韓流エンターテイメント』（花伝社）『兵庫のなかの朝鮮』『近代の朝鮮と兵庫』『在日韓国・朝鮮人の歴史と現在』（共著、明石書店）、『兵庫の大震災と在日韓国・朝鮮人』（共著、社会評論社）。

秘録・在日コリアンヒストリー――戦後の民族組織結成から芸能・タカラヅカまで

2024年2月20日　初版第1刷発行

編　者　兵庫朝鮮関係研究会
発行者　大　江　道　雅
発行所　株式会社 明石書店
〒101-0021　東京都千代田区外神田6-9-5
電話 03（5818）1171
FAX 03（5818）1174
振替　00100-7-24505
https://www.akashi.co.jp/
装　丁　明石書店デザイン室
印刷・製本　モリモト印刷株式会社

（定価はカバーに表示してあります）　ISBN978-4-7503-5703-4